Didática Geral

O GEN | Grupo Editorial Nacional – maior plataforma editorial brasileira no segmento científico, técnico e profissional – publica conteúdos nas áreas de ciências humanas, exatas, jurídicas, da saúde e sociais aplicadas, além de prover serviços direcionados à educação continuada e à preparação para concursos.

As editoras que integram o GEN, das mais respeitadas no mercado editorial, construíram catálogos inigualáveis, com obras decisivas para a formação acadêmica e o aperfeiçoamento de várias gerações de profissionais e estudantes, tendo se tornado sinônimo de qualidade e seriedade.

A missão do GEN e dos núcleos de conteúdo que o compõem é prover a melhor informação científica e distribuí-la de maneira flexível e conveniente, a preços justos, gerando benefícios e servindo a autores, docentes, livreiros, funcionários, colaboradores e acionistas.

Nosso comportamento ético incondicional e nossa responsabilidade social e ambiental são reforçados pela natureza educacional de nossa atividade e dão sustentabilidade ao crescimento contínuo e à rentabilidade do grupo.

Organização
Andrea Ramal

Didática Geral

2ª edição

Bruno Taranto Malheiros

Mestre em Administração pela Pontifícia Universidade Católica
do Rio de Janeiro (PUC-Rio) na linha de pesquisa
Educação nas Organizações
Psicopedagogo e Orientador Educacional pela
Universidade Federal Rural do Rio de Janeiro (UFRRJ)
Pedagogo pela Universidade Federal do Estado do Rio de Janeiro (UNIRIO)
Coordenador Pedagógico e Professor
de cursos de graduação e pós-graduação em Educação

O autor e a editora empenharam-se para citar adequadamente e dar o devido crédito a todos os detentores dos direitos autorais de qualquer material utilizado neste livro, dispondo-se a possíveis acertos caso, inadvertidamente, a identificação de algum deles tenha sido omitida.

Não é responsabilidade da editora nem do autor a ocorrência de eventuais perdas ou danos a pessoas ou bens que tenham origem no uso desta publicação.

Apesar dos melhores esforços do autor, do editor e dos revisores, é inevitável que surjam erros no texto. Assim, são bem-vindas as comunicações de usuários sobre correções ou sugestões referentes ao conteúdo ou ao nível pedagógico que auxiliem o aprimoramento de edições futuras. Os comentários dos leitores podem ser encaminhados à **LTC — Livros Técnicos e Científicos Editora** pelo e-mail faleconosco@grupogen.com.br.

Direitos exclusivos para a língua portuguesa
Copyright © 2019 by
LTC — Livros Técnicos e Científicos Editora Ltda.
Uma editora integrante do GEN | Grupo Editorial Nacional

Reservados todos os direitos. É proibida a duplicação ou reprodução deste volume, no todo ou em parte, sob quaisquer formas ou por quaisquer meios (eletrônico, mecânico, gravação, fotocópia, distribuição na internet ou outros), sem permissão expressa da editora.

Travessa do Ouvidor, 11
Rio de Janeiro, RJ – CEP 20040-040
Tels.: 21-3543-0770 / 11-5080-0770
Fax: 21-3543-0896
faleconosco@grupogen.com.br
www.grupogen.com.br

Capa: Leônidas Leite
Imagem de capa: © photodeti | 123rf.com
Editoração Eletrônica: Design Monnerat

CIP-BRASIL. CATALOGAÇÃO-NA-FONTE
SINDICATO NACIONAL DOS EDITORES DE LIVROS, RJ

M216d
2. ed.

Malheiros, Bruno Taranto
Didática geral / Bruno Taranto Malheiros : organização Andrea Ramal - 2. ed. - Rio de Janeiro : LTC, 2019.
24 cm.

Inclui bibliografia e índice
ISBN 978-85-216-3625-0

1. Professores - Formação. 2. Didática. 3. Prática de ensino. I. Ramal, Andrea. II. Título.

19-57697   CDD: 370.71
                             CDU: 37.026

Vanessa Mafra Xavier Salgado - Bibliotecária - CRB-7/6644

"Se fosse ensinar a uma criança a beleza da música
não começaria com partituras, notas e pautas.
Ouviríamos juntos as melodias mais gostosas e lhe contaria
sobre os instrumentos que fazem a música.
Aí, encantada com a beleza da música, ela mesma me pediria
que lhe ensinasse o mistério daquelas bolinhas pretas escritas sobre cinco linhas.
Porque as bolinhas pretas e as cinco linhas são apenas ferramentas
para a produção da beleza musical. A experiência da beleza tem de vir antes."

Rubem Alves

Agradecimentos

Agradeço à Andrea Ramal, pela oportunidade de tornar esta obra realidade. Todo o apoio, a parceria e a amizade foram fundamentais para o desenvolvimento deste trabalho.

Ao Professor Marcelo Gustavo Andrade (*in memoriam*), pela leitura atenciosa e pelo carinho na redação da apresentação.

À Professora Sandra Regina Rocha-Pinto, minha orientadora no mestrado, pelo apoio em todos os momentos.

À minha mãe, Helen Solange, e aos irmãos Gustavo e Rafael, sempre presentes. Vocês são a força que preciso para seguir em frente!

Aos muitos amigos sempre presentes: Silvina Ramal, Roberta Lima, Tatiana Pitta, Carlos Fernando Amaral, Jeferson Condorchua, Andreia Jardim, Ana Raquel Rocha, Luciene Galart, Silvana Tenório, Teresinha Milanez, Luiz Felipe Louzada, Sandra Furtado (*in memoriam*), Rodrigo Abrantes, Alexandra Ribeiro, Fernando Abrantes, David Carvalho, Renato Rocha e Leandro Maia.

A todos os meus alunos de graduação e especialização na área educacional, pela oportunidade que me dão de colocar a didática em prática.

A todos os amigos que fiz e que vou fazer no caminho!

B. T. M.

Apresentação

Como professor do quadro principal do Departamento de Educação da PUC-Rio, tenho ensinado há seis anos a disciplina *Didática Geral* para o curso de Pedagogia e para as demais licenciaturas desta universidade. Tal como aprendi com minha professora de Didática, Vera Maria Candau, na graduação em Filosofia e em meu doutoramento em Educação, no início de cada semestre procuro indagar aos jovens estudantes o que eles entendem por didática ou, então, peço que formulem uma frase de sua vida cotidiana na qual a palavra didática apareça. Não é raro que apareçam frases do tipo: "Fulano é um exemplo de professor, mas não tem didática" ou "Beltrana é uma professora que domina muito a matéria [conteúdo], mas não sabe transmitir; lhe falta didática". A partir das percepções dos estudantes, tenho identificado que a didática aparece justamente quando ela nos faz mais falta em sala de aula. Contraditoriamente, ela mais aparece quando não está! Certa vez, um licenciando apaixonado por esportes me disse que "a didática era como um juiz de futebol, se é bom nem aparece, mas se é ruim, todo mundo reclama porque ela não faz o que deveria fazer". Então perguntei a ele o que deveria fazer a didática. "Ajudar a gente a aprender melhor, né, professor?", foi sua resposta.

Neste semestre, voltei a repetir a famosa pergunta de meu primeiro dia de aula. Uma aluna disse para todos: "A didática é a alma do professor". Surpreso com essa resposta tão original, perguntei o que ela queria, afinal, nos dizer. "Para mim, é algo fundamental para alguém que se propõe a ensinar. É a alma do professor. Aquilo que faz o professor estar vivo em sala de aula." Silêncio momentâneo na sala, e outro aluno, um tanto gaiato, como é sempre bom que exista em todas as turmas, completa: "O problema é que tem muito professor-zumbi por aí, morto-vivo." Algumas risadas animadas na sala e voltamos ao tema em debate: por que há professores sem alma (sem "didática", segundo a turma deste semestre)? Pode alguém se propor a ser professor sem ter "didática"? Por que ela faz tanta falta em nossas salas de aula? Qual a importância desta disciplina em um curso de formação de professores? E, assim, mais um semestre se iniciou e me debrucei sobre o meu trabalho de professor que forma professores.

Por me considerar discípulo de Vera Maria Candau, quem sabe uma das maiores didatas que o Brasil tem, tenho trabalhado com a concepção de *didática fundamental*, na qual trabalhamos as diferentes dimensões presentes no processo de ensino-aprendizagem e na prática pedagógica. A dimensão *sociopolítica*, centrada na necessidade de realizar um ensino situado, atento ao contexto e longe dos aspectos alienantes da educação. A dimensão *humana*, centrada na importância da afetividade e da empatia na relação professor e aluno, fugindo de relações frias, distantes e demasiadamente hierárquicas. A dimensão *cultural*, centrada no respeito pelas diferentes identidades culturais (gênero, etnia, religião, sexualidade, geração, capacidades físicas e mentais etc.) presentes na sala de aula em articulação com a necessidade de se construir uma noção de sentido comum e partilhado entre todos. A dimensão *técnica*, centrada no estudo de recursos, instrumentos, materiais, ambientes e métodos que facilitem o processo de ensino-aprendizagem. Poderia acrescentar outras dimensões, mas, nesta apresentação, ficarei com essas quatro. Segundo minha experiência, as diferentes dimensões do processo de ensino-aprendizagem devem ser desenvolvidas e articuladas na formação, inicial e continuada, dos professores.

E por que resolvi trazer esta reflexão sobre a *multidimensionalidade da didática fundamental* na apresentação do livro de Bruno Malheiros? Acho que o livro que o leitor tem em mãos é uma excelente contribuição para a formação de professores na dimensão mais demandada, segundo o depoimento de meus estudantes, do processo de ensino-aprendizagem, isto é, a *dimensão técnica*.

Na história da disciplina Didática Geral, a dimensão técnica já passou por diferentes avaliações. Foi considerada a única e mais importante, em detrimento do afeto (humana), da consciência crítica (sociopolítica) e do respeito às diferenças (cultural). Em outro extremo, durante algum tempo, acreditou-se que ela era inócua e desnecessária. A didática foi acusada de tecnicista e, supostamente, o mais importante para um professor seria *amar seus alunos* e *desenvolver o pensamento crítico*. Já é tempo de superar dicotomias tolas, ou seja, na formação de professores não há mais espaço para a escolha entre isso ou aquilo, entre uma ou outra dimensão.

O processo de ensino-aprendizagem precisa ser desenvolvido em todas as suas dimensões. E a dimensão técnica, em hipótese nenhuma, pode ser ignorada. Um bom professor não é o "boa-praça", amigão de todos os alunos, nem o "politicamente correto" que entende tudo sobre política, mas que não sabe preparar um trabalho de grupo, um estudo dirigido ou uma boa e velha exposição oral. Tampouco o bom professor é aquele que apenas domina bem as técnicas de ensino e se relaciona mal com seus alunos ou é um alienado sobre seu contexto sociopolítico. Um bom professor procura desenvolver em sua atuação profissional todas as dimensões, humana, política, técnica, cultural, entre outras.

Como tentei demonstrar no início desta apresentação, minha experiência como professor de Didática Geral tem demonstrado que os licenciandos – futuros professores – esperam de seus docentes respeito, empatia, domínio do conteúdo, posicionamento político e, cada vez mais, capacidade de levá-los ao conhecimento através do melhor caminho. Vale lembrar a origem da palavra método, que do grego (*methodos*) significa *o melhor caminho para se chegar a algum lugar*. O que quero dizer com isso é que a dimensão técnica – ora negada, ora exaltada – tem feito muita falta segundo os depoimentos que a cada semestre recolho em meus cursos de Didática Geral com os futuros professores. Assim, um livro que se proponha a nos mostrar o *melhor caminho* para alcançar o fim da aprendizagem é muito bem-vindo.

Considero que a estrutura do livro de Bruno Malheiros, pedagogo com larga experiência em processos de formação, venha a atender uma demanda real e urgente na formação de professores. Discutir planejamento, avaliação, relação professor-aluno, seleção de conteúdos, ambientes e recursos instrucionais, bem como os importantíssimos métodos de ensino, é algo mais do que básico no desenvolvimento de novos docentes. Enfim, temos em mãos um livro fundamental para a formação de professores.

Marcelo Andrade[1]
Doutor em Ciências Humanas – Educação pela PUC-Rio
Professor do Departamento de Educação da PUC-Rio

---

[1] O professor Marcelo Andrade nos deixou em 2017. Esta segunda edição é dedicada à sua memória.

Prefácio à Primeira Edição

Frequentemente utilizamos o termo *didática* em nossos dias. Dizemos que uma matéria de jornal foi bem "didática", que um professor tem uma "didática" maravilhosa, que um livro não é muito "didático". Nesses casos, utilizamos a palavra para definir aquilo que se faz compreender de forma adequada. Mas a didática é muito mais do que a conceituação do que é compreendido.

Nos cursos que ministro para formação de professores, costumo explicar o que é a didática, da seguinte forma: primeiro, faço questão de diferenciar ensino de aprendizagem. Ensinar é uma coisa, aprender é outra! E ambos podem acontecer em momentos distintos e ser independentes. Em outras palavras, nem tudo o que ensinamos será aprendido e nem tudo o que aprendemos foi ensinado por alguém. Nas escolas e nos demais ambientes de ensino formal, temos a intenção, ao ensinar, de que o outro aprenda.

A didática é a disciplina pedagógica que vai se interessar em estudar exatamente esta interseção – este momento no qual alguém aprende aquilo que alguém ensina. Ela pesquisará, portanto, métodos e técnicas que auxiliem o professor, instrutor, educador ou qualquer outro profissional que tem no ensino seu trabalho, a buscar as condições necessárias para levar uma pessoa a aprender algo de forma intencional e planejada.

Postas essas considerações iniciais, é possível concluir que a didática seja uma disciplina fundamental na formação de qualquer professor. Trata-se de um campo de estudo essencialmente prático. Nos currículos dos cursos de licenciatura do Brasil, é uma disciplina obrigatória.

Este livro tem o objetivo de auxiliar pedagogos, professores em geral e demais profissionais, a compreenderem os métodos e as técnicas didáticas. No primeiro capítulo, é traçada uma breve história das formas de se ensinar. Nesse mesmo capítulo, é apresentada a história da formação da didática como disciplina pedagógica, as principais teorias de ensino e as principais teorias de aprendizagem.

O segundo capítulo discute o impacto da didática na formação dos educadores. Inicialmente são apresentados alguns conceitos básicos, como a diferença entre educação, pedagogia e didática para, em seguida, analisar a questão da motivação e da autoridade em sala de aula. Dando sequência, o terceiro capítulo trata da relação entre aluno e professor. O diálogo nesta relação, a questão da disciplina e a direção de classe são os aspectos centrais desse capítulo.

O Capítulo 4 é dedicado a um tema essencial: planejamento de ensino. Aqui são apresentados os conceitos de planejamento educacional, a diferença entre plano educacional e plano de ensino, as etapas para elaboração de um planejamento de ensino, os tipos de planejamento e as características que formam um planejamento de ensino a contento.

O Capítulo 5 trata da seleção e organização de conteúdos. O Capítulo 6 apresenta os principais métodos e técnicas de ensino. Talvez o sexto capítulo seja o capítulo central, já que há a expectativa, quando se fala sobre didática, de relacioná-la diretamente às técnicas para ensinar conteúdos.

O Capítulo 7 trata das metodologias ativas de aprendizagem em que pese tratarem-se de métodos de ensino. Ele foi separado do Capítulo 6 em função da importância que essas metodologias vêm tendo nas discussões acadêmicas. É fundamental que o leitor tenha a possibilidade de analisar tais metodologias em separado.

O oitavo capítulo fala sobre os ambientes de aprendizagem e os recursos instrucionais. Esse capítulo trata diretamente de questões que são suporte para um bom aprendizado. O nono capítulo trata da tecnologia na educação. Apesar da compreensão de que as novas tecnologias atuam como ambientes de aprendizagem e/ou recursos instrucionais, um capítulo foi dedicado ao uso das tecnologias em razão da importância do tema na questão da aprendizagem.

O último capítulo trata da avaliação como prática educacional e didática, que contribui de forma efetiva para a relação direta entre ensinar e aprender. Esse último capítulo, além de conceituar a avaliação, apresenta os principais tipos, benefícios, as críticas mais comuns à avaliação e suas etapas. Também são apresentados os principais instrumentos utilizados para avaliação escolar e a questão do *feedback*.

Esperamos que este livro contribua de forma efetiva para a formação de novos professores e auxilie aqueles profissionais que precisam ensinar por conta de seus trabalhos específicos.

Bruno Taranto Malheiros

Prefácio à Segunda Edição

A primeira edição deste livro me trouxe muitas alegrias. Foi escrita com muito zelo, com o objetivo fundamental de auxiliar os estudantes da área de didática a construírem conhecimentos práticos sobre como auxiliar seus futuros alunos no processo de construção do conhecimento.

A literatura na área de didática é bastante rica. Diversas obras de autores extremamente renomados tratam deste conteúdo com profundidade e competência. Quando fui escrever a primeira edição, meu objetivo era dar uma abordagem diferente. E a escolha que fiz foi trazer um foco prático, mostrando para o futuro professor como ele deveria, efetivamente, tratar as questões relacionadas com a didática.

Foi uma grata surpresa quando soube que o livro recebeu o primeiro lugar no Prêmio Jabuti. É o prêmio mais relevante da literatura brasileira e este livro foi considerado o melhor na categoria Educação.

Agora tenho a oportunidade de apresentar a vocês esta segunda edição, totalmente revista. Além da atualização de alguns dados e inclusão de algumas informações relevantes, esta edição traz duas grandes novidades: a primeira é a inclusão do capítulo sete, que trata de metodologias ativas em educação; a segunda é a oferta, para o professor, de materiais didáticos completos para sua aula.

A inclusão do capítulo de metodologias ativas foi uma demanda dos próprios professores. Na última década, em especial nos últimos três anos, tem-se discutido exaustivamente a necessidade de alteração dos métodos de ensino, colocando o aluno como agente de seu processo de aprendizagem. Por isso, professores de didática têm demandado conteúdo a respeito deste assunto.

Por se tratar de um livro com objetivo principal – mas não exclusivo – de ser utilizado como livro-base da disciplina de didática, optamos por ofertar aos professores todos os recursos necessários para sua aula. Planos de aula, apresentações, exercícios propostos para testes e provas e videoaulas complementam este livro.

Esperamos que esta segunda edição seja tão bem recebida quanto foi a primeira e que este livro siga contribuindo na formação de professores e professoras ainda mais comprometidos com uma educação de qualidade.

Bruno Taranto Malheiros

Sumário

Capítulo 1 Uma Breve História das Formas de Ensinar 1
Contextualizando 1
Estudo de caso 2
Conceitos para entender a prática 2
    Formas de ensinar através dos tempos 3
    Formação histórica da didática 5
    Teorias de aprendizagem 8
    Comportamentalismo 12
    Cognitivismo 17
    Socioconstrutivismo 21
    Pedagogia Tradicional 23
    Pedagogia Renovada 25
    Pedagogia Tecnicista 27
    Pedagogia Libertadora 30
    Pedagogia Crítico-Social de conteúdos 33
Exercício de aplicação 36
Para debater 36
Resumo executivo 37
Teste seu conhecimento 38
Exercícios propostos 38

Capítulo 2 A Didática na Formação do Educador 40
Contextualizando 40
Estudo de caso 41
Conceitos para entender a prática 41
    Educação, pedagogia e didática: conceitos básicos 42
    A didática na prática docente 48
    Questões fundamentais da didática: motivação e autoridade 52
Exercício de aplicação 56
Para debater 56
Resumo executivo 57
Teste seu conhecimento 58
Exercícios propostos 58

Capítulo 3 Relação entre Professor e Aluno 60
Contextualizando 60

Estudo de caso 61
Conceitos para entender a prática... 61
    O diálogo na relação pedagógica... *62*
    Disciplina na sala de aula *65*
    Direção de classe *69*
Exercício de aplicação 71
Para debater 71
Resumo executivo.. 72
Teste seu conhecimento.. 73
Exercícios propostos 73

Capítulo 4 Planejamento Educacional 75
Contextualizando.. 75
Estudo de caso 76
Conceitos para entender a prática... 77
    O que é planejamento?... *78*
    Planejamento educacional e plano de ensino.. *79*
    Etapas do planejamento de ensino *84*
    Tipos de plano de ensino... *88*
    Características de um bom plano de ensino *92*
Exercício de aplicação 93
Para debater 94
Resumo executivo.. 94
Teste seu conhecimento.. 95
Exercícios propostos 95

Capítulo 5 Seleção e Organização de Conteúdos 97
Contextualizando.. 97
Estudo de caso 98
Conceitos para entender a prática... 99
    Sobre os conteúdos de ensino *99*
    Selecionando conteúdos *103*
    Organizando conteúdos... *105*
Exercício de aplicação 108
Para debater 108
Resumo executivo..109
Teste seu conhecimento..110
Exercícios propostos 110

Capítulo 6 Métodos de Ensino.. 112
Contextualizando..112
Estudo de caso 113
Conceitos para entender a prática...114
    O que são métodos de ensino?... *115*
    Métodos de exposição... *120*

Sumário **xix**

    Métodos de trabalho independente..*127*
    Métodos de trabalho em grupo..*133*
    Outros métodos de ensino...*146*
Exercício de aplicação..151
Para debater..151
Resumo executivo...152
Teste seu conhecimento...153
Exercícios propostos 153

Capítulo 7 Metodologias Ativas de Aprendizagem **155**
Contextualizando... 155
Estudo de caso 156
Conceitos para entender a prática... 156
    Conceituando metodologias ativas de aprendizagem *157*
Metodologias ativas de aprendizagem.. 160
    Aprendizagem baseada em projetos *160*
    Instrução pelos pares... *163*
    Círculo de cultura... *165*
    Sala de aula invertida *167*
    Aula-laboratório... *169*
Procedimentos ativos que integram outras metodologias 170
Exercício de aplicação... 171
Para debater.. 172
Resumo executivo... 173
Teste seu conhecimento... 174
Exercícios propostos 174

Capítulo 8 Ambientes de Aprendizagem e Recursos Instrucionais **176**
Contextualizando...176
Estudo de caso 177
Conceitos para entender a prática...177
    Ambientes de aprendizagem *178*
    Ambientes tradicionais de aprendizagem: a sala de aula......................................*179*
    Aprendendo fora dos muros da sala de aula..*183*
    Ambientes virtuais de aprendizagem..*185*
    Novos ambientes de aprendizagem..*188*
    A importância dos recursos instrucionais *189*
    Recursos audiovisuais *189*
    Principais recursos audiovisuais *194*
Critérios para seleção de recursos audiovisuais em sala de aula..............................199
Exercício de aplicação...200
Para debater..200
Resumo executivo...201
Teste seu conhecimento...202
Exercícios propostos 202

Capítulo 9 Tecnologia na Educação: Novos Desafios para a Didática 204
Contextualizando 204
Estudo de caso 205
Conceitos para entender a prática 205
    O surgimento do computador e o desenvolvimento da ciência da informática 206
    O computador chega à escola 209
    Computador como recurso instrucional 212
Exercício de aplicação 215
Para debater 215
Resumo executivo 216
Teste seu conhecimento 217
Exercícios propostos 217

Capítulo 10 Avaliação da Aprendizagem Escolar 218
Contextualizando 218
Estudo de caso 219
Conceitos para entender a prática 219
    Conceituando a avaliação escolar 220
    Tipos de avaliação escolar: formativa e somativa 222
    Principais benefícios do processo de avaliação 226
    Críticas à avaliação escolar 229
    Etapas para a realização de uma avaliação 233
    Principais instrumentos de avaliação 236
    Outros procedimentos de avaliação 245
    Feedback da avaliação escolar 247
Exercício de aplicação 250
Para debater 250
Resumo executivo 251
Teste seu conhecimento 252
Exercícios propostos 252

Bibliografia 254

Índice 256

Material Suplementar

Este livro conta com os seguintes materiais suplementares:

- Apresentações sobre Didática Geral: apresentações em PowerPoint (.ppt), para uso em sala de aula (restrito a docentes);
- Exercícios Propostos e Gabaritos: arquivo em formato (.pdf) (restrito a docentes);
- Ilustrações da obra em formato de apresentação (.pdf) (restrito a docentes);
- Planejamento de ensino: arquivo em formato (.pdf) (restrito a docentes);
- Planos de aula: arquivos em formato (.pdf) (restrito a docentes);
- Videoaulas: uma videoaula por capítulo, sobre o desenvolvimento e a prática de Didática Geral (acesso livre).

O acesso aos materiais suplementares é gratuito. Basta que o leitor se cadastre em nosso *site* (www.grupogen.com.br), faça seu *login* e clique em GEN-IO, no menu superior do lado direito. É rápido e fácil.

Caso haja alguma mudança no sistema ou dificuldade de acesso, entre em contato conosco (gendigital@grupogen.com.br).

GEN-IO (GEN | Informação Online) é o ambiente virtual de aprendizagem do GEN | Grupo Editorial Nacional, maior conglomerado brasileiro de editoras do ramo científico-técnico-profissional, composto por Guanabara Koogan, Santos, Roca, AC Farmacêutica, Forense, Método, Atlas, LTC, E.P.U. e Forense Universitária. Os materiais suplementares ficam disponíveis para acesso durante a vigência das edições atuais dos livros a que eles correspondem.

1

Uma Breve História das Formas de Ensinar

Videoaula Capítulo 1

Contextualizando

Antepassado, de Carlos Drummond de Andrade

Só te conheço de retrato,
não te conheço de verdade,
mas teu sangue bole em meu sangue
e sem saber te vivo em mim
e sem saber vou copiando
tuas imprevistas maneiras. (...)
Refaço os gestos que o retrato
não pode ter, aqueles gestos
que ficaram em ti à espera
de tardia repetição,
e tão meus eles se tornaram,
tão aderentes ao meu ser
que suponho tu os copiaste
de mim antes que eu os fizesse. (...)

Neste poema, Drummond fala sobre como nossos antepassados são capazes de influenciar nossas atitudes, ainda que não os tenhamos conhecido. Com base na leitura deste poema, reflita:

- As formas de ensinar utilizadas no passado influenciam os métodos atuais?
- É possível existir um método de ensino que não tenha sido influenciado pelos pensadores da educação do passado?
- Existe algum método de ensino que seja totalmente livre da influência do contexto histórico?

Estudo de caso

Proinfo – Ensino e Aprendizagem a Distância

Em 1997 o Ministério da Educação criou o Programa Nacional de Informática na Educação – Proinfo. O objetivo inicial era fazer a tecnologia integrar as formas de ensinar nos Ensinos Fundamental e Médio. Com o tempo, o Programa se expandiu e, atualmente, em parceria com algumas universidades, realiza cursos de especialização quase integralmente a distância.

O Programa atende basicamente a duas necessidades na área educacional brasileira: formação continuada do professor e formação de pessoas que se encontram em cidades muito distantes dos grandes centros, o que as impede de comparecer a uma aula tradicional.

Durante muitos anos, houve enorme receio quanto ao uso da educação a distância em larga escala. Acreditava-se que não era possível aprender sem a intermediação direta de um professor e, ao mesmo tempo, que suportes midiáticos eficazes e processos adequados não seriam capazes de substituir a relação diária entre as pessoas no caminho da aprendizagem. O tempo passou e o país já conta com mais de quatro milhões de vagas nesta modalidade (dados do INEP, 2017).

Atualmente, especialistas na área educacional já consideram o processo de ensino e aprendizagem a distância um caminho sem volta e vislumbram que grande parte da formação das crianças de hoje será realizada utilizando esta modalidade.

É difícil imaginar o que nossos avós pensariam se soubessem que era possível realizar um curso de graduação e até de especialização *on-line*, integralmente. Aqueles que nos antecederam foram criados em uma época na qual o professor era o detentor do saber e o aluno, de forma passiva, deveria ser capaz de absorver o máximo de conhecimento possível.

A forma como as pessoas se relacionam com o conhecimento e, consequentemente, a forma como aprendem mudou. E, na esteira, mudaram também as formas de ensinar. Como terá se dado este processo? Quais as principais formas de ensinar que foram adotadas na história do mundo e, mais especificamente, na história do Brasil?

Conceitos para entender a prática

Diversos autores consideram Platão o primeiro educador de que se tem notícia. Platão nasceu na Grécia antiga, por volta do ano de 427 a.C. De lá pra cá, podemos falar em aproximadamente 2500 anos de história da educação e, portanto, de história das formas de ensinar. Provavelmente, o entendimento sobre a melhor forma de apoiar a construção do conhecimento do outro sofreu diversas mudanças que não foram registradas, além de algumas que ainda temos notícias. Para que possamos situar a questão do método, veremos neste capítulo as principais teorias da aprendizagem, conheceremos as teorias de ensino e identificaremos as correntes pedagógicas brasileiras.

Os objetivos deste capítulo são:

- Identificar os métodos de ensino nas Idades Média, Moderna e Contemporânea.
- Compreender como a didática se consolidou como disciplina pedagógica.
- Conhecer as principais teorias de aprendizagem e analisar seu impacto nos métodos de ensino.
- Diferenciar as principais teorias de ensino.
- Identificar, à luz das teorias de ensino, as principais correntes pedagógicas brasileiras.

Formas de ensinar através dos tempos

Como vimos no poema de Drummond que abre este capítulo, o conhecimento humano é cumulativo, partindo sempre de outro que o antecede. A Idade Média, desta forma, herdou grande parte de sua compreensão das formas de ensinar da Antiguidade. Em algumas sociedades do passado, o pai possuía total poder de decisão sobre o que fazer com seus filhos. As crianças podiam ser abandonadas ou vendidas, sem algo que limitasse esse tipo de decisão. A disseminação do Cristianismo no Ocidente levou a Igreja a buscar uma forma de acolher as crianças abandonadas, surgindo desta forma uma versão preliminar da educação infantil.

Na Idade Média, a Igreja Católica não era somente responsável pela educação das crianças abandonadas. Ela também cuidava da alimentação e da vestimenta dessas crianças.

O foco principal das igrejas ao acolher as crianças abandonadas era garantir sua sobrevivência. Portanto, antes de educar, a preocupação era alimentá-las e vesti-las. Atendendo a estas duas necessidades imediatas, as crianças eram então educadas por monges, que entendiam o ato de ensinar como o de fornecer subsídios e dar possibilidades para que a criança se desenvolvesse, orientada pelo espírito cristão. O ensino ofertado pelos monges, no entanto, não era capaz de atender a todas as crianças das grandes cidades. Por isso, a formação profissional, que era necessária, ficava a cargo das corporações.

Você sabia?

Corporações, na Idade Média, eram associações de pessoas que exerciam uma determinada profissão. Havia corporações de sapateiros, artesãos, barbeiros, além de muitas outras.

Para entrar em uma corporação, o pai formalizava um contrato com o mestre, no qual eram estabelecidas as regras para o processo de ensino. O tempo para a formação de um novo profissional variava de 2 a 12 anos e, ao concluir o programa, o novo profissional deveria se associar à corporação.

A partir do século VI, a Igreja dedicou muita atenção à criação de novas escolas no sentido de garantir a formação cristã das pessoas nas grandes cidades europeias. Mas nos séculos seguintes, principalmente nos séculos XI e XII, o controle da educação formal foge das mãos da Igreja. Pela necessidade de se ter pessoas com uma formação adequada nas áreas da matemática e da língua, de forma a atender aos interesses comerciais, um currículo mínimo passa a ser exigido. Tal currículo só seria formalizado muitos anos mais tarde.

> Na Idade Média, as crianças aprendiam junto com os adultos. Não existia um processo de ensino diferenciado, que considerasse as especificidades da aprendizagem das crianças.

Surgem na Europa, no final do século XI e começo do século XII, as primeiras universidades (Universidade de Bolonha, na Itália, e Universidade de Paris, na França). Essas universidades são fruto das corporações comerciais, que são as primeiras a sentirem a necessidade de construção de um conhecimento mínimo que oriente a formação de seus membros. Depois dessas duas universidades, muitas outras surgiram, principalmente nas áreas de direito, medicina, astronomia e lógica.

Na Idade Média, a criança era posta entre adultos para aprender, sem nenhuma diferenciação, a partir dos cinco anos de idade. Os jesuítas são os responsáveis pela transformação desta situação na Idade Moderna, criando o conceito de seriação, que nos acompanha até os dias atuais. É possível dizer, então, que as escolas, como conhecemos hoje, são fruto da Idade Moderna, mais precisamente do século XVII. É nesta época, também, que a disciplina é introduzida no ambiente escolar. Isso porque não bastava ensinar o conteúdo – era necessário também formar o espírito.

É claro que, no século XV, já era possível encontrar algumas práticas escolares que separavam os alunos em grupos mais homogêneos, mas o século XVII consolida este método, dividindo as turmas fisicamente e colocando professores regentes diferentes para cada grupo de alunos. No século XIX, a separação em classes tornou-se comum e significou a superação do século anterior. O ensino passou a ser dividido em dois: ensino primário, ofertado às classes populares, e ensino secundário, também chamado de *Liceu*, oferecido à burguesia.

> Somente no século XVII vamos encontrar o conceito de seriação, que divide as classes em grupos de alunos homogêneos.

No final do século XIX e começo do XX, ou seja, na Idade Contemporânea, os Estados percebem que a educação é a melhor forma de garantir o desenvolvimento, pois gera uma cultura uniformizada. Por isso, a escolarização avança de forma extremamente rápida. A escola contemporânea é construída sobre as seguintes diretrizes:

- Espaços claramente definidos para educar.
- Horários rígidos para o ensino.
- Seleção de conteúdos apropriados para cada série.
- Desmerecimento de práticas de ensino não institucionalizadas.
- Obrigatoriedade de frequência.
- Avaliação e certificação da aprendizagem.

Como se pode notar, a forma usada para ensinar hoje tem suas raízes em métodos de ensino bem antigos. Mas nem sempre os pesquisadores da educação se dedicaram ao estudo desses métodos. A didática, como disciplina que toma para si tal estudo, só vai surgir após diversos métodos terem sido testados. Afinal, como surgiu a didática?

Formação histórica da didática

Diversos autores associam o surgimento da didática à consolidação do ensino como uma atividade planejada. Libâneo (1994) esclarece, contudo, que não se pode falar de didática até o século XVII, já que não havia teorias de ensino consolidadas. O século XVII é utilizado como marco em referência à publicação da obra *Didacta Magna*, de Comênio (1592-1670), que, pela primeira vez, se propunha a criar princípios orientadores do processo de ensino. A ideia de Comênio era estruturar formas de ensinar que acelerassem o processo de aprendizagem, defendendo também a universalização do ensino – inclusive para mulheres –, o que era um grande avanço para a época.

Trecho de *Didacta Magna*

As escolas devem ser asilos comuns da juventude.

1. Que devem ser enviados às escolas não apenas os filhos dos ricos ou dos cidadãos principais, mas todos por igual, nobres e plebeus, ricos e pobres, rapazes e raparigas, em todas as cidades, aldeias e casais isolados, demonstram-no as razões seguintes:
    1. *Por que todos devem ser reformados à imagem de Deus.*
2. Em primeiro lugar, todos aqueles que nasceram homens, nasceram para o mesmo fim principal, para serem homens, ou seja, criatura racional, senhora das outras criaturas, imagem verdadeira de seu Criador. Todos, por isso, devem ser encaminhados de modo que, embebidos seriamente do saber, da virtude e da religião, passem utilmente a vida presente e se preparem dignamente para uma futura. Que,

> perante Deus, não há pessoas privilegiadas, Ele próprio o afirma constantemente. Portanto, se nós admitimos à cultura do espírito apenas alguns, excluindo os outros, fazemos injúria, não só aos que participam conosco da mesma natureza, mas também ao próprio Deus, que quer ser conhecido, amado e louvado por todos aqueles em quem imprimiu sua imagem. E isso será feito com tanto mais fervor, quanto mais acesa estiver a luz do conhecimento: ou seja, amamos tanto mais, quando mais conhecemos.

Apesar das novas ideias de Comênio, suas teorias não têm registro de aplicação. O ensino da época ainda era fruto da Idade Média, portanto profundamente ligado à religião e baseado em metodologias que valorizavam a repetição como forma de aprender e a checagem da capacidade de reprodução como forma de avaliar. Só um século depois, Rousseau (1712-1778) retomaria os conceitos comenianos apresentando ideias que os complementavam.

Rousseau pregava que a educação deveria preparar a criança para a vida adulta tendo como estrutura as necessidades reais. Também defendia que o processo de aprendizagem é um processo natural, ligado ao desenvolvimento biológico. Esse filósofo francês não desenvolveu um método de ensino, que só viria a ser formulado mais adiante, por Pestalozzi (1746-1827).

> O ensino no século XVIII valorizava a repetição e a aprendizagem era checada pela capacidade de o aluno reproduzir o que o professor dizia.

Pestalozzi defendia a observação e a análise como formas de captar a realidade, levando a criança a construir seus próprios significados sobre os diversos fenômenos, que deveriam ser expressos e avaliados por meio da linguagem.

Comênio, Rousseau e Pestalozzi influenciaram diversos pesquisadores da educação nos anos que se seguiram, mas, em especial, Herbart (1766-1841). Herbart tinha o objetivo de formular um método único de ensino que atendesse a todas as pessoas. Para isso, direcionava suas pesquisas para a compreensão de como acontece a aprendizagem. A partir daí, acreditava ser capaz de estruturar o método mais adequado. Em sua teoria, o processo de ensino está organizado em quatro etapas, válidas em todas as situações:

1. **Clareza:** consistia na preparação e apresentação do conteúdo a ser ensinado.
2. **Associação:** buscava associar o conhecimento que o aluno já tinha ao novo.
3. **Sistematização:** organização dos conhecimentos novos com os conhecimentos antigos.
4. **Método:** efetiva aplicação do conhecimento que foi construído.

A proposta de Herbart foi aperfeiçoada por seus sucessores gerando a seguinte estrutura:

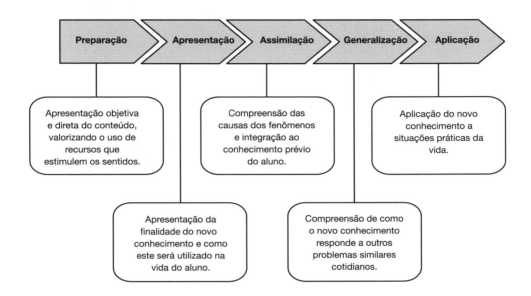

O mais interessante na compreensão de Herbart sobre o processo de ensino é notar que ele está diretamente ligado à questão da aprendizagem. Este é o primeiro momento que se tem registro no qual se busca direcionar as ações instrucionais pela forma como as pessoas aprendem. Afinal, ensinar e aprender são processos distintos.

A noção de que ensinar e aprender são processos distintos faz com que muitos pesquisadores considerem Herbart o verdadeiro "criador" da didática, ainda que compreendam que as ideias foram lançadas bem antes, em *Didacta Magna*, de Comênio. A didática passa a ser vista como a área que se interessa por compreender como os atos instrucionais podem levar à aprendizagem. Situa-se, portanto, na interseção entre o ato de ensinar e o processo de aprender.

A didática é a disciplina que se preocupa em compreender o ponto de interseção entre ensino e aprendizagem.

Herbart, ao trazer a discussão do ensino orientado pelo processo de aprendizagem, coloca uma nova questão para discussão: afinal como as pessoas aprendem? A resposta a esta pergunta só encontraria pesquisas interessadas em respondê-la muitos anos depois. Vamos conhecer um pouco essas teorias para, em seguida, analisar as concepções de ensino no Brasil em particular, de forma a identificar os métodos de ensino na história de nosso país.

Teorias de aprendizagem

> "Tão importante quanto o que se ensina e o que se aprende
> é como se ensina e como se aprende."
> (César Coll)

As teorias de aprendizagem são vistas, em diversas obras, como fruto das teorias de ensino. Trata-se de uma perspectiva que crê que a forma como as pessoas aprendem é oriunda da forma como se ensina em determinado tempo e local. Outras correntes acreditam no contrário: o método de ensino definirá o modelo de aprendizagem. Independentemente da postura que se adote para analisar a relação entre ensinar e aprender, é possível perceber que as teorias de aprendizagem, de forma geral, podem ser agrupadas em três grandes linhas: o inatismo, o empirismo e o associacionismo.

O inatismo parte do princípio de que a totalidade das características que definem as pessoas está presente desde o momento do nascimento. Com efeito, alguns estariam mais aptos para aprender, enquanto outros, menos providos de herança genética, estariam relegados a uma categoria que definitivamente não aprende ou, pelo menos, apresenta maior dificuldade no que tange à construção do conhecimento.

Você sabia?

De acordo com o dicionário Michaelis, inato quer dizer "aquilo que nasce conosco". Voar, para os pássaros, por exemplo, é uma atitude inata.

Um dos mais antigos representantes do inatismo é Platão (427-347 a.C.). Ao defender que a alma precede o corpo e que, portanto, já teve acesso ao conhecimento, acreditava que o processo educacional seria uma busca de informações que estão armazenadas em algum lugar, mas ainda não vieram à tona. Em outras palavras, o conceito de Platão sobre a educação entende que o processo de aprendizagem é calcado no desenvolvimento de dons que o ser humano já possui. Ou seja, não há interferências relevantes do meio social que não aquelas que estimulem o aperfeiçoamento de características individuais.

Se o processo educativo tem o objetivo de desenvolver aptidões com as quais o ser humano já nasceu, então o inatismo crê que o desenvolvimento é responsável pela aprendizagem. Veremos mais adiante que outras formas de encarar o processo de aprendizagem não concordam com esta compreensão.

O inatismo, enquanto concepção de aprendizagem, foi e ainda é usado com frequência no intuito de tentar justificar o nível cultural de determinado grupo pelo foco de sua genealogia. Significaria dizer que filhos de pais mais cultos tenderiam a ser mais cultos, ainda que vivessem em um contexto diferente daquele no qual os pais estivessem inseridos. Esta concepção de aprendizagem não encontra muitos defensores entre os pesquisadores da educação na atualidade. Contudo, ainda é possível perceber sua manifestação em sala de aula, o que se nota, por exemplo, pela justificativa docente de que determinados alunos não aprendem porque nasceram "sem jeito" para isso.

A maior crítica realizada ao inatismo refere-se à impossibilidade de mudança. Ao afirmar que o potencial de aprendizagem de uma pessoa está diretamente ligado à sua herança biológica, defende-se a crença de que tal potencial não pode ser desenvolvido. Ou seja, não há participação do meio na formação das estruturas cognitivas da pessoa.

> **O inatismo acredita que todas as características que definem uma pessoa estão presentes no momento em que esta pessoa nasce. Aprender seria, portanto, estimular características que já existem.**

> **Locke se opunha ao inatismo e pregava que o verdadeiro conhecimento surge da experiência real e concreta.**

Locke (1632-1704) estudou medicina e ciências naturais, mas entrou para a história como um grande filósofo da teoria do conhecimento. Uma de suas características mais marcantes é a sólida oposição ao inatismo, pregando que o verdadeiro conhecimento deriva da experiência real e concreta. É famosa sua comparação da mente humana a uma tábula rasa, postulando que não é possível que se criem ideias sem um ponto de partida e negando a separação entre corpo e alma, que justificariam o acúmulo de conhecimentos antes do nascimento. É atribuída a Locke a formulação da doutrina chamada de empirismo. Além dele, outros filósofos são identificados com a formulação desta concepção, que extrapola a educação para se posicionar como uma forma de perceber o mundo. São eles: Francis Bacon (1561-1626), George Berkeley (1685-1752) e David Hume (1711-1776).

Você sabia?

Locke, no século XVII, utiliza a expressão "*tábula rasa*" para defender o empirismo. Contudo, o termo é bem mais antigo. Ele já era usado por Aristóteles, que pregava que a mente não nasce com nenhum conhecimento inato.

O empirismo, ao contrário do inatismo, parte do princípio de que nascemos sem saber absolutamente nada e que todas as estruturas necessárias para que o conhecimento seja construído são edificadas no decorrer dos anos. Aprender, nesta teoria, significa ser capaz de acumular o maior número de informações de forma que, no futuro, se convertam em conhecimento. O acúmulo de informações só seria possível por meio da experiência real. Neste caso, aprendizagem parece acompanhar o desenvolvimento em vez de sucedê-lo.

> **O empirismo acredita que nascemos sem saber absolutamente nada, e que construímos nosso conhecimento por meio das experiências.**

A palavra empirismo é oriunda do latim *empiria*, que significa experiência. Tal experiência, na concepção de Locke, está muito mais relacionada àquelas advindas dos sentidos do que à aplicação de algum método de comprovação ou refutação de uma hipótese. Por exemplo, ao nascer, uma pessoa não sabe o que é uma maçã, mas capta sua cor pela visão, seu aroma pelo olfato, seu gosto pelo paladar, sua textura e forma pelo tato. Constrói, com isso, seu modelo próprio do que vem a ser uma maçã com base nas experiências que estabeleceu com ela.

No final do século XIX, a ciência, nos moldes em que conhecemos hoje, se firmaria como grande dona da verdade em detrimento de outras formas de apreensão da realidade. Tal *status* foi construído, principalmente, partindo da crença de que só a experiência traduz a verdade. Desta forma, é possível perceber que a ciência moderna é essencialmente empírica, não sendo incomum encontrar na literatura menções ao método empírico, ou seja, ao método baseado na experiência. Aqui, não se trata do modelo de experiência citado anteriormente e defendido pelo filósofo inglês, mas de um método de experimentação próprio e rigoroso.

A maior crítica ao empirismo diz respeito à sua essência: se, por meio da experiência, busca-se esclarecer o que é a realidade, e se tal experiência só é possível pela apreensão das coisas utilizando os sentidos, como diferenciar o que é percebido pelos sentidos daquilo que verdadeiramente é? Essa questão pode parecer, à primeira vista, mera especulação filosófica. No entanto, uma cuidadosa análise mostra que as consequências para o ato de ensinar são enormes. Se acreditarmos que a verdade é única e que cabe ao outro apenas descobri-la, entendemos que ensinar é transmitir conteúdo e aprender é "decorar". Se, por outro lado, acreditamos que a verdade é subjetiva, percebemos o ensino como a orientação na busca de uma resposta e a aprendizagem como um processo único e singular, que não pode ser integralmente mensurado e, muito menos, completamente compreendido pelo outro.

Vejamos adiante um breve quadro comparativo entre inatismo × empirismo.

Inatismo e empirismo parecem se opor radicalmente: enquanto o primeiro acredita que o ser humano já nasce dotado de aptidões que precisam ser desenvolvidas (desenvolvimento precede a aprendizagem), o segundo crê que só a experiência possibilita a apreensão das coisas (desenvolvimento e aprendizagem acontecem simultaneamente). Na educação, o modelo inatista pode ser excludente na medida em que abole o empe-

	Inatismo	Empirismo
Conhecimento	O conhecimento é pré-formado e fruto do desenvolvimento biológico.	O conhecimento é oriundo da experiência, captado pelos sentidos.
Aprendizagem	Armazenamento de informações por meio da memória.	Alteração de comportamentos, fruto da experiência.
Ensino	Uso maciço da exposição de conteúdos pelo professor.	Controle do ambiente para levar o aluno a viver uma experiência.
Avaliação	Mensuração da quantidade de informações retidas pelo aluno.	Mensuração de respostas modificadas e comportamento alterado.

nho na formação de alguém que não nasceu com "dons" para uma determinada área. Já o modelo empirista parece preconizar um método de ensino que se centra na apropriação da realidade por meio dos sentidos, valorizando a subjetividade. Neste ponto, é possível que surja uma dúvida: onde entram as relações sociais estabelecidas pelas pessoas? Qual o impacto que elas trazem para a formação?

No começo do século XIX, diversos pensadores começaram a analisar o impacto das relações sociais para o ensino e a aprendizagem. Essas discussões, não por acaso, começam em paralelo à afirmação da psicologia como uma disciplina autônoma (antes, a psicologia estava dividida entre outras áreas do conhecimento, como a filosofia e a medicina). A noção de que existia uma relação entre o meio no qual se vivia e o modelo de educação que era oferecido levou à percepção de que a relação entre o social e o individual não se resumia a uma mera coincidência, mas a uma relação de causa e efeito.

Essas teorias, chamadas de associacionistas, creem que a educação é fruto de uma relação de estímulo e recompensa. Na prática, podemos citar diversos exemplos de aprendizagem por associação. Pense, por exemplo, na forma como as mães costumam estimular seus filhos a cumprirem as obrigações escolares. É extremamente comum que o sucesso escolar (aprovação) seja recompensado com um presente; por outro lado, o insucesso tende a ser punido com um castigo. Este comportamento das mães faz com que os filhos estabeleçam uma relação de ganho ou perda buscando, como é previsto, que a recompensa seja positiva.

A teoria associacionista foi gerada com base nos pressupostos do positivismo e, por que não dizer, do próprio empirismo. Trata-se de uma concepção extremamente ampla, mas centrada no entendimento de que as ações humanas são orientadas por relações estabelecidas entre as pessoas e destas com o meio. O exemplo

Inatismo, empirismo e associacionismo são correntes filosóficas que postulam a forma como as pessoas aprendem. Não são métodos de ensino.

aqui citado, da recompensa que uma mãe oferece ao seu filho por conta do sucesso escolar, pode soar, a princípio, extremamente mecanicista. E é. Mas há outros métodos que utilizam estratégias diversificadas para ensinar e que não deixam de ser associacionistas.

O inatismo, o empirismo e o associacionismo são correntes filosóficas que orientam a forma como se crê que o conhecimento se estabelece. Não são métodos. Os métodos de ensino são os caminhos utilizados para garantir que o outro aprenda.

> **Você sabia?**
>
> Métodos de ensino são formas selecionadas pelo educador para garantir que os objetivos educacionais sejam efetivamente atingidos.

Com base nas três grandes correntes, crenças na forma de ensinar mais focadas no método foram desenvolvidas. As três principais são o comportamentalismo, o cognitivismo e o socioconstrutivismo.

Comportamentalismo

O comportamentalismo engloba diversas teorias que têm em comum dois pontos: a crença de que o comportamento pode ser comandado por estímulos e a busca da afirmação da psicologia como a ciência que estuda o comportamento observável, fugindo das teorias freudianas que se fixavam em questões que não podiam ser observadas (id, ego e superego/consciente, subconsciente e inconsciente).

> **Você sabia?**
>
> Sigmund Freud foi um médico neurologista, de nacionalidade austríaca (atual República Tcheca). Suas pesquisas culminaram na formação da psicanálise como nova área de estudo e de atuação. As ideias de Freud são consideradas essenciais para o desenvolvimento da ciência moderna.
>
> A separação entre o consciente e o subconsciente, bem como as instâncias id, ego e superego, são fruto de seus trabalhos.

O primeiro grande pesquisador a apresentar a relação entre estímulo e resposta foi Pavlov (1849-1936). Suas pesquisas utilizavam animais, principalmente cães, com o objetivo de comprovar o condicionamento reflexo. Por meio dessa teoria, Pavlov mostrou que era possível associar um comportamento a um condicionante, ainda que se tratasse de um condicionamento reflexo. Uma experiência muito famosa que ele realizou com cães consistia em transferir a resposta de um estímulo para outro estímulo. Por exemplo: sempre que ele apresentava um pedaço de carne, o cão salivava. Em seguida, ele passou a apresentar um pedaço de carne e tocar um sino simultaneamente. Algum tempo depois, apenas ao tocar o sino, o cão já salivava. O grande feito de Pavlov foi mostrar que é possível moldar o comportamento (pelo menos em animais), o que instigou pesquisadores da psicologia a buscar compreender se esta associação também seria possível em humanos.

Dando continuidade às pesquisas de Pavlov, Watson (1878-1958) publicou, em 1913, o artigo intitulado *Psychology as the behaviorist views it* (Psicologia pela visão dos comportamentalistas). Esse artigo dá início a uma corrente chamada de comportamentalismo (ou behaviorismo, do inglês) clássico, que nasce da crença de que é possível comandar todos os comportamentos humanos, bastando para isso identificar o melhor estímulo.

O comportamentalismo clássico afirmava que todos os comportamentos poderiam ser trabalhados na relação estímulo-resposta. Diversos comportamentos, contudo, não puderam seguir esta linha. Por isso, pesquisadores que sucederam Watson adaptaram sua teoria no sentido de apresentar outra mais abrangente sobre os comportamentos observáveis. Tolman (1886-1959) defendeu que, entre o estímulo e a resposta, haveria o peso do organismo. Isso significa que o mesmo estímulo poderia gerar respostas distintas dependendo do organismo com o qual se relacionasse. As pesquisas de Tolman o levaram a apresentar o conceito de aprendizagem por mapas cognitivos, que são estruturas mentais orientadoras do comportamento a ser manifestado, dependendo do objetivo. É o que atualmente se chama de behaviorismo cognitivo. A relação entre as duas palavras (behaviorismo e cognitivo) sinaliza que, além da importância dada aos estímulos, Tolman coloca a cognição dentro da discussão. Neste caso, a resposta dada a determinado estímulo dependerá fundamentalmente da intenção do organismo.

Hull (1884-1952) complementa as ideias de Tolman, fazendo oposição apenas em relação à questão da memória. Para Tolman, a manifestação da aprendizagem se dava pela realização de um comportamento que correspondia a uma experiência passada. Hull defendia que a experiência provoca alterações neurofisiológicas e, portanto, não se trataria simplesmente de um processo de aquisição de memória. É possível afirmar que

> O primeiro pesquisador a estudar o comportamentalismo foi Pavlov. Seus trabalhos começaram com o estudo do comportamento de cães. Mais tarde, ele baseou-se nos processos analisados para estudar humanos.

> O comportamentalismo clássico acredita que todos os comportamentos humanos podem ser comandados, desde que se identifique o estímulo adequado.

> Mapas mentais são estruturas que orientam o comportamento.

nesta nova visão do behaviorismo, os diversos reforços de comportamento são capazes de alterar a própria morfofisiologia daquele que é alvo do experimento.

Hull é o autor que mais leva sua concepção de aquisição ou modulação de comportamentos para a educação. Ao se opor à ideia da separação entre corpo e mente, reforça a questão da modulação do comportamento por meio da modulação biológica.

> **Você sabia?**
>
> Neurofisiologia é a disciplina da neurociência que estuda a formação e a organização biológica das estruturas cerebrais. Em sua dimensão funcional, estuda o sistema nervoso humano.

Em 1945, Skinner (1904-1990) publica o livro *Science and human behavior* (Ciência e comportamento humano), dando início a uma nova corrente tratada por comportamentalismo radical. As ideias apresentadas por Skinner não eram novas, mas ele teve o mérito de levar o conceito às últimas consequências. Para esse autor, existia sim a separação entre o corpo e a mente, mas a mente representava o comportamento em si, ou seja, a decisão de como agir. Ao corpo seria atribuída, com isso, a responsabilidade pelo recebimento dos estímulos externos.

O conceito de condicionamento operante é atribuído a Skinner e representa a forma mais avançada de se perceber esta visão de ensino (e aprendizagem). Neste condicionamento, um estímulo é oferecido visando a uma determinada resposta.

Contudo, esta resposta só existirá se ela gerar um novo estímulo, dentro dos desejos e necessidades do respondente. Traduzindo a fórmula do condicionamento operante, teríamos: Ed => R => Er, em que Er é um estímulo de reforço ou de punição, R é a resposta e Ed o estímulo dado.

Perceba que a grande diferença do condicionamento radical para o condicionamento clássico (de Pavlov) reside na etiologia do comportamento trabalhado. Para Pavlov, a resposta a um estímulo se dava como consequência do próprio estímulo e era, na maioria das vezes, de ordem fisiológica. Em Skinner, o comportamento não surge de um estímulo isolado, mas da expectativa do estímulo futuro.

Skinner dá início a uma nova corrente da psicologia cognitiva, tratada por comportamentalismo radical. Esta corrente é caracterizada pela modulação do comportamento com base nas respostas ofertadas aos estímulos.

A teoria de Pavlov acreditava que a resposta era fisiológica. Para Skinner, a resposta pode acontecer pela simples expectativa de um estímulo futuro.

Para compreender o condicionamento operante, é preciso ter clareza de dois termos: reforço e punição.

- **Reforço:** estímulos que incentivam a ocorrência e a repetição de um comportamento.
- **Punição:** estímulos que fazem com que um determinado comportamento seja evitado.

O modelo do condicionamento operante pode ser resumido na seguinte imagem:

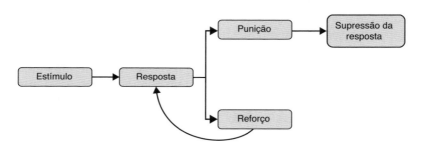

Modelo de condicionamento operante

Nesta imagem, fica claro que o reforço leva à repetição da mesma resposta quando ocorre estímulo idêntico. Já a punição visa suprimir a resposta.

O comportamentalismo não é uma corrente exclusiva da educação. Seu modelo de compreensão acerca de como os comportamentos ocorrem é estudado também pela psicologia, pela filosofia, sociologia, além de diversas outras ciências. A educação, contudo, tomou para si esta teoria, já que ela tem um impacto enorme na escolha do método de ensino.

Para pensar

Por que o comportamentalismo influenciou tanto a escolha do método de ensino? Quais os principais métodos associados à aceitação dessa teoria?

Quando se aceita que o comportamento pode ser modulado por estímulos e se percebe o processo educativo como a apresentação de comportamentos aceitáveis perante o que uma sociedade, em determinado local e tempo, julga correto, entende-se que o processo de ensinar é oferecer ao educando os estímulos corretos, reforçando ou punindo seu comportamento. Dessa forma, os métodos de ensino que mais se adéquam são aqueles que relacionam o comportamento esperado com o estímulo oferecido.

Alguns anos mais tarde outras teorias foram desenvolvidas alegando que a aprendizagem se dá pela relação entre o aprendiz e o meio. Portanto, ensinar deveria ser estimular este relacionamento, agindo o professor como um mediador desta situação. Skinner defendia que o simples contato com o meio não levaria à aprendizagem e que a cultura exige transmissibilidade de conhecimento. Vemos, daqui, uma sólida diferenciação no método de ensino baseado no comportamentalismo e dos métodos cognitivistas e sociointeracionistas.

Em sala de aula, o comportamentalismo se manifestou principalmente pela criação e utilização das máquinas de ensinar. Essas máquinas apresentavam o conteúdo em uma sequência tal que permitiam que o aluno chegasse às respostas esperadas. Os tipos de aprendizado eram categorizados por Skinner em três grupos:

> O comportamento operante existe pela consequência do estímulo, enquanto o respondente existe porque foi causado pelo estímulo.

- **Comportamento reflexo:** como a dilatação das pupilas diante da mudança na intensidade da luz. Neste caso, o sujeito não tem controle do comportamento.
- **Comportamento operante:** são voluntários, como escrever um texto. É controlado pelas consequências dos estímulos.
- **Comportamento respondente:** similar ao comportamento operante, mas controlado pelos estímulos que o precedem, como correr para atender ao chamado de alguém.

No decorrer da história, diversas críticas têm sido feitas ao comportamentalismo. Tais críticas dizem respeito, principalmente, à visão mecanicista de compreensão dos processos de ensino e aprendizagem.

Você sabia?

Um dos experimentos mais famosos de Skinner foi a caixa de Skinner. Trata-se de uma caixa fechada na qual era colocado um rato de laboratório. A caixa possuía apenas uma alavanca que, quando pressionada, liberava alimento para o rato. A partir daí, outros comportamentos eram modelados, o que levou Skinner a crer que todo o comportamento de todos os organismos também poderia ser modulado.

Uma das maiores críticas ao ensino baseado na relação estímulo-resposta é o foco na punição. Muitas vezes, o aprendiz está orientado em cumprir as atividades solicitadas e, por cumprir não mais do que sua obrigação, não recebe nenhum reforço positivo. Contudo, ao realizar uma atividade que difere daquela de que se tinha expectativa, a punição está presente.

Apesar de educadores e pesquisadores de educação considerarem a concepção comportamentalista superada, ela ainda está presente em diversas salas de aula. Ainda hoje é possível encontrar propostas educacionais baseadas em reforço e punição, além da presença de máquinas que se propõem a ensinar. A superação desta visão de ensino parece ser, com isso, uma expectativa não concretizada. Esta suposta superação se deve, principalmente, ao surgimento de novas formas de perceber a aprendizagem, como o cognitivismo e o sociointeracionismo (ou socioconstrutivismo).

Cognitivismo

> *"O professor não ensina, mas arranja modos de a própria criança descobrir. Cria situações-problema."*
> (Jean Piaget)

O cognitivismo começa a ser estudado pela psicologia no século XIX e se confunde com a própria afirmação da psicologia como ciência. Wundt (1832-1920) é considerado o precursor da psicologia e também, por alguns autores, do cognitivismo. Os trabalhos de Wundt se orientavam pela compreensão da questão da consciência e das atividades que se estruturavam na mente.

O cognitivismo parte da premissa de que há uma instância individual responsável pela relação estabelecida entre as pessoas e destas com o meio. Portanto, compreende o processo de aprendizagem como algo individual e orgânico, que pode ser estimulado por fatores externos, mas que não pode ser controlado. O maior objetivo dos pesquisadores cognitivistas é compreender a estrutura da mente humana. No campo da educação, este entendimento serviria de base para a estruturação de métodos de ensino mais eficientes, ante a esta nova compreensão da aprendizagem.

Não se pode falar do cognitivismo sem falar de Piaget (1896-1980). Ele é considerado por muitos o nome mais importante da educação no século XX. Biólogo, Piaget dedicou-se a compreender as estruturas mentais que levavam à construção do conhecimento, mas não desenvolveu nenhum método de ensino. Suas teorias situam-se no campo da compreensão do fenômeno cognitivo, mas não se propõem a apresentar "caminhos" a serem seguidos.

A epistemologia genética, a partir dos trabalhos de Piaget, tornou-se um campo de investigação que passou a ocupar espaço privilegiado nas teorias de educação. Neste campo, percebeu-se que não se pode fazer uma pessoa aprender um conteúdo para o qual ela não está preparada. Tal compreensão serve de subsídio à estruturação de currículos educacionais até os dias de hoje, dando prevalência à aprendizagem cumulativa, que organiza os conteúdos partindo dos mais simples para os mais complexos. Além disso, notou-se que o interesse pelo conteúdo a ser estudado influenciaria na construção do conhecimento.

> **Piaget afirma que não há comportamentos exclusivamente afetivos nem ações exclusivamente orientadas pela cognição. Há, na verdade, uma forte relação entre essas duas questões.**

18 Capítulo 1

> **Você sabia?**
>
> A aprendizagem cumulativa não é um conceito proposto por Piaget, mas certamente baseado em sua obra. Por essa teoria, as pessoas constroem conhecimentos simples, que servem de base para a construção dos conhecimentos mais complexos.

O interesse pelo conteúdo, discutido poucas vezes na obra de Piaget, mas abordado com rigor, traz uma questão à tona: até que ponto o processo afetivo influencia na aprendizagem? Em suas pesquisas, Piaget esclarece que não há comportamentos exclusivamente afetivos nem ações baseadas exclusivamente na cognição. Ao contrário, há uma forte relação entre essas duas questões.

Mas a grande contribuição de Piaget se dá pela afirmação de que a aprendizagem é construída pelo aluno, jamais transferida por um tutor. Esta compreensão dá origem à corrente construtivista de ensino, na qual o professor deve ser um estimulador da construção do conhecimento, orientando sua prática pela criação de situações que estimulem o aprendiz a buscar respostas. Além disso, suas pesquisas concluem que a construção de novos conhecimentos se dá basicamente por dois processos: assimilação e acomodação.

Na assimilação, o aprendiz identifica novos conceitos e busca, em seu conhecimento preexistente, enquadrá-los em uma lógica. Após este enquadramento, ou a compreensão de que o novo conhecimento não se adéqua às suas estruturas atuais, o novo será acomodado. Entre esses dois processos há um terceiro, chamado de equilibração. Na equilibração, o novo busca sua acomodação, sendo, portanto, um processo intermediário.

Assimilação	Integração de um novo dado às estruturas cognitivas já presentes.
Acomodação	Criação de uma nova estrutura ou modificação de uma estrutura existente.
Equilibração	Equilíbrio entre a assimilação e a acomodação.

Afinal, como a introdução destes conceitos influencia no método de ensino? Vamos imaginar situações nas quais uma criança aprenda por meio da assimilação e da acomodação utilizando um exemplo bastante famoso: pense em uma criança que está aprendendo a nomear os animais. Ela, até então, só conhece o cachorro porque tem um em casa. Em um dado momento ela é apresentada a um cavalo e grita: - Nossa! Que cachorro enorme. Na verdade, ela já possui estruturas cognitivas que fazem com que ela interprete o cavalo como um cachorro grande (anda sobre quatro patas, é marrom, tem rabo, focinho etc.). Este é um exemplo de aprendizagem por assimilação (inclusão do novo a uma estrutura existente). Então, o processo de ensino consiste na apresentação de situações similares para que o aluno integre o novo conhecimento a seu repertório atual.

Dando continuidade a esse exemplo, suponha que um adulto olha para a criança e responde: - Aquilo não é um cachorro, é um cavalo. Neste momento, a criança perceberá que existem algumas características que diferenciam os dois animais e terá, então, que criar uma nova estrutura cognitiva, já que não há nenhuma estrutura existente que identifique o cavalo. Este é o processo de acomodação que tem por trás de si a teoria de ensino baseada no confronto do conhecido com o novo.

> **A corrente construtivista de ensino parte da ideia de que a aprendizagem é construída pelo aprendiz, nunca transferida por outra pessoa.**

Para Piaget, uma pessoa sempre tenta assimilar um novo estímulo. Quando esta assimilação acontece, a equilibração se dá, ou seja, a estrutura cognitiva encontrou um ponto de equilíbrio. Se o estímulo for muito distinto, buscar-se-á a acomodação, que também visa ao equilíbrio estrutural.

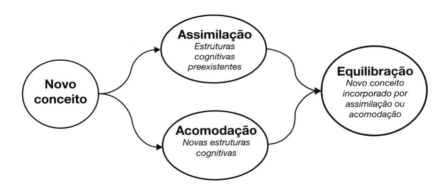

Perceba que a teoria de Piaget, ao tratar da assimilação e acomodação do conhecimento, refere-se muito mais a estruturas cognitivas do que à aquisição de novos conteúdos. Por essa razão, a inteligência, para esse autor, está ligada à capacidade de alterar estruturas mentais em prol da acomodação do novo, não ao domínio de determinado assunto. Com isso, o método de ensino está muito mais orientado ao estímulo da formação de novas estruturas do que à transmissão de informação ou conhecimento.

O impacto dessas colocações para a educação é enorme. A partir dessas teorias, compreende-se que a estruturação de cursos e aulas não deve se dar pela perspectiva do professor, já que a aprendizagem ocorre no aluno e, por ele, é construída. Daí, o termo "construtivismo" que se estabeleceria na educação e que se encontra presente no projeto educacional de diversas escolas até os dias atuais. O construtivismo representa uma radical quebra com o modelo de transferência de conhecimento, já que o professor passa a ser um instigador, construindo cenários adequados para a aprendizagem, estruturando situações-problema e apoiando a construção do conhecimento.

Piaget também entrou para a história da educação com a estruturação dos períodos de desenvolvimento, que marcariam o tipo de aprendizagem para o qual a criança estaria preparada. Esses períodos são conhecidos como estágios do desenvolvimento cognitivo. Os períodos são os seguintes:

	Período	Idade
1	Sensório-motor	0-2 anos
2	Pré-operacional	2-7 anos
3	Operacional concreto	7-11 anos
4	Operacional formal	11-15 anos

No período **sensório-motor**, que abrange os meses iniciais da vida da criança, acontece a aprendizagem sensorial. Esta fase é responsável pela base de conhecimentos e habilidades que serão demandadas para futuras assimilações. Desta forma, a criança constrói o conhecimento no uso dos reflexos, coordenações e combinações mentais. No período **pré-operacional**, a criança já consegue se perceber separada do mundo ligando-se ao concreto. Torna-se, portanto, capaz de compreender uma situação completa, mas ainda não consegue perceber por um ponto de vista que não seja o seu próprio. Esta fase é caracterizada pela sensação de integralidade vivida pela criança, ou seja, acontecimentos deixam de ser fatos isolados.

> Os estágios do desenvolvimento relacionam a idade da criança a seu potencial de aprendizagem.

O período **operacional concreto** é marcado pelo pensamento reversível e pelo entendimento de que as ações da criança repercutem no meio no qual estão inseridas. Todavia, conforme o nome atribuído ao período, a criança ainda não é capaz de desenvolver situações em sua mente. E o último período apresentado por Piaget é o período **operacional formal**. Esta fase é caracterizada pela capacidade de o pensamento reter o conhecimento e, em seguida, desenvolver situações exclusivamente no âmbito mental.

Ao apresentar estes estágios, Piaget influencia a forma como os educadores vão lidar com o método de ensino. Ao perceber, por exemplo, que, aos oito anos de idade a criança não é capaz de abstrair uma situação, o método deveria valorizar o concreto. Um exemplo seria o ensino das operações básicas na matemática. Os números são uma abstração que representa uma quantidade concreta. Se a criança não é capaz de abstrair, o entendimento de uma operação será extremamente complicado, o que pode ser contornado pela utilização de elementos reais em sala de aula. Em vez de ques-

> A classificação dos estágios de desenvolvimento por Piaget tem impacto direto no processo de ensino.

tionar qual o resultado da operação 2 + 2, seria adequado questionar: se tenho duas laranjas e comprei mais duas, com quantas laranjas fiquei? Melhor ainda se for possível utilizar as laranjas para o ensino.

Alguns críticos de Piaget postulam que suas teorias centraram demais a questão da aprendizagem no nível individual, pouco valorizando os aspectos sociais. Por isso, tornou-se tão comum em pesquisas acadêmicas contrapor suas ideias às de Vygotsky.

Socioconstrutivismo

Lev Vygotsky (1896-1934) cursou medicina, mas formou-se em direito. Publicou, em seus 38 anos de vida, mais de 200 trabalhos científicos. Ele também não desenvolveu nenhum método, mas seu pensamento deu origem à corrente educacional conhecida como socioconstrutivista ou sociointeracionista. Esta corrente fundamenta-se na crença de que o processo de aprendizagem está mais ligado às relações sociais estabelecidas pela pessoa do que a questões biológicas. É famoso o caso de Amala e Kamala, as irmãs indianas que foram criadas por lobos. A história das irmãs, que se comportavam como os animais com os quais conviviam, serve de ilustração para sua forma de compreender a aprendizagem pela perspectiva das interações sociais.

> Amala e Kamala ficaram conhecidas como as meninas-lobo. Eram duas meninas que viviam em estado selvagem e foram encontradas na Índia, em 1920. Quando foram encontradas, Amala tinha um ano e meio de idade e Kamala tinha oito anos. Ambas cresceram junto a uma matilha de lobos e, por isso, comportavam-se como esses animais. Andavam em quatro apoios, não falavam, não sorriam, uivavam para a lua etc. Depois de resgatadas, foram levadas para um orfanato, no qual se iniciaria o processo de socialização. Amala morreu alguns meses depois, pela difícil adaptação. Kamala ainda viveu mais sete anos: levou seis anos para aprender a andar e, ao morrer, com quinze anos de idade, tinha um vocabulário de menos de cinquenta palavras.

Vygotsky rejeitava as teorias inatistas, que pregavam que o homem já nasce com o conhecimento potencial. Também rejeitava as teorias comportamentalistas e empiristas por duvidar de que fosse possível influenciar o desenvolvimento de alguém somente pela escolha dos estímulos adequados. Para ele, a pessoa só se forma na relação com o outro e com seu meio.

Para explicar sua compreensão sobre a aprendizagem, Vygotsky dividiu esse processo em dois: elementares e complexos. Os processos elementares correspondem às atitudes inerentes à raça humana e, sobre os quais, não se tem controle por estímulo (respirar, por exemplo). Os complexos são fruto do processo de aprendizagem aliada ao desenvolvimento. Ler, fazer contas, dirigir, entre outras atividades, são processos complexos.

> **Você sabia?**
>
> Para Vygotsky, a relação de uma pessoa com o mundo sempre acontece por meio de uma ferramenta ou de um símbolo. A linguagem, por exemplo, é uma estrutura simbólica de mediação.

Além da mediação entre a ação do sujeito e o mundo, Vygotsky apresenta o próprio sujeito como um mediador entre o estímulo e a resposta. Se, na perspectiva comportamentalista o estímulo gerava uma resposta, seja a precedendo ou a sucedendo, no socioconstrutivismo esta relação deixa de ser linear. O modelo apresentado pelo pesquisador russo abandona linearidade comportamentalista e apresenta um triângulo para a relação, conforme a figura a seguir:

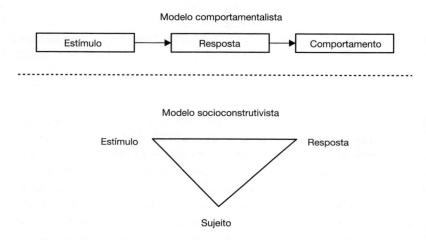

Para Vygotsky, o papel da instituição educativa é o de estimular interações entre as pessoas e destas com um ambiente que propicie o desenvolvimento intelectual. Como todo aprendizado é mediado, esse papel deve ser assumido por uma organização capacitada para tal. Para além das relações estabelecidas nesses ambientes, esse autor formulou o conceito de zona proximal. Nesse conceito, o aluno distancia-se de um novo conhecimento, e sua aquisição, além de aumentar sua bagagem cognitiva, reorganiza suas estruturas mentais, permitindo que o aprendiz evolua.

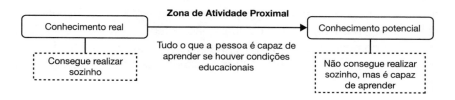

Como se pôde perceber, há diferenças significativas na forma como Piaget e Vygotsky explicam o processo de aprendizagem. Se, por um lado, compreende-se que há enorme relevância quanto à construção do conhecimento por parte do aluno, por outro, há sólida valorização das relações estabelecidas em plano social.

Todas as formas de perceber como o ensino e a aprendizagem acontecem geraram pesquisas e concepções educacionais que nos acompanham até a atualidade. Nas duas últimas décadas, várias teorias foram formuladas para esclarecer a história dos métodos de ensino no Brasil. A classificação de Libâneo (1994) ainda parece ser a mais adotada. Seu modelo divide as teorias de ensino em correntes liberal e progressista, cada uma abarcando um conjunto específico de concepções pedagógicas.

> Para Vygotsky, o trabalho das instituições escolares e dos educadores acontece na Zona de Atividade Proximal.

Classificação da corrente	Modelo pedagógico
Não crítica (liberal)	Ensino tradicional
	Pedagogia renovada
	Ensino tecnicista
Dialética (progressista)	Pedagogia histórico-crítica
	Pedagogia libertadora

As correntes não críticas são definidas como aquelas que utilizam o processo educativo visando à perpetuação do modelo social vigente. Nesta compreensão, a diferenciação entre os modelos pedagógicos é dada pelo método escolhido, não pelo fim do ato educativo. Já as correntes dialéticas são caracterizadas pelo foco em levar o educando a construir um conhecimento que o torne passível de mudar a realidade na qual está inserido.

Conhecer as correntes pedagógicas é fundamental para conhecer a história dos métodos de ensinar no Brasil.

> As correntes não críticas se propõem à perpetuação da estrutura social, enquanto as dialéticas têm como meta a crítica às estruturas sociais.

Pedagogia Tradicional

É muito complicado situar uma corrente educacional na linha do tempo. Na verdade, as concepções pedagógicas se misturam, formando uma realidade única em cada sala de aula. Por questões didáticas, entretanto, alguns autores as situam em períodos que representam seu ponto máximo de aceitação. A corrente pedagógica tradicional é frequentemente associada, no Brasil, ao período da Primeira República (1889-1930).

Há quem acredite que a pedagogia tradicional tenha sido formulada no século XIX, apesar de parecer estar presente nos métodos de ensino da Idade Média e da Contemporânea. Ela é caracterizada pelo privilégio que se dá ao conhecimento em detrimento do sujeito. A concepção de mundo na pedagogia tradicional é a de um mundo pronto. Neste caso, é papel das instituições de ensino apresentar este mundo ao aprendiz que, portanto, equivale a um papel em branco, no qual se poderá preencher todo o conhecimento acumulado.

> **A pedagogia tradicional acredita em um mundo dado. Neste caso, o papel da escola é o de apresentar este mundo ao aluno, que é um papel em branco e terá como meta reproduzir a fala dos mais experientes.**

Na medida em que se acredita que o mundo é algo dado, pronto, e que é necessário identificar um meio de ensino capaz de se transmitir este mundo ao outro, faz-se necessário supor, também, que os homens são iguais em sua natureza. Esta concepção de igualdade leva à crença de que é possível fazer com que todos aprendam utilizando um mesmo método.

O foco do processo de ensino é levar o aluno a aprender a maior quantidade de conteúdos que for possível. Para que esse objetivo seja atingido, Libâneo (1990) esclarece que o método parece consistir em três passos:

1. **Atividade sensorial:** diz respeito ao contato do aprendiz com o conteúdo.
2. **Memorização:** refere-se à capacidade de reter as informações com as quais se tem contato.
3. **Compreensão:** relacionado com a capacidade de generalizar conceitos e efetivamente aplicá-los.

Algumas pesquisas que aprofundaram os passos apresentados por Libâneo simplificam essas etapas ao afirmar que a atividade sensorial corresponderia à apresentação do conteúdo por parte do professor. A memorização seria a necessidade de se absorverem as informações recebidas por parte do aluno. Já a compreensão seria manifestada pela reprodução dos conceitos ou por sua aplicação prática.

Alguns princípios que norteiam os métodos de ensino na pedagogia tradicional são:

- A mente é um repositório de informações.
- O professor é a figura responsável por transmitir conteúdos.
- O aluno não tem capacidade de construir, sozinho, seu conhecimento.
- Só existe uma verdade – aquela transmitida pelo professor.
- A melhor forma de aprender algo é repetir o conceito para exercitar.

De forma resumida, podemos dizer que, na corrente tradicional, ensinar é transmitir conhecimentos e aprender é ser capaz de reproduzi-los. Daí é fácil inferir que a melhor forma de ensinar é pela exposição. Da mesma forma, se aprender é ser capaz de reproduzir os conteúdos que foram transmitidos, a melhor forma de avaliar é medir a capacidade de reproduzir o que foi ensinado com exatidão.

> **Na pedagogia tradicional, ensinar é transmitir conteúdos e aprender é ser capaz de reproduzi-los.**

Na pedagogia tradicional, a relação entre o professor e o aluno é verticalizada. Ou seja, o professor é a autoridade em sala. Só ele tem algo a ensinar e o aluno deve, de forma passiva, se submeter aos métodos instituídos, visando a reproduzir a forma e o conteúdo que lhe são transmitidos. Libâneo (1990, p. 64) sintetiza a corrente pedagógica tradicional da seguinte forma:

> "O professor tende a encaixar os alunos em um modelo idealizado de homem que nada tem a ver com a vida presente e futura. A matéria de ensino é tratada isoladamente, isto é, desvinculada dos interesses dos alunos e dos problemas reais da sociedade e da vida. O método é dado pela lógica e sequência da matéria, é o meio utilizado pelo professor para comunicar a matéria e não dos alunos para aprendê-la."

Para pensar

Ainda é possível afirmar que a corrente tradicional está presente nas salas de aula brasileiras?

As concepções mais modernas de ensino, como veremos adiante, pregam um método que se opõe radicalmente à pedagogia tradicional. Não se pode, contudo, dizer que a pedagogia tradicional já não está presente nas salas de aula. Pelo contrário, ela ainda orienta a prática de diversas instituições de ensino.

Como foi visto, a pedagogia tradicional parece encontrar seu período histórico de maior representatividade no final do século XIX e no começo do século XX. Esse período é também o momento no qual surgirão novas correntes que se contrapunham às concepções tradicionais de educação. Essas correntes, surgidas no final do século XIX, vão receber o nome de Pedagogia Renovada.

Pedagogia Renovada

A pedagogia renovada começa a ser formulada no final do século XIX e vai se firmar como uma corrente educacional no começo do século XX. Seu maior objetivo era trazer uma opção ao modelo tradicional de ensino. Por isso, diversos autores a definem como uma oposição sistemática à pedagogia tradicional. Muitos grandes pensadores já sinalizavam a necessidade de mudança na compreensão dos modelos de ensino, como Montaigne, Comênio, Rabelais, Descartes e Rousseau. Entretanto, as mudanças na forma como se percebem ensino e aprendizagem costumam ser lentas, daí o surgimento tardio da Pedagogia Renovada.

> **A Pedagogia Renovada é vista por muitos como uma oposição sistemática à pedagogia tradicional.**

Se, no modelo tradicional, o aluno era visto como um ser passivo, no qual o dono do conhecimento, na figura do professor, deveria depositar todo o saber acumulado, no modelo renovado, o aluno passa a ser visto como um ser livre, com iniciativa e com a possibilidade de manifestar interesse nos conteúdos que vai estudar. Neste sentido, o aluno passa a ser protagonista de seu processo de aprendizagem. É função dele buscar a solução para os problemas e criar relações que o apoiem em suas necessidades.

A Pedagogia Renovada abarca em si diversas correntes, entre elas:

- Progressivista, que tem em Dewey, sua base teórica.
- Não diretiva, calcada nas ideias de Rogers.
- Ativista-espiritualista, defendida por alguns setores da Igreja Católica.
- Piagetiana, baseada na epistemologia genética, de Piaget.
- Montessoriana, orientada pela filosofia de Maria Montessori.

A Pedagogia Progressivista, de Dewey (1859-1952), é entendida como a corrente mais importante na Pedagogia Renovada no Brasil, talvez por sua ampla aceitação no início da década de 1930, em paralelo ao Movimento dos Pioneiros da Escola Nova, liderado por Anísio Teixeira. Neste modelo de ensino, a aprendizagem passa a ser percebida como uma reconstrução das experiências vividas por parte do sujeito aprendiz. Este é, inclusive, um dos pontos mais fortes que diferenciam a Pedagogia Renovada do modelo que a antecedeu: a certeza de que o ser humano é único e que cada pessoa constrói seu conhecimento de forma singular.

> **Na Pedagogia Renovada, o professor não é detentor do conhecimento.**
> **Ele é responsável por criar as condições para que a aprendizagem aconteça.**

Se o aluno passa a ser visto como principal ator no processo de construção de seu próprio conhecimento, o professor assume o papel não mais de detentor de toda a verdade, mas de mediador entre as condições necessárias para que a aprendizagem ocorra e aquele que é capaz de construí-la. Ou seja, o professor não apresenta mais conteúdos prontos para os alunos, mas desafios que necessitam de revisão das estruturas mentais para resolução, além de apoio para trilhar este caminho de descobertas.

Não é incomum encontrar obras que tratam a Pedagogia Renovada por Pedagogia Nova ou, simplesmente, Escola Nova. Esta nomenclatura carrega a concepção de que seria preciso construir um novo modelo de ensinar e, de forma radical, uma nova escola. Este movimento não se deu de forma isolada no Brasil, o que pode ser percebido pela contemporaneidade das ideias de Freinet (1896-1966), na França. Freinet pregava que a escola não deveria preparar uma pessoa para a vida porque a escola já é a vida. Portanto, a construção do conhecimento deveria se dar em situações reais nas quais esses conhecimentos fossem efetivamente aplicados.

Bomfin (2004) situa o surgimento da Pedagogia Renovada no Brasil dentro do momento de transição da sociedade agrária para a sociedade industrial e urbana. Em sua pesquisa, mostra que a nova demanda por educação para atender ao mercado de trabalho exigia que as pessoas fossem capazes de aprender a aprender, não simplesmente decorar um conteúdo. Afinal, o conteúdo em pouco tempo passaria a ser obsoleto.

Bomfin (2004) busca em Rogers as características que mais marcam esse modelo de ensino e, consequentemente, de aprendizagem:

- Os seres humanos têm a natureza potencial de aprender.
- Aprendizagem significativa acontece quando o aluno é capaz de aplicar, na prática, o que aprendeu.
- A aprendizagem envolve mudança na percepção de si mesmo.
- É por meio de atos que se adquire a aprendizagem mais significativa.
- A avaliação feita por outros é menos importante do que a autoavaliação.

Esses princípios esclarecem que o conhecimento, na Pedagogia Renovada, é entendido como construído (preferencialmente) por meio da experiência. Para isso, o aluno deve ser estimulado a pesquisar, testar, criticar e perceber os conteúdos que têm ou não relevância em sua vida, descartando alguns e buscando o aprofundamento de outros.

Pedagogia Tecnicista

Quando as tendências educacionais que compõem a Pedagogia Renovada começam a questionar o método de ensino, este passa a assumir uma importância considerável. Dentro deste contexto de supervalorização do método, nasce um novo modelo pedagógico, conhecido como tecnicista. Por surgir como fruto das críticas da Pedagogia Renovada à forma de ensinar, diversos autores englobam a Pedagogia Tecnicista como uma das diversas tendências que compõem a Pedagogia Renovada.

A Pedagogia Tecnicista surge da crítica da Pedagogia Renovada aos métodos de ensino.

A Pedagogia Tecnicista aparece na década de 1960 no Brasil, buscando o aperfeiçoamento dos métodos de ensino e considerando a instrumentalização desse processo.

Era preciso identificar formas de ensinar que facilitassem a aprendizagem e reduzissem o trabalho do professor.

Bomfin (2004) apresenta as seguintes características para a Pedagogia Tecnicista:

- Racionalidade
- Eficiência
- Produtividade
- Controle
- Objetividade

Perceba que a orientação da Pedagogia Tecnicista diverge da Pedagogia Tradicional e da Pedagogia Renovada. Enquanto a Pedagogia Tradicional tem no centro do processo de ensino a figura do professor e a Pedagogia Renovada tem o aluno, a Pedagogia Tecnicista atribuirá valor primordial ao método.

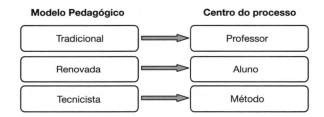

O momento no qual o tecnicismo se impõe como grande concepção dos processos de ensino no Brasil é contemporâneo à consolidação da industrialização no país. As leis educacionais de 1968 e 1971 orientam a formação do professor pela definição de objetivos, pela capacidade de estruturar processos de ensinar condizentes com tais objetivos e pela assertividade na avaliação. Isto não ocorre à toa: é fruto de um papel que a educação desempenha neste momento, que é o de prover mão de obra para o mercado. Há que se considerar ainda que os processos educacionais nas décadas de 1960 e 1970 deveriam atender às massas. Por isso, essa época é também marcada pelo surgimento de diversos cursos técnicos.

A Pedagogia Tecnicista tem o objetivo de desenvolver habilidades nos aprendizes. Por isso é tratada por aquela que "ensina a fazer".

Você sabia?

Antes da Lei de Diretrizes e Bases Educacionais – Lei n. 9.394/1996, o Brasil era regido pelas Leis n. 5.692/1971 – voltada para os Ensinos Fundamental e Médio – e n. 5.540/1968 – voltada para a normatização do Ensino Superior.

Libâneo (1994) apresenta sua teoria sobre as etapas utilizadas para se ensinar no tecnicismo, a saber:

1. Especificação de objetivos instrucionais operacionalizados.
2. Avaliação prévia dos alunos para estabelecimento de pré-requisitos que auxiliem a chegada aos objetivos.
3. Avaliação prévia dos alunos para estabelecer experiências de aprendizagem.
4. Avaliação dos alunos relativa ao que foi proposto nos objetivos iniciais.

Nessas etapas, fica claro que o planejamento do ensino é fundamental no tecnicismo e parece ser a parte mais trabalhosa. O tempo dedicado ao estabelecimento de objetivos, à busca do método mais adequado para ensinar, ao diagnóstico prévio e à avaliação costuma ser bem maior do que o tempo despendido em sala de aula. Essas etapas são justificadas pela própria compreensão de homem e de mundo da Pedagogia Tecnicista, que prevê que só é válido aquilo que pode ser efetivamente mensurado.

Sobre a organização da aula, Mager (1976) lista cinco princípios que devem ser considerados nessa tendência:

1. Conteúdos evoluem do geral para o específico.
2. Apresentação em sequência que desperte o interesse do aluno.
3. Sequência lógica na apresentação dos conteúdos.
4. Apresentação das habilidades a serem desenvolvidas com clareza e lógica.
5. Apresentação da frequência com que determinadas habilidades devem ser manifestadas dentro do conteúdo trabalhado.

A utilização de sequências, passos, etapas e instrumentos é muito comum no tecnicismo. O professor deve atuar como um técnico que tem a responsabilidade de estruturar o ensino como um processo fabril.

A identificação das razões pelas quais um determinado conteúdo deve ser aprendido, ou mesmo a busca de questionamentos ou críticas a determinado conteúdo não fazem parte da Pedagogia Tecnicista. Afinal, o aluno percebe um mundo pronto, no qual ele deve se integrar por meio de habilidades que precisa desenvolver. O foco nas habilidades a serem desenvolvidas na Pedagogia Tecnicista leva-nos a compreender este modelo pedagógico como aquele orientado a ensinar o outro a fazer. Na comparação de Saviani (1986), temos o seguinte quadro referencial para as correntes liberais:

No tecnicismo, o professor utiliza passos, etapas e instrumentos para organizar o processo de ensino.

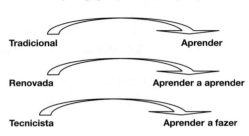

Como você viu, as Pedagogias Tradicional, Renovada e Tecnicista são bastante diferentes. Contudo, são enquadradas na corrente liberal porque se prestam, essencialmente, a manter a ordem e a estrutura social vigente. É preciso compreender, entretanto, que existem outros modelos pedagógicos que surgiram com o objetivo de elevar o conhecimento do ser humano a ponto de capacitá-lo a buscar novas organizações sociais. São as correntes conhecidas como dialéticas ou progressistas. Essas correntes são compostas por dois modelos pedagógicos: o libertador e o crítico-social de conteúdos. Alguns autores incluem também o modelo libertário, mas, por ter um caráter eminentemente político, ele parece não se enquadrar nos estudos dos métodos de ensino.

Pedagogia Libertadora

"A liberdade, que é uma conquista, e não uma doação, exige permanente busca. Busca permanente que só existe no ato responsável de quem a faz. Ninguém tem liberdade para ser livre: pelo contrário, luta por ela precisamente porque não a tem. Ninguém liberta ninguém, ninguém se liberta sozinho, as pessoas se libertam em comunhão."

(Paulo Freire)

Falar da pedagogia libertadora é falar da pedagogia de Paulo Freire (1921-1997). Freire nasceu em Recife e formou-se em direito, mas foi no Magistério que deixou seu nome marcado. Atualmente, é considerado por diversos pesquisadores da educação o nome mais importante da pedagogia brasileira.

A pedagogia libertadora parece, inicialmente, ser uma nova corrente da pedagogia nova, que se opunha ao ensino tradicional e focava no aluno para a construção do conhecimento. Contudo, o pensamento dos libertadores vai se afastar das correntes liberais quando começar a propor a formação de homens capazes de refletir sobre sua própria realidade visando a mudanças estruturais na sociedade.

Uma Breve História das Formas de Ensinar

> **Você sabia?**
>
> Paulo Freire cunhou o termo "Educação Bancária" como uma crítica ao modelo tradicional de ensino, no qual o professor "deposita" o conhecimento em um aluno passivo que se atém, exclusivamente, a decorar o que lhe é ensinado e a reproduzir tal conteúdo na vida.

O começo do trabalho docente de Paulo Freire se deu com o ensino de língua portuguesa em escolas de Ensino Médio. Mas suas teorias educacionais começariam a ser formuladas após a experiência com a alfabetização de adultos. O primeiro ponto que chamou a atenção do educador foram os métodos utilizados para ensinar o aluno adulto, orientado pelos métodos utilizados com crianças. Junto a isto, Freire também notou que o ensino estava muito distante da realidade dos alunos, o que o tornava sem significado.

Um exemplo frequentemente citado no método que Freire utilizava para alfabetizar adultos é o de uma comunidade de pescadores. Em vez de começar o processo utilizando palavras de escrita mais simples, como acontece na alfabetização que utiliza a silabação (casa, pata, faca, por exemplo), ele resolveu buscar coisas significativas, como peixe, vara de pescar, rede, entre outros. Desta forma, o aluno adulto passava a codificar uma realidade próxima a ele, percebendo a relevância do conhecimento, que não existe por si só, mas na relação entre o aluno e o meio.

> **Paulo Freire defendia que a aprendizagem deveria se dar por meio de conteúdos significativos para aquele que aprendia.**
>
> **Sua teoria defende uma educação prática, calcada em uma teoria libertadora.**

As ideias de Paulo Freire começam a ser difundidas no Brasil na década de 1960, mas são interrompidas pelo golpe de 1964, quando os militares o forçam a se exilar. Paulo Freire, entretanto, não viu suas pesquisas serem interrompidas, já que continuou trabalhando com educação popular, mesmo afastado do país. As principais ideias da educação libertadora são:

- É preciso transformar algo para conhecê-lo em sua essência.
- O conhecimento só é construído por meio de uma participação ativa do aprendiz.
- A compreensão de um assunto é a síntese individual que um aluno faz desse assunto.

A pedagogia libertadora surgiu da experiência da educação de adultos, mas não é complicado inferir suas práticas na educação de crianças. Por ter surgido como fruto do pensamento crítico da educação de adultos, os métodos mais utilizados são: discussão, estudo de caso, pesquisa participante, debate, trabalhos em grupo, entre outros. A aula expositiva costuma ser ignorada por seguidores da

Pedagogia Libertadora; afinal, o conhecimento da vida real traduz o ato de aprender. Além disso, os textos utilizados devem, preferencialmente, ser redigidos pelos próprios educandos. Note que todo o processo estimula que o sujeito atue em sua aprendizagem, buscando refletir para criticar e transformar.

Em 1970, Paulo Freire publica a *Pedagogia do oprimido* (manuscrito em 1968), como uma crítica ao modelo de ensino que se presta a perpetuar a relação opressor-oprimido. Sua proposta, nesse livro, é a de que a educação se aproprie de métodos e crenças que façam com que aqueles que se encontram em uma situação de opressão tenham condições de reverter o quadro, não se tornando opressores, mas libertos.

> A exposição oral não é uma prática comum na Pedagogia Libertadora. Os métodos valorizados são aqueles que levam o educando a construir seu próprio conhecimento.

Trecho de *Pedagogia do oprimido*

Quem, melhor que os oprimidos, se encontrará preparado para entender o significado terrível de uma sociedade opressora? Quem sentirá, melhor que eles, os efeitos da opressão? Quem, mais que eles, para ir compreendendo a necessidade da libertação? Libertação a que não chegarão pelo acaso, mas pela práxis de sua busca; pelo conhecimento e reconhecimento da necessidade de lutar por ela. Luta que, pela finalidade que lhe derem os oprimidos, será um ato de amor, com o qual se oporão ao desamor contido na violência dos opressores, até mesmo quando esta se revista da falsa generosidade referida.

A Pedagogia Libertadora não formulou métodos de ensino, mas o vasto registro do pensamento de seu principal representante leva diversos autores a concluírem que é possível adotá-lo seguindo estas etapas:

- Investigar o conteúdo a ser trabalhado a partir das experiências reais dos alunos.
- Selecionar contradições sociais importantes para serem objeto dos instrumentos escolhidos.
- Sistematizar o conteúdo.
- Preparar materiais e equipamentos que serão utilizados nas ações educacionais.
- Propor o desvelamento da realidade social dos alunos.

A Pedagogia Libertadora se assenta sobre a relação de horizontalidade entre educador e educando. Nesta relação, ambos aprendem e ambos ensinam. Trata-se de uma valorização do processo democrático em sala de aula, que norteia as relações para além do espaço pedagógico. Também por isso, a avaliação mais adotada nesta perspectiva é a autoavaliação ou a avaliação realizada em grupos.

Pedagogia Crítico-Social de conteúdos

> A Pedagogia Crítico-Social de conteúdos valoriza o conhecimento como forma de crítica e possibilidade de superação dos modelos impostos pela sociedade.

A Pedagogia Crítico-Social de conteúdos não possui um nome de referência e parece ter surgido no final da década de 1970 e no começo da década de 1980, apesar de esse período não ser delimitado com exatidão. O que se sabe é que ela aparece nas discussões teóricas no Brasil após a consolidação das ideias da Pedagogia Libertadora. Por integrar a corrente progressista, ela se assemelha ao ensino libertador, na medida em que busca superar a ingenuidade da ação pedagógica, que se manifesta na falta de percepção das relações educacionais com as relações políticas. Por se orientar pela importância dos conteúdos, ela se assemelha ao ensino tradicional e à pedagogia nova. Afinal, qual a característica da Pedagogia Crítico-Social dos conteúdos?

Os pensadores que defenderam este modelo pedagógico simplesmente não consideraram suficiente que se dominassem os conteúdos acumulados pela história da humanidade, muito menos julgaram satisfatório que o ambiente pedagógico se tornasse um palco de discussões políticas. Acreditavam que ambas as perspectivas tinham sua importância e sua razão de existir, mas não se excluíam. Ao contrário, se completavam. Buscando esta relação de complementaridade, a pedagogia Crítico-Social se interessa em relacionar os conhecimentos sistematizados à realidade do educando.

> *"A Pedagogia Crítico-Social de conteúdos não considera suficiente colocar como conteúdo escolar a problemática social cotidiana, pois somente com o domínio dos conhecimentos, habilidades e capacidades mentais podem os alunos organizar, interpretar e reelaborar as suas experiências de vida em função dos interesses de classe"* (LIBÂNEO, 1990, p. 70).

Na concepção crítico-social de conteúdos, a educação é o caminho para os avanços científicos e tecnológicos e deve ser responsabilizada por levar a todos a instrução necessária para uma vida de qualidade. Deve, ainda, se preocupar em desenvolver no educando a capacidade de estudo e o raciocínio científico. Este trajeto é que levará a pessoa a ser capaz de criticar o modelo social e buscar a transformação.

Os modelos de pedagogia que foram apresentados até aqui podem ser resumidos no seguinte quadro:

Tendência	Papel da escola	Conteúdos	Métodos	Relacionamento com o professor	Pressupostos	Manifestações na prática
Liberal Tradicional	Preparação intelectual e moral do aluno	Conhecimentos e valores sociais acumulados	Exposição verbal e repetição de exercícios	Predomina a autoridade do professor	Aprendizagem como ato receptivo e mecânico	Ainda muito viva em nossas escolas
Liberal Renovada	Suprir o aluno de experiências que lhe permitam educar-se	É mais relevante dominar o processo de aquisição do saber do que o saber em si	Experimentação, aprender fazendo	Professor como facilitador	Aprendizagem como descoberta	Aplicação reduzida na prática e estimulada na teoria
Liberal Tecnicista	Produzir mão de obra para o mercado	Informações, princípios científicos e formas de executar atividades	Reforço das respostas corretas, punição das erradas	Professor como administrador do processo educacional	Ensino como condicionamento do comportamento	Sólida presença no final dos anos 1960
Progressista Libertadora	Formar o homem crítico de seu papel na sociedade	Temas geradores extraídos da realidade do aluno	Grupos de discussão, trocas de experiência, debates etc.	Relação de horizontalidade entre professores e alunos	Aprender é problematizar a realidade	Aplicado na educação de adultos
Progressista Crítico-Social	Buscar a transformação social apoiando-se nos conteúdos	Cultura universal aliada à crítica	Experiência do aluno é relacionada com os conteúdos universais	Professor como mediador entre as experiências do aluno e os conteúdos	Aprender é desenvolver habilidade para processar informações	Está no discurso e em diversas propostas pedagógicas

Correntes pedagógicas contemporâneas

Mais recentemente, algumas novas correntes vêm sendo discutidas, mas ainda parecem carecer de pesquisas que as caracterizem com clareza. Algumas correntes de ensino que podem ser destacadas entre as contemporâneas são: a corrente racional-tecnológica, as neocognitivistas, as sociocríticas, as holísticas e as pós-modernas.

> As correntes pedagógicas contemporâneas ainda precisam de mais pesquisas que as caracterizem com clareza.

A corrente racional-tecnológica é extremamente recente e visa atender às necessidades do sistema produtivo, formando, essencialmente, o técnico. Libâneo (2005) considera que ela pode ser vista como uma reformulação do tecnicismo, mas que não tem no método o centro do processo. Este centro encontra-se nos recursos, já que os racionais-tecnológicos abusam das tecnologias de informação e comunicação. Esta corrente não é tão politizada quanto às progressistas, vistas anteriormente, e se propõe a formar tanto a elite (técnicos que dominam os processos produtivos) quanto a mão de obra (técnicos que executam as atividades operacionais).

O neocognitivismo, como se supõe pelo nome, faz uma busca das teorias cognitivistas para aperfeiçoá-las. Por um lado, esta corrente traz para a discussão pedagógica os conceitos da psicologia moderna, como a consideração aos processos afetivos e à singularidade subjetiva. Por outro, associa o desenvolvimento das ciências cognitivas aos avanços tecnológicos, buscando compreender até que ponto é possível falar de inteligência artificial e dos impactos que este novo conceito traz para a forma como as pessoas aprendem.

Libâneo (2005) encontra diversas abordagens para compor a corrente sociocrítica:

- **Sociologia crítica do currículo:** propõe uma revisão dos saberes escolares respeitando o grupo de alunos com o qual se está trabalhando.
- **Teoria histórico-cultural:** defende que a ação do aprendiz sobre o meio é mediada pela cultura. Portanto, a educação deve ser orientada pelas práticas culturais.
- **Teoria sociocultural:** similar à teoria histórico-cultural, percebe a aprendizagem como necessariamente arraigada às práticas culturais.
- **Teoria sociocognitiva:** entende que a aprendizagem se dá pela interação entre as pessoas. Por isso, a escola deve prover tais situações.
- **Teoria da ação comunicativa:** valoriza a comunicação como prática pedagógica. Esta comunicação se dá com base no diálogo e na participação do aprendiz.

A visão do todo é a marca da corrente holística. Nesta concepção, a educação não pode ser vista como algo separado da estrutura social. Dentro da corrente holística, diversas linhas são identificadas, de acordo com o ponto de valorização. É possível encontrar a ecopedagogia, com ênfase nas questões ambientais, a naturalista, que acentua a importância das questões biológicas na aprendizagem e o conhecimento em rede, que vê nas relações estabelecidas a fonte do conhecimento verdadeiro.

Feminismo, pacifismo, ecologia, homossexualidade, cultura local etc. A dificuldade em encontrar valores que sejam amplamente aceitos traz à tona uma nova corrente: a pós-moderna. Essa corrente engloba todas as que se propõem a discutir a questão da diferença e os significados das práticas pedagógicas no respeito/desrespeito a essas diferenças. Parte do princípio de que os modelos que serviram para a educação até então já não podem mais ser considerados válidos em uma sociedade que reconhece que não há igualdade de consciência, valorizando o modo de agir e pensar de cada um.

As correntes contemporâneas são extremamente recentes. Todas datam da segunda metade do século XX e do começo do século XXI. Por isso, ainda demandam pesquisas que as aprofundem para que se conheçam suas manifestações em sala de aula. De qualquer forma, já é possível antever que novas formas de pensar a educação e, portanto, novos métodos de ensinar surgirão, sempre visando atender às particularidades que os avanços econômicos, sociais, políticos e das demais esferas imporão.

Exercício de aplicação

Escolha uma aula que você já tenha tido e procure analisar cuidadosamente a forma como ela acontece. Em seguida, tente identificar que concepções de ensino estão presentes. Para facilitar, tente responder às seguintes questões após avaliar a aula:

- Que visão de mundo é construída?
- Qual a visão de homem que é manifestada nesta prática?
- Como é a relação do professor com os alunos?
- Qual o entendimento sobre o processo de aprendizagem?
- Que método de ensino está mais presente?
- Como é realizada a avaliação?

Respondendo a todas essas perguntas, certamente você conseguirá encaixar a aula avaliada em uma (ou em várias) corrente(s) de ensino.

Para debater

1. Ainda é possível identificar diversos professores que pregam uma pedagogia crítica e aplicam, em seu cotidiano, uma pedagogia tradicional, algumas vezes repressora. Discuta com seus colegas os motivos que levam alguns educadores a conviverem com essa dualidade entre o discurso e a prática. Discuta também as dificuldades que podem ser encontradas quando nos propomos a ensinar utilizando métodos diferentes dos que foram usados conosco quando estávamos na escola.
2. A corrente comportamentalista é frequentemente citada na literatura como algo superado. Identifique, em alguma aula – sua ou outra a que tenha acesso – manifestações que confirmem ou neguem essa corrente na prática escolar.

Resumo executivo

- O modelo escolar, tal qual conhecemos hoje, surge na Idade Média, muito influenciado pelas ações educacionais da Igreja.
- A escola contemporânea é construída sobre as seguintes diretrizes: espaços claramente definidos para educar; horários rígidos para o ensino; seleção de conteúdos apropriados para cada série; desmerecimento de práticas de ensino não institucionalizadas; obrigatoriedade de frequência; avaliação e certificação.
- A obra *Didacta Magna*, de Comênio, do século XVII, é a primeira a buscar princípios orientadores do ato de ensinar.
- Herbart foi o primeiro a apresentar uma teoria para o ensino, de forma sistematizada. Os seguintes passos eram previstos em sua teoria: preparação, apresentação, assimilação, generalização e aplicação.
- A didática surge da visão de que ensinar e aprender são processos distintos. Trata-se de uma disciplina que vai se dedicar a compreender como ensinar pode produzir aprendizagem.
- A forma como se compreende que as pessoas aprendem influencia a forma de ensinar. As principais concepções de aprendizagem são o inatismo, o empirismo e o associacionismo.
- O inatismo crê que o ser humano já nasce com algumas habilidades, que precisam ser desenvolvidas.
- O empirismo acredita que todas as pessoas nascem sem saber absolutamente nada, e que vão construir seu conhecimento com base na experiência.
- O associacionismo entende que aprender é viver as relações entre as pessoas e destas com o meio. Portanto, só há aprendizagem na relação.
- As correntes de aprendizagem geraram teorias de ensino nelas calcadas. As principais são o comportamentalismo, o cognitivismo e o sociointeracionismo.
- O comportamentalismo acredita que todo comportamento pode ser modelado por uma relação de estímulo-resposta. O principal nome dessa corrente é Skinner.
- O cognitivismo vê a aprendizagem como um processo individual e orgânico, portanto, não é passível de ser generalizado. O nome mais influente dessa corrente é Piaget.
- O sociointeracionismo percebe que a aprendizagem é fruto das relações sociais e está assentado sobre as ideias de Vygotsky.
- As correntes pedagógicas no Brasil são divididas em liberais e progressistas. As liberais são aquelas que se prestam a perpetuar a estrutura social, enquanto as progressistas buscam, por meio da educação, levar o aluno a desvelar sua realidade.
- A corrente tradicional engloba a pedagogia tradicional, a renovada e a tecnicista.

- A corrente progressista engloba a pedagogia libertadora e a crítico-social de conteúdos.
- Recentemente, estudos têm mostrado que há novas correntes pedagógicas presentes na práxis educacional brasileira. São elas: a corrente racional-tecnológica, as neocognitivistas, as sociocríticas, as holísticas e as pós-modernas.

Teste seu conhecimento

- Quais as principais características que a forma de ensinar atual herdou das formas do passado (Antiguidade e Idade Média)?
- Como se dá o surgimento da didática como uma disciplina que virá a estudar os meios de ensino?
- Quais as principais teorias de aprendizagem?
- As teorias de aprendizagem geraram modelos de crença em como o ensino deveria acontecer. Quais são os principais modelos e quais as suas principais características?
- Diferencie, com suas palavras, o cognitivismo do sociointeracionismo no que diz respeito aos métodos de ensino.
- Qual o foco do processo educacional nas Pedagogias Tradicional, Renovada e Tecnicista?
- Diferencie as correntes liberais das progressistas.
- Escolha uma corrente contemporânea e explique, com suas palavras, sua definição.

Exercícios propostos

1. Quais as principais diretrizes da escola contemporânea (características)?

2. Diferencie as correntes pedagógicas liberais das progressistas.

3. O livro que marca o nascimento da didática como disciplina educacional é:
    a. *Contrato Social*, de Rousseau.
    b. *Pedagogia do Oprimido*, de Paulo Freire.
    c. *Didacta Magna*, de Comênio.
    d. *Tornar-se Pessoa*, de Carl R. Rogers.

4. A respeito do processo de ensinar e aprender, podemos afirmar que:
   a. Sempre que uma pessoa ensina, o outro aprende.
   b. Sempre que uma pessoa aprende, alguém ensinou.
   c. Aprendizagem depende de ensino.
   d. Ensino e aprendizagem são processos distintos.

5. Associe as teorias de aprendizagem à sua definição:

   a. Inatismo.   • Aprendizagem nasce das relações sociais.
   b. Empirismo.   • Já nasce com habilidades a serem desenvolvidas.
   c. Associacionismo.   • Pessoas nascem sem saber nada.

6. Todo comportamento pode ser moldado pela escolha certa do estímulo. Esta afirmação define a seguinte teoria de aprendizagem:
   a. Comportamentalismo.
   b. Associacionismo.
   c. Cognitivismo.
   d. Ensino tradicional.

7. A aprendizagem é um processo individual e orgânico, não passível de generalização. Esta afirmação define a seguinte teoria de aprendizagem:
   a. Comportamentalismo.
   b. Associacionismo.
   c. Cognitivismo.
   d. Ensino tradicional.

8. Escolha as alternativas que apresentam as afirmações corretas:
   I. As correntes pedagógicas liberais orientam-se pela manutenção da estrutura social.
   II. As correntes pedagógicas progressistas pregam a possibilidade de alteração da estrutura social.
   III. As principais linhas liberais são as pedagogias libertadora e crítico-social.
   IV. As principais linhas progressistas são tradicional e renovada.

   Estão corretas as afirmações:
   a. I, II e III.
   b. II, III e IV.
   c. I e II.
   d. Todas.

2

A Didática na Formação do Educador

Videoaula Capítulo 2

Contextualizando

A Criança, da obra Poemas Inconjuntos, de Alberto Caeiro

A criança que pensa em fadas e acredita nas fadas
Age como um deus doente, mas como um deus.
Porque embora afirme que existe o que não existe
Sabe como é que as cousas existem, que é existindo,
Sabe que existir existe e não se explica,
Sabe que não há razão nenhuma para nada existir,
Sabe que ser é estar em um ponto
Só não sabe que o pensamento não é um ponto qualquer.

O poema de Alberto Caeiro (heterônimo de Fernando Pessoa) fala sobre como algumas coisas existem, mesmo que não se perceba com clareza sua existência, utilizando o ponto de vista da criança como início desta reflexão. O ato de ensinar faz com que muitas vezes acreditemos que seja necessário exclusivamente dominar o conteúdo a ser ensinado, esquecendo que o método de ensino é fundamental para que se atinja o objetivo maior: fazer com que o outro aprenda.

Com base neste poema, reflita:

- Qual a relação entre dominar um conteúdo técnico e possuir habilidades didáticas?
- O que é didática?
- Até que ponto é importante para um professor dominar os métodos de ensino, não apenas o conteúdo?
- Qual a importância da didática na formação do professor?

Estudo de caso

Prêmio Professores do Brasil

Em 2006, o Ministério da Educação (MEC) criou o Prêmio Professores do Brasil. O objetivo do prêmio é reconhecer os trabalhos inovadores realizados por professores de todo o país, com vistas à melhoria da qualidade da educação básica. Atualmente, profissionais podem se inscrever, selecionando uma categoria (Educação Infantil, anos iniciais do Ensino Fundamental, anos finais do Ensino Fundamental e Ensino Médio), descrevendo o objetivo e as etapas de seu projeto, bem como o resultado alcançado.

Em 2009, um dos prêmios foi concedido a um professor de matemática, que resolveu ensinar equações de primeiro grau utilizando um jogo. Intitulado "O X da questão", o jogo levava os alunos a tangibilizarem conceitos abstratos, desafiando-os a identificar o valor que, ao substituir a incógnita em uma equação, faria com que ela fizesse sentido. Nesse jogo, o professor mudava o modelo tradicional de ensino: em vez de apresentar os conceitos para, em seguida, apresentar problemas teóricos os quais os alunos tentariam responder, ele apresentava problemas reais com os quais os alunos já se deparavam. Em seguida, utilizava o conhecimento que havia sido construído no grupo para a solução do jogo, desenvolvendo a teoria das equações de primeiro grau junto à turma.

O projeto foi reconhecido como inovador, já que garantiu uma aprendizagem significativa, reduziu o tempo necessário para o ensino desse conteúdo e demonstrou melhoria na qualidade. Tudo registrado e documentado.

A partir desse caso, reflita:

- É comum que os professores busquem novas alternativas para ensinar um conteúdo já consolidado?
- Qual a importância de se buscar métodos adequados de ensino?
- Você acha que os professores, de forma geral, estão preparados para construir novos métodos de ensino?
- Qual a importância da didática na formação do professor, em sua opinião?

Conceitos para entender a prática

A didática é uma disciplina fundamental na formação de qualquer professor. Como você viu no capítulo anterior, não se falava desse campo de estudo até o século XVII. Nos dias atuais, a compreensão sobre as relações entre o processo de ensinar e o processo de aprender tomou uma importância ímpar. Por isso, os cursos de graduação em Pedagogia e todas as licenciaturas dedicam boa parte de seu tempo ao estudo da didática. Alguns autores chegam a afirmar que a didática é a disciplina mais importante na formação do professor.

> **Para pensar**
> Responda de forma bem objetiva: o que é didática?

Como a didática se insere no processo de formação de professores? Até que ponto a atuação docente está calcada nos conhecimentos científicos que compõem a didática? Essas e algumas outras questões serão nosso objeto de estudo neste capítulo, cujos objetivos são:

- Compreender a diferença entre educação, pedagogia e didática.
- Conceituar, de forma prática, os principais termos que compõem a didática.
- Discutir a importância da didática na formação de professores e na prática docente.
- Identificar e discutir duas questões fundamentais para todos os educadores: a motivação para a aprendizagem e a relação de poder no ambiente da sala de aula.

Educação, pedagogia e didática: conceitos básicos

> *"A educação do homem começa no momento do seu nascimento; antes de falar, antes de entender, já se instrui."*
> (Jean-Jacques Rousseau)

Você já ouviu alguém falar que um determinado professor tem uma didática excelente? E termos como "pedagogia da felicidade", "pedagogia da superação", entre outros? Com frequência falamos em educação, pedagogia e didática, mas não paramos para conceituá-los. Ter clareza de cada um desses termos é extremamente importante para o educador, já que ele os utilizará em toda a sua trajetória profissional.

Para começar, vamos tentar responder a esta pergunta: o que é educação? Pela simplicidade do termo e pela frequência com que o utilizamos, não nos atentamos sobre como falar do conceito de educação é falar de um conceito amplo. De forma geral, a educação pode ser vista por duas vertentes: a social e a individual.

> **O senso comum acredita que a educação só acontece na escola. Na verdade, a educação acontece em diversos ambientes, como a igreja, a família, o clube e muitos outros.**

A vertente social da educação diz respeito à forma como uma sociedade se estrutura para a transmissão de seus conhecimentos e valores. Já a vertente individual trata do processo de formação de uma pessoa, considerando a aquisição/construção de novos conhecimentos e novas habilidades e a capacidade de controle ou manifestação de novos comportamentos. O conhecimento do senso comum entende que a educação acontece exclusivamente na escola. Na verdade, a educação acontece em todos os ambientes: na escola, na igreja, no clube, na família... enfim, educamos e somos educados constantemente.

Você sabia?

"Educar" vem do latim *educare*, por sua vez ligado a *educere*, verbo composto do prefixo *ex* (fora) + *ducere* (conduzir, levar), e significa literalmente "conduzir para fora", ou seja, preparar o indivíduo para o mundo.

Na escola acontece a educação formal. Isto porque a sociedade estabeleceu que o ambiente escolar seria o ambiente educacional por excelência. Mas é preciso diferenciar a educação escolar da educação em si. A educação escolar apresenta algumas características que a determinam, tais como:

- **Intencionalidade:** a escola é organizada com uma intenção específica.
- **Sistematização:** o processo de educação escolar é sistematizado – currículos, carga horária, tempo determinado para cada nível, separação entre corpo docente e discente, entre outros.
- **Organização:** a prática escolar prevê a organização de conteúdos, de grupos de alunos, de professores etc.
- **Relação social:** uma escola atende às necessidades de seu contexto. Dificilmente se encontrará uma escola indígena em uma grande cidade. Se isso acontecesse, tal escola seria taxada como "descontextualizada".

Para pensar

A educação informal (aquela que não ocorre em um espaço e tempo organizados para tal processo) é menos válida do que a educação formal?

A educação pode acontecer de forma sistemática (como a escolar) ou assistemática, como já foi apresentado. Desta forma, percebe-se que o conceito de educação pode abarcar para si uma gama de proposições, confundindo-se frequentemente com o ensino. Ensino e educação são, contudo, coisas diferentes. Ensinar é o ato intencional e planejado de auxiliar alguém a aprender um determinado conteúdo. Não seria redundante nem incorreto se afirmássemos que o professor ensina para educar.

> Ensinar e educar são processos distintos, que se complementam. Ensinar é ajudar alguém a aprender um determinado conteúdo. Educar é orientar a pessoa a se preparar para fazer parte de um grupo social específico.

Vale lembrar que, rotineiramente, utilizamos o termo educação nos referindo a comportamentos que condizem com o esperado. Por exemplo, falamos que alguém não tem educação no momento em que ela manifesta uma atitude que não está de acordo com a expectativa do grupo. Esta é outra linha de entendimento, que relaciona a educação aos bons modos.

Compreendendo o conceito de educação e o conceito de ensino, uma pergunta não pode deixar de ser feita: por que as sociedades educam? O maior objetivo de um povo, ao instituir métodos sistematizados para a transmissão de sua cultura, é garantir a adaptação das novas gerações e facilitar a passagem das experiências acumuladas e dos conhecimentos construídos pelas gerações anteriores. Ou seja, as gerações mais antigas estruturam e planejam o processo educacional para as gerações mais novas. Ao realizar esse planejamento, colocando sua intenção, as gerações antigas atribuem ao processo de ensinar valores e crenças que almejam serem perpetuados. Mas será que todos os nossos antepassados influenciaram na forma como a educação escolar acontece hoje?

Vale saber

> A educação formal é caracterizada por ser um ato intencional, sistematizado, organizado e que atende às necessidades sociais.

Na história existe uma expressão famosa que diz que uma batalha sempre é contada pelo lado vitorioso. Na educação não é diferente: as crenças e valores que se busca perpetuar atendem, frequentemente, aos interesses das classes dominantes – e perceba que isto não é diferente em nenhuma área do saber. Um exemplo dessa situação pode ser visto com a chegada dos portugueses ao Brasil. A atitude que mais iria marcar o processo educacional daquela época era o envio dos jesuítas para a catequese dos nativos, ou seja, a inclusão daquele novo povo no modelo educacional dominante. Essa forma de perceber a estruturação das questões educacionais em uma sociedade pode parecer, à primeira vista, politizada em excesso – e é. Por isso, é necessário que se tenha clareza de que toda educação atende aos interesses de um grupo social.

Carta dos índios aos brancos

Em meados do século passado, o governo norte-americano, buscando estabelecer a paz entre algumas tribos indígenas, enviou carta aos chefes das tribos convidando alguns índios a estudarem em escolas de brancos. A resposta dos índios ficou conhecida, graças a Benjamin Franklin (1706-1790), que tomou por hábito divulgá-la. Veja um trecho:

"... Nós estamos convencidos, portanto, de que os senhores desejam o bem para nós e agradecemos de todo coração. Mas aqueles que são sábios reconhecem que diferentes nações têm concepções diferentes das coisas e, sendo assim, os senhores não ficarão ofendidos ao saber que a vossa ideia de educação não é a mesma que a nossa. (...) Muitos dos nossos bravos guerreiros foram formados nas escolas do Norte e aprenderam toda a vossa ciência. Mas, quando eles voltavam para nós eram maus corredores, ignorantes da vida da floresta e incapazes de suportarem o frio e a fome. Não sabiam como caçar o veado, matar o inimigo e construir uma cabana, e falavam a nossa língua muito mal. Eles eram, portanto, totalmente inúteis. Não serviam como guerreiros, como caçadores ou como conselheiros. Ficamos extremamente agradecidos pela vossa oferta e, embora não possamos aceitá-la, para mostrar a nossa gratidão oferecemos aos nobres senhores de Virgínia que nos enviem alguns dos seus jovens, que lhes ensinaremos tudo o que sabemos e faremos, deles, homens."

Brandão (1993) afirma que *"a educação aparece sempre que surgem formas sociais de condução e controle da aventura de ensinar-e-aprender. O ensino formal é o momento em que a educação se sujeita à pedagogia (a teoria da educação); cria situações próprias para o seu exercício, produz os seus métodos, estabelece suas regras e tempos, e constitui executores especializados. É quando aparecem a escola, o aluno e o professor"* (p. 23).

Para pensar

Você já ouviu alguém dizer que uma pessoa é muito mal-educada? O que a educação trazida nesta expressão tem a ver com a educação que acabamos de discutir?

A pedagogia é a ciência da educação que se dedica a estudar todas as faces do processo de educar. Ela possui campos de investigação que são específicos de seu objeto, como a didática, a organização do ensino e a história da educação. Também busca em outras ciências o suporte necessário para a compreensão holística da educação, como a filosofia, a sociologia e a psicologia. Não é à toa que os cursos de Pedagogia são compostos por disciplinas intituladas filosofia da educação, sociologia da educação e psicologia da educação, por exemplo.

A pedagogia, como ciência, interessa-se por investigar o processo educacional sistematizado e o não sistematizado, embora as universidades frequentemente se orientem exclusivamente pela educação escolar. Esta realidade vem se alterando na última década, o que pode ser percebido pela criação de cursos de especialização cada vez mais específicos, voltados para a compreensão do ensino em ambientes não escolares, como a pedagogia hospitalar, a pedagogia empresarial, entre outros.

Há autores que afirmam que a pedagogia também é arte, partindo da suposição de que o professor seria regido por um dom especial, que o motiva a seguir uma jornada para além das obrigações profissionais, ou seja, assumindo um compromisso social com a situação do outro. Certamente, o compromisso com aspectos políticos e sociais é uma das vertentes da profissão, mas diversos autores discordam desta perspectiva na medida em que se tem clareza de que o ensinar e o educar são pontos que compõem uma atividade profissional. Neste sentido, o professor não seria detentor de dons especiais, mas um agente que se forma para formar o outro. Assim, definiremos aqui a pedagogia como a ciência da educação, fugindo de concepções que extrapolam a atuação docente como uma atividade profissional.

> A pedagogia é a ciência que se dedica a estudar todas as faces relacionadas ao processo de educar.

> A pedagogia, como ciência, interessa-se por estudar o processo de ensino formal e não formal, sistematizado e assistematizado.

Para pensar

Agora que já discutimos um pouco o conceito de educação e o conceito de pedagogia, defina com suas palavras estes dois termos: pedagogia e educação.

Se a educação diz respeito à formação da pessoa e à prática social que visa à manutenção de costumes e valores, e a pedagogia corresponde ao estudo sistematizado do processo educacional, onde se encaixa a didática? Para responder a esta pergunta, analise a figura adiante:

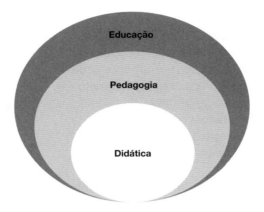

Nesta figura, a pedagogia está inserida na educação e a didática na pedagogia. A que conclusões você consegue chegar? Se a sua conclusão é a de que a didática é uma área de estudo da pedagogia, parabéns! Você chegou à resposta correta. A didática é uma disciplina específica que se preocupa em estudar os processos de ensino e os processos de aprendizagem. Além disso, pesquisa a relação entre o ato de ensinar e o ato de aprender. Afinal, ensinar e aprender são processos distintos e independentes.

Vale saber

Nem tudo o que se ensina é aprendido e nem tudo o que se aprende foi ensinado. A aprendizagem pode ser fruto das experiências de vida, das relações estabelecidas com outras pessoas e de muitas outras possibilidades.

É possível encontrar autores que afirmam que a pedagogia é a ciência que se dedica a estudar a educação, enquanto a didática é a disciplina que investiga o ensino. Esta concepção parte do princípio de que o ensino é uma ferramenta da educação e que, portanto, tem sua área de estudo específica dentro da teoria pedagógica. O mais adequado, no entanto, parece ser afirmar que a didática se debruça sobre os processos instrucionais.

Para pensar

Pedagogia: ciência que se debruça sobre todas as questões educacionais.
Didática: disciplina da pedagogia que investiga os processos de ensino.

Então, qual é o objeto de estudo da didática? A didática está orientada a discutir questões metodológicas do ato de ensinar. É comum que as disciplinas pedagógicas, como matemática ou biologia, por exemplo, quando ensinadas em um curso de graduação, sejam divididas em conteúdo e método. A parte que cabe ao conteúdo trata da questão técnica do assunto, enquanto a parte metodológica analisa as melhores formas de se transmitir esse conteúdo. É esta forma de transmitir um conteúdo que interessa à didática.

Didática é a disciplina da pedagogia que estuda a questão metodológica do ensino.

Compreendendo que o ponto mais importante dentro da didática é a análise e a investigação dos métodos de ensino mais adequados para se transmitir um conteúdo, vamos refletir: qual a importância da didática na prática docente?

A didática na prática docente

O processo de formação do professor deve contar com três aspectos, que são inter-relacionados: formação teórico-científica, formação didática e formação prática.

- **Formação teórico-científica:** trata do conhecimento específico da disciplina que o futuro professor lecionará.
- **Formação didática:** visa capacitar o professor a utilizar e/ou desenvolver metodologias adequadas para o ensino do conteúdo.
- **Formação prática:** tem o objetivo de iniciar o professor no ambiente escolar, familiarizando-o com a sala de aula.

Este processo de formação docente não pode ser visto como uma distribuição estanque de atividades de ensino. A aprendizagem do conteúdo teórico-científico precisa ser acompanhada, pelo menos de forma mínima, de questões didáticas. Afinal, o profissional da educação precisa saber como transmitir um conceito ou uma ideia. Da mesma forma, colocar o docente em processo formativo na prática da sala de aula sem o conhecimento básico das questões didáticas não parece ser uma boa solução: o ambiente escolar é desafiante, dinâmico e, portanto, demandará bases sólidas para lidar com a realidade do corpo discente. Desta forma, a compreensão adequada da formação do professor só pode se dar de forma holística.

A formação teórico-científica e a formação didática do professor acontecem, inicialmente, em sala de aula. A formação prática é obtida nos estágios obrigatórios que compõem os cursos de formação. Mas é na prática que se terá a possibilidade de aplicar os conhecimentos adquiridos na teoria. Por isso, abrir mão da formação prática seria abrir mão do próprio conceito de formação de professores, tanto no nível do conteúdo quanto no nível da metodologia. Entretanto, parece simples supor que a prática está muito mais relacionada com os conhecimentos metodológicos do que com os conhecimentos conceituais. Um exemplo disso seria a forma de se avaliar os dois conhecimentos: é possível aplicar uma prova (avaliação somativa) para tentar medir o quanto o profissional domina dos conceitos fundamentais de sua disciplina de trabalho. Mas a metodologia de ensino não pode ser mensurada em uma folha de papel. É por essa razão que algumas escolas realizam provas de aula (avaliações práticas) na contratação de professores, modelo utilizado, inclusive, por universidades públicas para a seleção de seu corpo docente.

Você sabia?

De acordo com o MEC, Resolução CNE/CP nº 1, de 15 de maio de 2006, a carga horária mínima dos cursos de graduação em Pedagogia é de 3200 horas, sendo 300 horas dedicadas ao estágio supervisionado.

O conhecimento da didática possibilita ao professor a compreensão de relações que transcendem o ensino das disciplinas. É sabido que um modelo de educação é construído para atender a um modelo de sociedade, o que pode ser bem ilustrado no caso da carta dos índios, apresentada anteriormente. Saber que a educação se subordina a um modelo político-social não é suficiente para se entrar em sala de aula e ensinar um determinado conteúdo, e não se fala aqui somente de ideologias a serem transmitidas. Perceber como fazer com que uma crença se traduza no ensino de um determinado conteúdo é também um papel da didática.

Além disso, é preciso que o docente seja capaz de criar um ambiente propício para que a aprendizagem aconteça. Para muito além dos métodos de ensino, reside a estruturação de espaços orientados para a formação do outro. A criação e a manutenção desse ambiente é outra vertente da didática.

Vale saber

A didática também se preocupa com a estruturação de um ambiente físico adequado para que a aprendizagem aconteça.

O domínio de metodologias adequadas para o ensino de conteúdos e a capacidade de estruturar ambientes que permitam que a aprendizagem seja construída não são capazes de resumir todas as possibilidades do estudo da didática. Há ainda que se considerar que ela traduz a compreensão que se tem da forma como o outro aprende. Você viu, no capítulo anterior, as principais teorias sobre como a aprendizagem acontece. A tradução dessas teorias para o cotidiano escolar se dá por meio do domínio de conhecimentos básicos, objetos de estudo da pedagogia em geral e da didática em específico. Pense, por exemplo, em uma situação na qual o professor creia que a aprendizagem seja construída por meio da repetição de termos, sendo a avaliação realizada pela capacidade que o aluno tem de reproduzir o conteúdo. Qual o método a ser adotado? Por outro lado, pense em um professor que acredita na aprendizagem ativa, na participação do sujeito em sua formação. Será que a aula aconteceria da mesma forma? Note que não se fala mais do método específico de ensino de uma determinada disciplina, mas da própria concepção de aprendizagem que o profissional da educação tem elaborado.

A didática se preocupa com os métodos de ensino, com o ambiente de aprendizagem e com a compreensão sobre como as pessoas aprendem.

Libâneo (1994) explica que a didática possibilita ao professor executar todos os passos necessários para a realização de uma aula, a saber:

- O processo de ensino (etapas de uma aula).
- O método de ensino.
- Os procedimentos de aprendizagem.
- Os materiais didáticos.
- A gestão da situação de ensino.

É responsabilidade da didática apoiar a estruturação de uma aula. A estrutura de uma aula é a sequência lógica pela qual ela é construída. Esta lógica não pode ser exclusivamente direcionada pelo conteúdo, já que nem todos os alunos terão a mesma percepção acerca dos conteúdos de uma mesma disciplina. A organização de uma aula é orientada por questões internas à sala de aula (número de alunos, idade, interesses pessoais, questões familiares etc.) e externas (princípios políticos, organização social, interesses comunitários, modelo produtivo etc.).

Outro ponto importante, que acentua a relevância da didática na formação do professor, é a compreensão das etapas da aula, que demandam o conhecimento de organização e apresentação de conteúdos. Podemos apresentar, ao menos, quatro etapas que precisam ser consideradas:

1. Apresentação dos objetivos de aprendizagem.
2. Construção do novo conhecimento/assimilação do conteúdo.
3. Fixação e aplicação do novo conteúdo.
4. Avaliação de aprendizagem.

A Didática na Formação do Educador **51**

Essas etapas podem ser esclarecidas como se segue:

Apresentação dos objetivos	Momento no qual o educador esclarece o objetivo final a ser atingido pelo processo de aprendizagem. Os objetivos devem ser diretos e claros. Aqui, é preciso saber como apresentar tais objetivos, fazendo com que o educando associe a construção do conhecimento à possibilidade de desenvolvimento de capacidades cognitivas, motoras e afetivas que lhe permitam cumprir o objetivo estabelecido.
Construção do novo conhecimento	Espaço de tempo dedicado à construção de um novo conhecimento. O método aqui é fundamental, pois tendemos a aplicar formas de ensinar que foram aplicados quando estávamos aprendendo. Só um conhecimento crítico sobre a forma como as pessoas aprendem e sobre os métodos de ensino será capaz de fazer o profissional investir em métodos diferentes dos que foram utilizados em sua formação.
Fixação e aplicação do conteúdo	Um novo conhecimento só é realmente construído se ele for significativo para o aprendiz. Este é um princípio que o professor que compreende e domina a didática não pode perder de vista. Acontece que, com frequência, alunos não compreendem como determinados conhecimentos serão utilizados em seu cotidiano, principalmente os que estão em níveis mais básicos, como os da Educação Infantil. Por isso, é fundamental que o educador seja capaz de criar situações que permitam que o aluno fixe o conteúdo e perceba sua aplicação na prática.
Avaliação da aprendizagem	O processo de avaliação – que será mais bem discutido no último capítulo deste livro – é fundamental para compreender os pontos que carecem de aprofundamento ou de revisão. É parte fundamental do trabalho do professor a compreensão das formas de se avaliar o processo de aprendizagem. Para isso, existem diversos métodos que educadores devem ser capazes de utilizar.

Etapas de uma aula

Cada um dos momentos da aula exige do educador a capacidade de aplicar métodos adequados para garantir a aprendizagem. Muitas vezes, fica a impressão de que a metodologia é essencial exclusivamente quando se ensina um determinado conteúdo. Esta compreensão deixa de lado aspectos importantes, com os quais a didática também se preocupa, como é o caso das alternativas que reforçam uma aprendizagem por meio da fixação de conteúdos ou, ainda, da aplicação de um conteúdo.

Você sabia?

Objetivos de ensino e objetivos de aprendizagem são coisas diferentes. O objetivo de ensino é aquilo que o educador pretende fazer. Por isso, utiliza uma estrutura frasal que parte do ponto de vista do educador, como "Apresentar conceitos básicos de didática". O objetivo de aprendizagem tem a visão do aprendiz, e sua estrutura é feita definindo aquilo que o aluno será capaz de realizar após ter construído um dado conhecimento. Por exemplo: "Diferenciar as principais teorias de ensino".

Questões fundamentais da didática: motivação e autoridade

Haydt (2006) defende que o professor tem duas funções primordiais na sala de aula: a função incentivadora e a função orientadora. A função incentivadora diz respeito ao esclarecimento acerca da necessidade da aprendizagem de determinados conteúdos. Em outras palavras, incentivar é apresentar ao outro aspectos que o façam perceber que a empreitada na qual está se envolvendo, ou seja, o processo de aprendizagem, terá importância em sua vida.

As teorias de motivação não foram muito aprofundadas na educação, mas vale conhecer um pouco do que os pensadores da administração identificaram. Estes conceitos podem facilmente ser aplicados à educação, desde que se considerem suas particularidades.

Hitt *et al.* (2006) explicam que o desempenho na execução de uma atividade é fruto da capacidade individual e da motivação para uma atividade, propondo a função $D = C \times M$, em que D é o desempenho, C é a capacidade individual e M é a motivação. Na concepção desses autores, a motivação diz respeito às *"forças oriundas do interior de uma pessoa, que são responsáveis pelo direcionamento, pela intensidade e pela persistência intencionais dos esforços, orientados para alcançar objetivos específicos que não dependam de capacidades ou demandas ambientais"*.

As principais teorias ligadas à motivação são:

- Teoria da Hierarquia das Necessidades de Maslow
- Teoria ERG
- Teoria da Realização, Afiliação e Poder
- Teoria dos Dois Fatores

A teoria de Maslow (1908-1970) trabalha sobre uma hierarquia de necessidades inatas. Contudo, dependendo da cultura, essa hierarquia sofrerá pressão sobre alguns aspectos nela apresentados. Proposta em 1940, a Teoria da Hierarquia das Necessidades parte da ideia de que as pessoas buscam satisfazer necessidades específicas e, para isso, direcionam seus esforços. As necessidades fisiológicas tratam da manutenção da vida. Ou seja, dizem respeito às necessidades mais básicas das pessoas. As necessidades de segurança tratam da sensação de liberdade física sem medos ou receios. As necessidades sociais e de pertença abordam a integração em um grupo social que permita uma convivência adequada. As necessidades de estima tratam do sentimento de pertencimento e aceitação. Quanto à autorrealização, tratar-se-ia da superação dos limites da pessoa com reconhecimento do grupo.

Agora, vamos pensar como essa teoria pode ser relevante na formação de um professor. Imagine que você trabalha em uma escola na qual as crianças não têm acesso a uma alimentação que supra suas necessidades. Essas crianças irão aprender? Provavelmente não tanto quanto poderiam porque a maior motivação delas neste momento é suprir uma necessidade fisiológica (alimentação). Ora, se a necessidade fisiológica está na base da pirâmide, enquanto as necessidades sociais encontram-se alguns níveis acima, então esse aluno está orientado, primeiramente, a suprir suas necessidades de base.

A teoria ERG, desenvolvida por Clayton Alderfer, também propõe categorias de necessidades que, diferentemente da teoria de Maslow, não se sobrepõem. Essa teoria, para diversos autores, é uma releitura contemporânea da proposta anterior, na qual se postula a existência de três grupos de necessidades essenciais: existência, relacionamento e crescimento. A existência, na teoria ERG, trata de questões materiais básicas. Assemelha-se, na Teoria da Hierarquia de Necessidades, às necessidades fisiológicas e de segurança. O relacionamento aborda a sólida cadeia social que as pessoas buscam estabelecer, associando-se às necessidades sociais de Maslow. O crescimento (representado pelo G – do inglês *growth*) diz respeito ao desejo de desenvolvimento pessoal.

Mais uma vez, façamos o paralelo entre a teoria de Alderfer e a educação. Que motivações um professor pode apresentar ao aluno que não se enquadrem em uma das três categorias propostas: existência, relacionamento e crescimento? O processo educacional como um todo e o ensino escolar, em particular, têm por função primordial levar o aluno a se encaixar em um modelo social que vigora – é preciso retomar o aspecto da educação como prática social e ato político, tratado anteriormente. Neste sentido, a função social da educação pode ser percebida como a de possibilitar a existência em um meio, seja por acomodação do sujeito, seja por integração dele. A existência social se dá por meio do relacionamento, segundo a teoria analisada. E o crescimento, enquanto desejo de desenvolvimento de capacidades cognitivas, é a meta constante do profissional da educação.

McClelland (1917-1998) também classifica a questão da motivação com base nas necessidades humanas. Sua categorização conta com três vertentes: realização, afiliação e poder. Vejamos suas características no quadro que se segue.

Realização	Pessoas desejam fazer as coisas melhor e de maneira mais eficaz do que outras pessoas já possam ter feito.
Afiliação	Pessoas têm o forte desejo de se sentir queridas e de permanecer em bons termos com a maioria das outras pessoas.
Poder	Pessoas têm vontade de influenciar outras pessoas e eventos.

A última teoria a ser abordada aqui é a de Herzberg (1923-2000), chamada de Teoria dos Dois Fatores. Esta teoria, ao abordar aspectos de satisfação e insatisfação quanto à realização de determinada atividade, é amplamente utilizada. Hitt *et al.* (2006) declaram que os fatores motivacionais estão diretamente relacionados a questões que influenciam uma pessoa a executar uma atividade. Os fatores de insatisfação seriam aqueles que "desmobilizam" as pessoas.

Não é difícil, novamente, relacionar essa teoria às práticas pedagógicas. O investimento de tempo em um processo educacional objetiva levar o outro à realização pessoal, à afiliação social e à possibilidade de ter sua opinião considerada (capacidade de influenciar). Da mesma forma, é possível perceber que o início de um processo de aprendizagem considerará sempre dois aspectos: por um lado, aqueles que servem de incentivo para seguir as atividades educacionais, percebendo, ainda que em longo prazo, algum tipo de recompensa. Por outro, os fatores que desmobilizam a pessoa (a reprovação, por exemplo).

Como foi explicado, essas teorias não foram desenvolvidas no campo da educação, mas na administração. As relações entre as ciências humanas e sociais são, cada vez mais, interligadas e apresentam questões que precisam ser compartilhadas. Da mesma forma, o professor precisa encontrar discussões que permitam compreender até que ponto ele pode incentivar o outro quanto à aprendizagem e quais as teorias que embasam esse incentivo. Neste sentido, as teorias "emprestadas" parecem servir de base.

Falar em motivação e no entendimento desse processo para o professor não seria suficiente se não fosse discutida a questão da autoridade. A discussão sobre a autoridade do professor em sala de aula pode soar, à primeira vista, ultrapassada. Não é verdade. Essa discussão é fundamental, principalmente para quem está se preparando para iniciar na profissão.

As teorias de ensino mais modernas (algumas apresentadas no Capítulo 1) apresentaram, em algum momento, a ideia de que a autoridade do professor não deveria ser exercida na medida em que se acreditava em um processo de aprendizagem pautado pela descoberta. Neste sentido, ao intervir sobre um determinado comportamento, o docente impedia que o processo natural de construção do conhecimento se estabelecesse. As teorias de ensino mais politizadas investiram fortemente no esvaziamento da autoridade do professor, em uma tentativa de superação da relação dominante × dominado.

Para pensar

Até que ponto chega a autoridade do professor?

Vimos neste capítulo que o professor possui duas funções primordiais: a de incentivar e a de orientar. Como seria possível orientar e incentivar sem exercer uma autoridade que é inerente à própria prática de ensinar? Neste ponto, é necessário rediscutir algumas relações educacionais que acontecem fora do ambiente escolar. Vamos pensar, por exemplo, na relação entre pais e filhos.

Quando uma criança pequena, que ainda não conhece os riscos do contato com a rede elétrica, tenta colocar o dedo em um lugar que oferece riscos, o que os pais tendem a fazer? Em uma situação ideal, veríamos uma conversa, utilizando linguagem adequada para a compreensão da criança, de forma a esclarecer os riscos aos quais ela se submete quando mantém contato direto com a rede elétrica. Agora, suponhamos que esta mesma criança ignore as orientações dos pais e insista em tocar em um condutor de corrente elétrica e que, estes mesmos pais, aumentam o tom de voz, proibindo a criança de executar o que ela está planejando. Esta situação representa um ato de exercício da autoridade, mas uma autoridade plena de sentimentos de cuidado para com o outro. Uma autoridade utilizada para orientar aquele que ainda não conhece os riscos reais e não sabe como se proteger.

Agora, transportemos o exemplo citado para a realidade da sala de aula. Como se manifesta a autoridade do professor? Até que ponto ele pode (ou deve) exercê-la para garantir o melhor para seus alunos? Exercer a autoridade em sala de aula é sempre válido quando se está orientando o outro para seguir o melhor caminho, provavelmente um caminho que ele ainda não conhece ou não percebe a importância.

Haydt (2006) faz questão de diferenciar a autoridade do autoritarismo. A autoridade é exercida com cuidado, com precaução, e é orientada pela necessidade de auxiliar o outro. O autoritarismo é, nas palavras de Haydt, a doença da autoridade. Ou seja, o autoritarismo é o exercício desnecessário ou desmedido da autoridade.

Um ponto importante na discussão da autoridade do professor em sala de aula reside na origem dessa autoridade. Trata-se de um processo que não foi escolhido ou definido pelo docente ou pela estrutura escolar, mas pela própria sociedade. Ao definir o ambiente escolar como o ambiente educacional de excelência e ao se ver na figura do professor aquele que é capaz de conduzir os demais em uma formação que condiga com as necessidades sociais, atribui-se à escola e ao professor uma legitimidade que precisa ser reconhecida pelos próprios profissionais.

> **Para pensar**
>
> Você conhece professores que exercem a autoridade em sala de aula de forma desmedida ou desnecessária?

A autoridade do professor deve ser respeitada sempre que se manifestar como uma autoridade parceira do aluno, que o orienta e o auxilia na construção do conhecimento e na incorporação dos valores sociais, necessários para uma convivência harmônica e feliz.

Exercício de aplicação

Busque o programa da disciplina didática de uma graduação em pedagogia ou de uma licenciatura. Em seguida, analise esse programa e verifique como as questões tratadas neste capítulo são abordadas na formação do professor. Para facilitar, oriente-se pelas questões que se seguem:

- Quais os principais conceitos trabalhados no programa da disciplina?
- Como a importância da didática é apresentada ao professor em formação?
- A questão da motivação é trabalhada na disciplina?
- A questão da autoridade é discutida?

Após terminar sua análise, estruture um conjunto de temas que, no seu ponto de vista, não podem deixar de ser abordados pela didática. Discuta essa proposta com seus colegas e professores.

> **Para debater**
>
> Não é incomum encontrar professores que não consideram que seja sua responsabilidade motivar o aluno, muito menos que estejam preocupados com a forma como exercem sua autoridade. Discuta com seus colegas até que ponto vai a responsabilidade do professor pela motivação de seus alunos e qual a medida adequada para o exercício da autoridade.

Resumo executivo

- A educação pode ser vista sob duas vertentes: a social e a individual. A social diz respeito à forma como uma sociedade se estrutura para transmitir seus conhecimentos e valores. A individual trata do processo de construção de conhecimento de uma pessoa.
- A educação pode ser formal ou informal. A formal é aquela que acontece em ambientes planejados para o ensino.
- As características da educação formal são: intencionalidade, sistematização, organização e relação social.
- Ensinar e educar são atos distintos. Ensinar é ajudar alguém a aprender um determinado conteúdo.
- Pedagogia é a ciência da educação que estuda os processos educacionais formais e não formais.
- Didática é uma disciplina da pedagogia que investiga as relações entre o ato de ensinar e o de aprender. De forma objetiva, a didática investiga os métodos de ensino.
- A formação do professor deve contar necessariamente com três aspectos: formação teórico-científica, formação didática e formação prática.
- A formação didática possibilita ao professor conhecer todos os passos de uma aula, a saber: o processo de ensinar, o método para ensinar, os procedimentos de aprendizagem, os materiais didáticos e a gestão da situação de ensino.
- As etapas de uma aula são: apresentação dos objetivos de aprendizagem, construção do novo conhecimento/assimilação do conteúdo, fixação e aplicação do novo conteúdo, avaliação desse novo conteúdo.
- O professor possui duas funções primordiais no contexto da educação: a função motivadora e a função orientadora.
- A educação não desenvolveu teorias próprias sobre a motivação. Mas é possível buscar essas teorias na administração.
- As principais teorias de motivação são: Teoria da Hierarquia das Necessidades de Maslow, Teoria ERG, Teoria da Realização, Afiliação e Poder e Teoria dos Dois Fatores.
- O professor, pela própria essência de seu trabalho, deve exercer autoridade, não autoritarismo. O autoritarismo é a autoridade exercida de forma desnecessária ou desmedida.

Teste seu conhecimento

- Diferencie educação, pedagogia e didática.
- Conceitue educação social e educação individual.
- Cite as principais diferenças da educação formal para a educação informal.
- Quais as características principais da educação formal?
- Quais os principais passos de uma aula?
- Como podemos dividir uma aula em etapas? Apresente e explique as etapas da aula.
- Defina, com suas palavras, a função motivadora do professor em sala de aula.
- Cite as principais teorias de motivação.
- Diferencie autoridade de autoritarismo.
- Justifique, com suas palavras, a necessidade de o professor exercer autoridade em sala de aula.

Exercícios propostos

1. Diferencie os seguintes termos: educação, ensino, pedagogia e didática.

2. A formação do professor deve contar com todos os aspectos abaixo, EXCETO:
   a. Formação teórico-científica.
   b. Formação didática.
   c. Formação religiosa.
   d. Formação prática.

3. Sobre os passos / etapas de uma aula, considere as questões abaixo:
   I. Processo de ensino.
   II. Método de ensino.
   III. Materiais didáticos.
   IV. Gestão da situação de ensino.
   Podemos considerar que são passos de uma aula as seguintes opções:
   a. I e II.
   b. I, II e III.
   c. II, III e IV.
   d. Todas as opções.

4. São funções primordiais do professor no contexto educacional:
   a. Função motivadora e função orientadora.
   b. Função motivadora e função metodológica.
   c. Função metodológica e função orientadora.
   d. Função prática e função orientadora.

5. Sobre as teorias motivacionais, considere as afirmações abaixo:
   I. A teoria das necessidades trabalha com níveis de necessidade, do mais fisiológico ao mais conceitual.
   II. A teoria dos dois fatores considera que há fatores satisfatórios, que reforçam um desejo, e fatores insatisfatórios, que os afastam.
   III. A teoria ERG não considera a necessidade de desenvolvimento / crescimento pessoal.
   Podemos afirmar que estão corretas as alternativas:
   a. I e II.
   b. II e III.
   c. Todas as alternativas.
   d. Nenhuma alternativa.

6. Sobre a questão da autoridade, é correto afirmar que:
   a. Todo professor deve agir com autoritarismo.
   b. Todo professor deve agir com autoridade.
   c. O autoritarismo é comum e aceitável em sala de aula.
   d. A autoridade não deve ser exercida, pois dificulta a aprendizagem.

3

Relação entre Professor e Aluno

Videoaula Capítulo 3

Contextualizando

Bons amigos (Machado de Assis)

Abençoados os que possuem amigos, os que os têm sem pedir.
Porque amigo não se pede, não se compra, nem se vende.
Amigo a gente sente!
Benditos os que sofrem por amigos, os que falam com o olhar.
Porque amigo não se cala, não questiona, nem se rende.
Amigo a gente entende!
Benditos os que guardam amigos, os que entregam o ombro pra chorar.
Porque amigo sofre e chora.
Amigo não tem hora pra consolar!
Benditos sejam os amigos que acreditam na tua verdade ou te apontam a realidade.
Porque amigo é a direção.
Amigo é a base quando falta o chão!
Benditos sejam todos os amigos de raízes, verdadeiros.
Porque amigos são herdeiros da real sagacidade.
Ter amigos é a melhor cumplicidade!
Há pessoas que choram por saber que as rosas têm espinho,
Há outras que sorriem por saber que os espinhos têm rosas!

Machado de Assis, assim como outros grandes poetas, escrevia bastante sobre diversos tipos de relacionamento: amizade, cumplicidade, amor. Os relacionamentos existem onde existem duas ou mais pessoas. Na sala de aula, portanto, diversos tipos de relacionamento acontecem. Baseado no poema de Machado de Assis, reflita:

- Qual a importância do relacionamento na vida das pessoas?
- Por que Machado afirma que "amigo a gente sente"?
- Como os relacionamentos influenciam na aprendizagem?

Estudo de caso

Projeto de Cuidado na Educação Infantil

Em 2010, uma professora recebeu o prêmio de educadora do ano pelo seu projeto de trabalho com crianças da Educação Infantil. Nesse projeto, a professora ressaltou a importância de aliar o ensino aos cuidados necessários às crianças pequenas. Em sua experiência, momentos como o do banho, do sono, da alimentação são oportunidades únicas para se estabelecer vínculos com as crianças.

Ao descrever os resultados de seu trabalho, a professora explicou que tudo começava com um levantamento cuidadoso das necessidades de cada um dos alunos. Em seguida, o planejamento das aulas era construído atrelando as atividades pedagógicas e as atividades do cuidado. Cada avanço era registrado e compartilhado com os pais, que se sentiam estimulados a participar.

Ao término do trabalho, os avaliadores do projeto julgaram que o grande mérito estava na criação de vínculos com os alunos, os pais e a comunidade escolar como um todo.

A partir do caso aqui exposto, reflita:

- Qual a importância de o professor estabelecer vínculos positivos com os alunos?
- Por que a professora atribuiu tanta importância ao momento do cuidado com as crianças pequenas?
- Por que os pais foram incentivados a participar?
- Como criar e manter uma relação positiva e respeitosa com os alunos e com os demais participantes das atividades escolares?

Conceitos para entender a prática

Não é possível discutir a didática sem abordar a questão do relacionamento que se estabelece em sala de aula entre o professor e os alunos. Como vimos, a didática é um campo de estudo que se dedica a buscar caminhos que façam com que o ensino se traduza em aprendizagem. Este ensino, por sua vez, acontece pela mediação do professor, que se coloca entre o aluno e o objeto do conhecimento. Ao mediar esta construção do conhecimento, o professor necessariamente cria vínculos com o grupo com o qual lida.

Ter plena consciência de que as relações que acontecem no espaço pedagógico são fundamentais para a construção do conhecimento não pode ser percebido como um diferencial docente – trata-se de um conteúdo mínimo e necessário para o sucesso na sala de aula. Veremos um pouco desta relação neste capítulo.

Os objetivos deste capítulo são:

- Compreender a importância do diálogo na relação pedagógica.
- Analisar a questão da disciplina na sala de aula.
- Conhecer o conceito de direção de classe.

O diálogo na relação pedagógica

"Ninguém educa ninguém, ninguém educa a si mesmo. Os homens se educam entre si, mediatizados pelo mundo."
(Paulo Freire)

A interação professor-aluno é crucial para a existência da relação pedagógica e para a efetivação do processo ensinar-aprender. Libâneo (1994) destaca que esta relação é permeada por dois aspectos: o cognoscitivo e o socioemocional.

> **Libâneo (1994) destaca que a relação entre professores e alunos pode ser dividida entre aspecto cognoscitivo e aspecto socioemocional.**

- **Aspecto cognoscitivo:** relacionado com os conteúdos e com as tarefas escolares.
- **Aspecto socioemocional:** relacionado com as questões pessoais que acontecem na relação entre o educador e a turma.

Certamente, os domínios cognitivo e emocional não existem nem se manifestam sozinhos. A divisão é uma questão didática para que se possa estudar o ambiente da sala de aula. Mas alunos e professores são seres integrais, que se colocam no espaço educacional de forma completa.

Aspecto cognoscitivo
- Tarefas relacionadas com a aprendizagem.
- Conteúdos ensinados pela escola.

Aspecto socioemocional
- Relações pessoais entre o educador e a turma.

Por que estudar as relações no ambiente da sala de aula é tão importante? Antes de responder a esta pergunta, há que se esclarecer que o "tornar-se humano" é um processo social, não biológico. Este "tornar-se" acontece por meio da interação que os homens estabelecem entre si. É no conviver com o outro, portanto, que o homem se torna humano de tal forma que não seria exagero afirmar que é na relação com o outro que o homem se educa. Paulo Freire (1921-1997) foi um dos grandes defensores do uso adequado do diálogo na relação pedagógica. Ele não formulou propriamente uma teoria acerca do diálogo nas práticas educacionais, mas seus escritos deixam clara sua posição quanto à necessidade de ouvir, de trocar. Ao afirmar que um não é capaz de educar o outro (no caso, o professor e o aluno), sua visão sobre o processo dialógico coloca educadores e educandos no mesmo plano. Por essa razão, sua concepção de ensino é calcada na horizontalidade.

> **É na relação com o outro que o homem é educado e educa.**

Vale saber

O termo "dialógico" declina de "dialogismo". Este foi definido por Mikhail Bakhtin (1895-1975) como a relação entre os diversos textos, que não podem ser compreendidos de forma isolada. Portanto, quando se ouve alguém dizer que busca compreender algo de forma dialógica, significa que se busca a compreensão de um discurso (falado ou escrito) na relação com o contexto.

A sala de aula, para Paulo Freire, deveria ser um espaço democrático, no qual os alunos tivessem voz. Em seus escritos, uma educação verdadeira só poderia ser concebida se houvesse uma troca autêntica de conhecimentos entre educadores e educandos. Essa compreensão pode ser percebida nos diversos livros de Freire quando ele aborda a questão da necessidade de respeitar o conhecimento do outro. A importância dada por esse autor para o diálogo não significa que se tenha aberto mão das questões relacionadas ao conteúdo em detrimento das relações interpessoais. O que se percebe em sua obra é uma exacerbada importância ao diálogo como meio de construção de novos saberes.

> **Através do diálogo acontece a transmissão de novos conhecimentos e valores.**

Uma sala de aula não pode prescindir do cuidado com os dois aspectos – cognitivo e emocional. Em primeiro lugar, é finalidade da escola ensinar, transmitir valores e conteúdos que são considerados necessários pela sociedade. Essa transmissão de conteúdos se dá pela estruturação de processos de ensino, calcados nas teorias que embasam o processo de aprendizagem (para relembrar as teorias, retorne ao Capítulo 1).

É o aspecto cognoscitivo que exige que o professor trace os objetivos, organize o planejamento da aula e busque formas de se comunicar que garantam uma aprendizagem efetiva.

Haydt (2006) esclarece que o professor tem duas finalidades essenciais no apoio à aprendizagem de seus alunos:

- **Incentivar:** muitas vezes o aluno, principalmente quando criança, não tem clareza quanto à importância do conteúdo que é trabalhado. Por isso, tende a não valorizar o estudo de algumas questões as quais ele só perceberá a utilidade muito tempo depois. Neste sentido, o incentivo é fundamental.
- **Orientar:** a aprendizagem no ambiente escolar deve ser um processo planejado. O professor é o responsável por construir esse planejamento e apoiar o educando no caminho que precisa trilhar para construir sua aprendizagem.

O incentivo e a orientação ao aluno acontecem de diversas maneiras, mas não seria exagero dizer que o diálogo é o principal canal para que essas funções educacionais sejam cumpridas.

Para pensar

O professor que trabalha com alunos adultos também é responsável por incentivar a aprendizagem? Como isso acontece?

As relações entre professor e alunos são mais complicadas de serem controladas quando se discute a questão dos relacionamentos interpessoais. A verdade é que, em qualquer ambiente no qual interajam pessoas, haverá relacionamentos estruturados entre elas. Na sala de aula, esse relacionamento, ainda que tratado em separado dos processos de aprendizagem, permeia a relação, influenciando a possibilidade de o aluno aprender. Por isso, algumas dicas para o professor garantir uma relação sadia em sala de aula são:

- Dar atenção aos alunos. Respeitar suas colocações.
- Cuidar da linguagem, praticando sempre para garantir clareza e objetividade.
- Identificar com clareza o perfil da turma.
- Planejar cuidadosamente a aula.
- Evitar levar para a sala de aula relações muito pessoais com os alunos. É preciso ficar claro que se trata de uma relação profissional.

Para pensar

Por que é mais complicado cuidar das relações entre professores e alunos, ou seja, do aspecto emocional, do que do aspecto cognitivo?

Um aspecto importante a ser discutido é a questão da autoridade – já tratada no Capítulo 2. Usar a autoridade para garantir o cumprimento das obrigações escolares por parte da turma é muito importante, mas esta autoridade não pode ser confundida com autoritarismo. A autoridade do professor deve ser oriunda de seu conhecimento técnico e de sua preocupação legítima em fazer com que os alunos evoluam em seu processo de construção de conhecimento.

Os aspectos que existem na relação entre professor e aluno (cognitivo e emocional), as funções primordiais do educador (incentivar e orientar), e o uso da autoridade no ambiente escolar acontecem por meio de um instrumento essencial: o diálogo. Toda a relação educacional deve ser pautada pelo diálogo respeitoso entre alunos e professores. É por meio dele que se constrói conhecimento e se adquirem novos valores e novas concepções sobre o mundo.

Com a entrada de novos recursos instrucionais, principalmente com o avanço das tecnologias da internet, se tem percebido que as pessoas em geral têm deixado de lado o cuidado com o diálogo, com a conversa face a face. Utilizar recursos modernos não garante o sucesso da aprendizagem, principalmente porque, por meio deles, não é possível ter clareza das necessidades do corpo de alunos. Além disso, o uso de recursos audiovisuais, que é fundamental e excelente, faz com que ambos os atores envolvidos assumam um papel receptivo e passivo.

Vale saber

Falar da importância do diálogo na sala de aula implica falar em Paulo Freire. A concepção educacional de Freire pregava que o diálogo era a mediatização entre a pessoa e o mundo. Portanto, só pelo diálogo se poderia educar.

Disciplina na sala de aula

A disciplina na sala de aula é um dos temas mais frequentes tratados por educadores em ambientes escolares e não escolares. Manter a disciplina sem usar autoritarismo continua sendo um desafio, principalmente quando se trabalha com crianças pequenas.

Falar de disciplina é falar da autoridade do professor. Como expor a autoridade sem ser agressivo ou sem usar apenas da condição de professor? O professor que, simplesmente por sua posição em sala de aula, tenta garantir que os alunos se comportem como devem usa a estratégia do autoritarismo, não da autoridade.

- **Autoritarismo:** imposição de uma autoridade que se tem por conta da posição ocupada na organização social.
- **Autoridade:** característica atribuída àqueles que detêm um conhecimento ou são exemplos morais.

Para pensar

Você conhece professores que mantêm a disciplina em classe por meio do autoritarismo? Quais as principais características desses professores?

Piletti (2010) afirma que a instituição escolar usa basicamente três estratégias para garantir a disciplina:

1. **Uso da força:** aqui se enquadra o autoritarismo. Neste caso, ameaças e punições são oferecidas aos estudantes que não cumprirem o que é determinado pela escola.
2. **Uso da chantagem afetiva:** acontece quando se estabelece uma relação de amizade com a turma para fazer com que o estudante tenha vontade de agradar o professor.
3. **Uso da responsabilidade:** neste caso, busca-se responsabilizar o aluno por seus atos. Óbvio que esta responsabilização acompanha a maturidade do aluno e seu preparo biológico e social para lidar com ela.

> Manter a disciplina sem usar o autoritarismo é um dos maiores desafios dos professores.

A terceira estratégia é certamente a mais adequada e deveria ser a escolha inicial de qualquer educador. Mais do que garantir a disciplina, a responsabilização do aluno lhe permite desenvolver autonomia para a construção de seu conhecimento. Trata-se, portanto, de uma responsabilidade que supera a disciplina, atingindo outras questões cognitivas.

Haydt (2006) defende que é preciso trabalhar a disciplina fugindo das proibições e punições e caminhando para a correção e a prevenção de comportamentos considerados inadequados. A prevenção poderia ser realizada por meio da construção de um ambiente que estimulasse o aluno a seguir normas preestabelecidas, enquanto a correção seria baseada no diálogo. Este diálogo, conduzido pelo professor, buscaria levar o aluno a compreender os motivos que fizeram com que optasse por não cumprir o que foi estabelecido e buscasse, por sua própria conta, o caminho correto. A esta atitude de compreensão dos próprios desvios Haydt chama de autodisciplina.

O conceito de autodisciplina tem sido cada vez mais discutido na educação. Ele é centrado na formação de pessoas capazes de diagnosticar aquelas atitudes que não condizem com o esperado pela comunidade a seu redor, corrigindo eventuais desvios. Neste conceito, o professor não abre mão de sua autoridade, mas orienta e motiva o aluno a compreender e buscar soluções para seus próprios desvios.

Para garantir a autoridade em sala de aula, diversos autores recomendam um conjunto de estratégias, a saber:

A instituição escolar usa basicamente três estratégias para manter a disciplina: uso da força, uso da chantagem afetiva e uso da responsabilidade.

- Planejamento da aula, com clareza de objetivos, métodos de ensino e conteúdos a serem trabalhados.
- Investimento em estratégias que motivem os alunos a aprenderem.
- Avaliação constante do aprendizado.
- Cuidados com o ambiente, desde a organização até a limpeza do espaço destinado à aprendizagem.

Outro ponto citado com frequência é a necessidade de se estabelecerem normas explícitas. Ou seja, o aluno precisa saber o que pode e o que não pode ser feito na sala de aula. Esta clareza facilita a compreensão das ações que não serão toleradas, principalmente com crianças. Uma estratégia adequada para explicitar as normas é colocá-las em espaços os quais serão necessariamente vistos pelos alunos, como murais, quadros de aviso e outros.

Certamente, o ideal seria que a escola não precisasse de normas para não se tornar um ambiente controlador ou punitivo. Entretanto, em qualquer ambiente no qual haja grupos de pessoas, há a necessidade de regras que garantam o funcionamento do grupo e o respeito de uns aos outros.

A prevenção à indisciplina pode ser realizada pela construção de um ambiente que estimule o cumprimento das normas.

A indisciplina é comum na sala de aula. Para solucioná-la, é preciso compreender o que a motiva. Alguns pontos podem ser analisados para esta compreensão, como:

- A criança já é capaz de diferenciar o certo do errado?
- A orientação dos alunos tem sido feita de maneira positiva?
- As particularidades de cada aluno são respeitadas?
- A sala de aula possui um ambiente de respeito?
- Os alunos compreendem a razão das regras?
- Os alunos participam da construção das regras?
- Os alunos entendem as consequências de seus atos?

> **Explicitar as normas é o primeiro passo para se manter a disciplina.**

> **A repreensão a um aluno deve ser feita sempre em ambiente reservado!**

Vale reforçar ainda que, por mais que se invista em ações que busquem manter a disciplina de uma classe sem o uso do autoritarismo, em algum momento o professor precisará repreender o aluno. Neste caso, não é demais lembrar que a repreensão deve acontecer em ambiente isolado, nunca na frente de outras pessoas. Repreender o aluno na frente de outras pessoas é humilhá-lo, o que não pode ser feito, mesmo que o aluno esteja errado. Além disso, é preciso ter clareza de que o aluno entende por que está sendo repreendido. Mais do que corrigir uma situação específica, este momento deve ser construído para garantir que a atitude que gerou a repreensão não se repetirá.

Para pensar

Em alguns espaços educacionais é muito complicado que o professor tenha a oportunidade de repreender o aluno em particular – seja pelo ambiente físico, seja pela quantidade de alunos em sala de aula. Neste caso, como agir?

Rotular o aluno indisciplinado é outra situação muito comum. Alguns estudantes manifestam desvios de comportamento com tal frequência que levam educadores a taxá-los como indisciplinados. Esse rótulo faz com que o estudante busque atender a expectativa que se tem dele. Se a expectativa é a de que ele tenha um comportamento inadequado, certamente ele o terá. Por isso, cada situação merece ser tratada em separado, evitando o "preconceito" com o comportamento de um determinado aluno.

Os alunos possuem histórias de vida diferentes. Essas histórias, na maioria das vezes, são capazes de explicar diversos comportamentos manifestados em classe. Há quem defenda que todos os comportamentos e atitudes em sala de aula podem ser explicados pela análise da história pregressa da turma. Por essa linha de raciocínio, o comportamento de um aluno que manifeste, com frequência, atitudes que não são esperadas certamente pode ser explicado pela compreensão de sua história pessoal.

> **Para pensar**
>
> Você acha que todas as atitudes dos alunos em sala de aula podem ser explicadas por sua história pregressa?

Direção de classe

Direção de classe é o termo usado por diversos educadores para definir o conjunto de ações desenvolvidas pelo professor no momento de planejar, organizar e apresentar aos alunos as situações de ensino. Em outras palavras, o educador seleciona conteúdos e métodos de ensino, sistematiza-os e leva os educandos a vivenciá-los no sentido de construir um novo conhecimento.

> **Direção de classe é definida como organização e apresentação do conteúdo, por parte do professor, ao corpo discente.**

Alguns autores se posicionam contra o termo "direção", partindo da crença de que não se deve direcionar o outro a aprender algo, mas incentivá-lo a buscar este novo conhecimento. Justificam esta crença com base na necessidade de se respeitar as questões individuais, "deixando" que o aluno aprenda o que quer na hora em que julgar adequado. Esse movimento é chamado de não diretivismo. Não podemos concordar com esse ponto de vista, já que a educação, principalmente dentro do ambiente escolar, é um processo diretivo. Se assim não fosse, não haveria necessidade de o professor ser um profissional especialista em didática. Qualquer um que dominasse um determinado conteúdo poderia se julgar professor.

> **Para pensar**
>
> Você acredita que existe alguma aula que não seja diretiva?

Não há dúvidas de que a aprendizagem é um processo que acontece no aluno. Mas também não se pode esquecer que ensinar é a atividade principal do professor. Os métodos e técnicas de ensino são estudados pela didática para fazer com que aquilo que é ensinado seja aprendido (você conhecerá os métodos e as técnicas de ensino no Capítulo 6). Portanto, o professor, ao se propor a ensinar, precisa ter como objetivo-fim que o aluno aprenda. Afinal, é para isso que ele vai à escola. Portanto, direcionar a aprendizagem é a atividade-fim do professor.

À direção de classe cabe:

- Planejar a aula.
- Selecionar e organizar conteúdos.
- Estruturar e utilizar recursos instrucionais.
- Conduzir as atividades no ambiente pedagógico.
- Avaliar o progresso dos alunos.

> **A direção de classe é a atividade do professor para organizar e fazer uma aula acontecer.**

Estas etapas podem ser visualizadas em uma sequência lógica na seguinte figura:

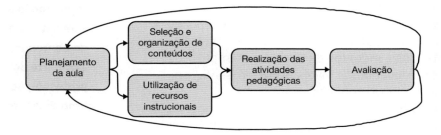

Note que o planejamento antecede todas as etapas enquanto a avaliação as encerra, dando início a um novo planejamento. Esta estrutura é a que aparecerá em todas as organizações de aula, diferenciando-se especificamente pela importância dada a uma dessas etapas. Portanto, é simples inferir que a direção de classe pode ser entendida como a própria estrutura da aula. Não é à toa que há quem diga que o papel do professor é o de dirigir a classe.

Você sabia?

Não diretivismo é um movimento pedagógico que prega que os próprios alunos devem escolher os conteúdos a serem estudados e estudar na hora em que julgarem melhor. Acredita ainda que a intervenção dos adultos na busca de conhecimentos das crianças atrapalha seu desenvolvimento.

A Escola da Ponte, localizada na cidade do Porto, em Portugal, é o exemplo mais comumente citado de escola não diretiva.

O grau de direcionamento de uma aula depende de diversos fatores, como conteúdo que é trabalhado, idade dos alunos, nível de conhecimento que a turma já tem acerca do conteúdo que é abordado, entre diversos outros. O grau pode variar do total direcionamento – caso dos professores extremamente tradicionais – até uma interferência mínima, muito comum quando se trabalha com alunos adultos, especialistas no conteúdo que é estudado. A verdade é que a maioria dos professores não se situa em nenhum dos dois extremos do direcionamento, posicionando-se no meio do caminho.

> **Vale saber**
>
> Direcionar, de acordo com os dicionários de língua portuguesa, é dar direção, mostrar o caminho ou o rumo.

Exercício de aplicação

Observe atentamente a aula de algum professor. Pode ser um professor de Ensino Fundamental ou Superior, tanto faz. Agora, observe as questões estudadas neste capítulo. Para facilitar, acompanhe o roteiro a seguir:

- Como é o diálogo do professor com a turma?
- Que estratégias esse professor utiliza para garantir a disciplina?
- Como os processos de direção de classe acontecem?

Exercícios como este são importantes para que se percebam na prática pedagógica as teorias estudadas. Observe estas questões com atenção e depois, se sentir necessidade, retorne à leitura do capítulo.

> **Para debater**
>
> Frequentemente, encontramos, principalmente com crianças, professores que usam do autoritarismo para garantir a disciplina na sala de aula. E esta estratégia, como vimos no decorrer do capítulo, funciona. Explique com suas palavras, abordando a questão da ética profissional, por que o uso do autoritarismo para garantir a disciplina é condenável. Discuta suas considerações com seus colegas de classe e com seu professor e busque estruturar uma lista de orientações que guiem o docente em um caminho considerado ético.

Resumo executivo

- O diálogo em sala de aula é o instrumento que medeia os aspectos da relação professor-aluno: o aspecto cognoscitivo e o aspecto socioemocional.
- O diálogo é defendido por diversos educadores como principal instrumento de ensino.
- As duas principais funções do professor são incentivar e orientar o aluno.
- Algumas dicas para se garantir uma relação sadia em sala de aula são: dar atenção aos alunos e respeitar suas colocações, cuidar da linguagem (clareza e objetividade), conhecer o perfil da turma, planejar a aula e evitar relações pessoais com os alunos.
- Manter a disciplina sem usar o autoritarismo é um dos maiores desafios da profissão docente.
- O professor precisa garantir a disciplina da turma utilizando sua autoridade, que é conquistada, não imposta.
- Os professores têm basicamente três estratégias para garantir a disciplina: uso da força, uso da chantagem afetiva e uso da responsabilidade.
- Vivemos um momento no qual se prega muito mais a prevenção da indisciplina e sua correção do que a mera punição de atos inadequados.
- O primeiro passo para evitar a indisciplina é garantir que todos tenham conhecimento das normas e compreendam a razão de ser de cada uma delas.
- Sempre que é preciso repreender um aluno, isto deve ser feito de forma individual.
- Direção de classe é a organização e apresentação de um conteúdo pelo professor, seguido de sua avaliação.
- Não diretivos são aqueles que acreditam que o aluno deve aprender o conteúdo que julgar necessário no tempo que melhor lhe convier.
- Direcionar é mostrar o rumo ao aluno, é apresentar um novo conteúdo de forma estruturada.

Teste seu conhecimento

> Com suas palavras, explique a importância do diálogo na relação entre professor e aluno.
> As principais funções do professor são incentivar e orientar. Como este incentivo e esta orientação acontecem na prática, na sala de aula?
> Por que usar o autoritarismo não é a forma de se manter a disciplina em sala de aula?
> Diferencie, com suas palavras, autoridade de autoritarismo.
> Como lidar com a indisciplina em sala de aula? Que estratégias podem ser utilizadas, além da punição?
> O que é direção de classe?
> Por que os não diretivos negam a validade da direção de classe?

Exercícios propostos

1. Quais os dois principais aspectos envolvidos no processo de aprendizagem do aluno?
   Em qual deles há maior interferência da relação entre professor e aluno?

2. As duas principais funções do professor em relação ao aluno são:
   a. Recompensar e punir.
   b. Castigar e elogiar.
   c. Orientar e incentivar.
   d. Planejar e dialogar.

3. Sobre os aspectos envolvidos na relação entre professor e aluno, analise as afirmativas abaixo:
   I. O aspecto cognoscitivo diz respeito à construção do conhecimento por parte do aluno.
   II. O aspecto socioemocional trata da relação afetiva estabelecida entre professor e aluno.
   III. O aspecto socioemocional se sobrepõe ao cognoscitivo, devendo ser priorizado pelo professor.

Consideramos corretas as seguintes afirmações:
a. I e II.
b. I, II e III.
c. Nenhuma das opções.
d. Todas as opções.

4. A respeito da autoridade em sala de aula, é correto afirmar que:
a. Precisa ser utilizada sempre, para garantir a disciplina.
b. Se não for suficiente, é preciso recorrer ao autoritarismo.
c. Deve ser exercida para contribuir para a aprendizagem dos alunos.
d. É exercida com o uso da força.

5. Sobre a disciplina em sala de aula, considere as afirmações abaixo:
a. As três principais formas utilizadas para garanti-la são o uso da força, o uso de chantagem e o uso de responsabilidade.
b. O uso de chantagem é fortemente recomendado.
c. O uso de responsabilidade é o mais indicado.

Podemos afirmar que estão corretas as alternativas:
a. I e II.
b. I e III.
c. II e III.
d. Nenhuma alternativa.

6. A disciplina em sala de aula é, frequentemente, associada a um ensino mais diretivo. Sobre ensino diretivo, é correto afirmar que:
a. Toda ação planejada de ensino é diretiva.
b. Direção de classe não depende da avaliação do professor.
c. Os profissionais diretivos acreditam que o aluno deve aprender o conteúdo que julgar necessário a seu tempo.
d. Direcionar não mostra o rumo ao aluno.

4

Planejamento Educacional

Videoaula
Capítulo 4

Contextualizando

Aurora sem dia, de Machado de Assis

Luís Tinoco possuía a convicção de que estava fadado para grandes destinos, e foi esse durante muito tempo o maior obstáculo da sua existência. No tempo em que o Dr. Lemos o conheceu começava a arder-lhe a chama poética. Não se sabe como começou aquilo. Naturalmente os louros alheios entraram a tirar-lhe o sono. O certo é que um dia de manhã acordou Luís Tinoco escritor e poeta; a inspiração, flor abotoada ainda na véspera, amanheceu pomposa e viçosa. O rapaz atirou-se ao papel com ardor e perseverança, e entre as seis horas e as nove, quando o foram chamar para almoçar, tinha produzido um soneto, cujo principal defeito era ter cinco versos com sílabas de mais e outros cinco com sílabas de menos. Tinoco levou a produção ao Correio Mercantil, que a publicou entre os 'a pedidos'.

Mal dormida, entremeada de sonhos interruptos, de sobressaltos e ânsias, foi a noite que precedeu a publicação. A aurora raiou enfim, e Luís Tinoco, apesar de pouco madrugador, levantou-se com o sol e foi ler o soneto impresso. Nenhuma mãe contemplou o filho recém-nascido com mais amor do que o rapaz leu e releu a produção poética, aliás decorada desde a véspera. Afigurou-se-lhe que todos os leitores do Correio Mercantil estavam fazendo o mesmo; e que cada um admirava a recente revelação literária, indagando de quem seria esse nome até então desconhecido!

No trecho do conto de Machado de Assis, é possível perceber que o personagem principal, embora tenha obtido sucesso na publicação de sua obra, cometeu alguns pequenos erros. Havia versos em seu poema com sílabas a mais e outros com sílabas a menos. Apesar disso, ele ficou bastante satisfeito com o resultado, supondo que os leitores do jornal também tenham ficado. A respeito deste trecho do conto *Aurora sem dia*, reflita:

- Por que o poema apresentou erros de métrica?
- O que o personagem poderia ter feito para evitar este pequeno deslize?
- É possível "planejar" a construção de um poema? Este planejamento poderia ter ajudado a evitar erros de métrica nos versos?
- As atividades não planejadas têm a mesma chance de dar certo que as atividades planejadas?

Estudo de caso

Diretrizes curriculares nacionais

A Lei de Diretrizes e Bases da Educação (Lei n. 9.394/96) estabeleceu em seu artigo 9º, inciso IV, que a União deveria definir, junto aos estados, municípios e Distrito Federal, as competências e diretrizes para a Educação Infantil, o Ensino Fundamental e o Ensino Médio. Estas diretrizes deveriam ser utilizadas para nortear a elaboração de currículos educacionais em todas as escolas do país.

Com isso, ficou acordado que a União não definiria os currículos de forma padronizada, já que cada instituição precisaria trazer para a sala de aula a realidade do aluno. O governo seria responsável por oferecer um norte que subsidiasse as escolas ao mesmo tempo em que garantiria um ensino mínimo a todos os alunos destes níveis de educação.

O fórum para a discussão destas diretrizes passou a ser, desde 1998, a Câmara de Educação Básica, ligada à Secretaria de Educação Básica do Ministério da Educação. Lá, representantes dos três níveis de governo e especialistas se reúnem periodicamente para rever a proposta curricular, detalhando-a, sempre que possível.

As diretrizes curriculares são expressas em documentos muito conhecidos por professores e demais profissionais que trabalham com a educação: os Parâmetros Curriculares Nacionais, ou PCNs. Os PCNs são divididos por séries e por áreas de conhecimento, facilitando a consulta de educadores e auxiliando as escolas na elaboração de seus currículos próprios.

Recentemente, aprovou-se a Base Currícular Nacional. Neste caso, o Ministério da Educação formularia esse currículo e os sistemas locais de ensino o implementam, respeitando as peculiaridades. Quem apoiou essa proposta crê que se dará mais oportunidade a alunos de regiões mais afastadas, além de reduzir a diferença educacional entre as diversas regiões brasileiras. Quem é contra argumenta que não se considerarão os objetivos regionais de educação.

Sobre a questão dos PCNs, reflita:

- Qual a importância de o governo definir diretrizes curriculares e base comum?
- A definição de diretrizes curriculares é uma forma de planejamento?
- Se as diretrizes definem as linhas curriculares, professores e instituições de ensino não precisam realizar seu planejamento educacional?
- Em sua opinião, o que é planejamento educacional?

Conceitos para entender a prática

"A maior parte das pessoas não planeja o fracasso. Fracassa por não planejar."
(John Beckley)

O planejamento sempre foi uma etapa considerada extremamente importante para todas as atividades desenvolvidas pelo homem. Contudo, essa etapa tem assumido uma relevância cada vez maior na atualidade. Isto se deve, principalmente, à quantidade de informações com as quais se tem que trabalhar, além de sua complexidade.

Grandes empresas passaram a investir muito no ato de planejar suas atividades. Algumas chegaram a ponto de estruturar departamentos que têm o planejamento como sua atividade principal. O governo federal brasileiro também valoriza tanto esta atividade, que possui uma secretaria especial para isso (Secretaria de Planejamento, do Ministério da Economia).

O planejamento tem assumido grande importância nos últimos anos, em razão da quantidade de informações com as quais se tem que lidar e da complexidade das mesmas.

As escolas sempre planejaram a atividade pedagógica desenvolvida em seu espaço. Mas, como todas as outras instâncias sociais, elas têm valorizado muito a questão do planejamento nos últimos anos. Afinal, o que é o planejamento na sala de aula? Como ele acontece? Quais as etapas para que este planejamento seja desenvolvido? A resposta a essas perguntas será o tema deste capítulo, cujos objetivos são:

- Compreender o que é planejamento educacional e plano de ensino.
- Conhecer as etapas do planejamento de ensino.
- Identificar os diversos tipos de plano de ensino.
- Reconhecer as características de um bom planejamento de ensino.

O que é planejamento?

"Antes de começar, é preciso ter um plano."
Sêneca

Existem diversas definições para o termo "planejamento". De forma geral, todas elas convergem para um único ponto: a organização dos passos que serão dados para se atingir um determinado objetivo. Planejar significa, portanto, vislumbrar um futuro, tendo clareza de onde se está e de aonde se quer chegar. Um bom planejamento deve responder a seis perguntas:

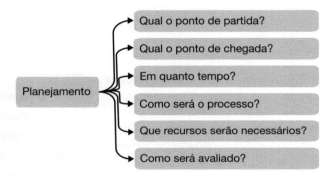

Você sabia?

Planejamento, segundo o dicionário Michaelis, significa ato de projetar um trabalho ou serviço, a determinação de objetivos ou metas de um empreendimento, a coordenação de meios e recursos para atingir esses objetivos e a planificação de serviços.

O ponto de partida diz respeito à situação atual. E o ponto de chegada é a expressão clara e objetiva daquilo que se deseja alcançar. Assim como acontece em uma viagem, quando se sai de um determinado local para se chegar a outro, todas as mudanças demandam um determinado tempo para acontecer. O tempo que será despendido também precisa ser considerado.

Além disso, há a necessidade de se ter clareza sobre como esse tempo será utilizado, ou seja, como será o processo para se chegar, do ponto de partida, ao ponto de chegada. Muitas vezes, vontade não é suficiente para se atingir um determinado objetivo. Recursos são necessários.

> **Você sabia?**
>
> Recursos podem ser divididos em humanos, financeiros e materiais.
> - **Recursos humanos:** pessoas necessárias para executar uma determinada atividade.
> - **Recursos financeiros:** dinheiro que será utilizado para que algo seja feito.
> - **Recursos materiais:** objetos e espaços físicos.

Sabendo o ponto de partida, o ponto de chegada, o processo que será realizado para que o caminho seja percorrido, o tempo que será utilizado e os recursos, é necessário avaliar. Sim, avaliar! Saber se o objetivo inicialmente planejado foi atingido. O planejamento já deve prever esse momento.

As considerações apresentadas até aqui sobre o processo de planejamento se enquadram sempre que se deseja planejar em qualquer atividade. A educação, entretanto, possui suas peculiaridades no que tange ao planejamento. A seguir, vamos conhecer estas peculiaridades.

Todo processo de planejamento deve prever a forma como será avaliado o objetivo inicial.

O planejamento na educação é frequentemente dividido em plano educacional e plano de ensino.

Planejamento educacional e plano de ensino

A maioria dos autores, quando tratam da questão do planejamento em educação, divide este planejamento em dois grandes blocos: plano educacional e plano de ensino.

O plano educacional tem uma abrangência maior. Ele trata das questões políticas e filosóficas do ato de ensinar em uma dada sociedade. Pensemos, por exemplo, no modelo de ensino brasileiro. Temos uma educação básica que é separada em duas grandes etapas: o Ensino Fundamental e o Ensino Médio. O Ensino Fundamental é, mais uma vez, dividido em dois – o primeiro segmento e o segundo segmento. Para facilitar, vejamos esta organização na figura que se segue:

Organização da educação básica no Brasil

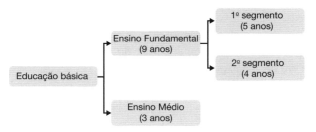

Este modelo educacional foi concebido no âmbito do planejamento educacional realizado no país. Trata-se de uma construção abrangente, que atenderá a todas as regiões do país tendo, por trás de sua explicitação, uma concepção teórica sobre o processo de construção do conhecimento nesta fase.

Veja o modelo educacional norte-americano:

Organização da educação básica nos EUA

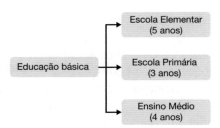

É fácil perceber que há semelhanças: a educação básica nos dois países tem duração de doze anos. O Ensino Médio norte-americano possui um ano a mais de duração do que o brasileiro. Em compensação, o Ensino Fundamental brasileiro tem um ano a mais. Então, o que faz com que os dois modelos de ensino sejam tão diferentes, se há tantas semelhanças? É o planejamento educacional.

Quando se planeja a educação de um país, além de se definir o nível de ensino obrigatório e como este será distribuído na linha do tempo, os governos analisam outras questões importantes, como:

O planejamento educacional é um processo sistêmico. Ele acontece em nível nacional, estadual ou local.

- Currículo mínimo das escolas.
- Formação mínima dos professores.
- Orçamento destinado à educação.
- Nível de gestão escolar (local, regional etc.).

Você sabia?

Alguns autores separam o planejamento de currículo do planejamento educacional. Aqui, trabalhamos o planejamento curricular dentro do planejamento educacional, já que ambos têm origem em decisões governamentais.

Para facilitar o entendimento do conceito de planejamento educacional, é importante saber que ele é um processo que gera uma decisão sistêmica. Ou seja, as decisões do planejamento educacional impactam todas as instituições educacionais de uma determinada região.

Para pensar

Somente os governos realizam planejamento educacional? Alguma outra instância da sociedade participa deste nível de planejamento? Discuta esta questão com seus colegas e professores.

O plano educacional precisa se converter em um plano em nível local. Por isso, todas as escolas devem construir um plano escolar. O plano escolar é a tradução do planejamento que é feito com maior abrangência, para a realidade de uma dada instituição. A Professora Haydt (2006) apresenta o seguinte ciclo para a construção de um plano escolar:

Todas as escolas devem construir um plano escolar. O plano escolar é a tradução do planejamento educacional para a realidade local.

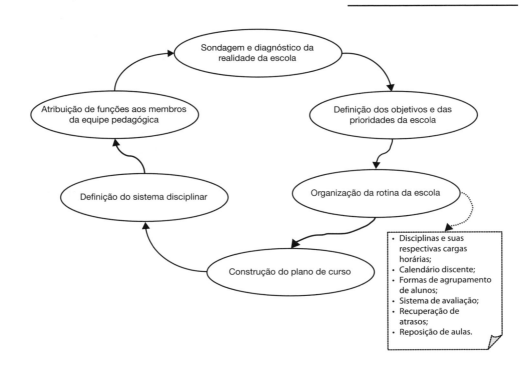

Na primeira etapa do ciclo, é realizada uma sondagem de forma que se possa construir um diagnóstico para a escola. Esse diagnóstico retrata a realidade da escola de forma que as outras etapas possam ser construídas, respeitando as particularidades ali existentes.

> **Você sabia?**
>
> O diagnóstico escolar deve considerar questões ligadas aos alunos (principalmente suas necessidades e possibilidades) e questões ligadas ao ambiente (espaço físico da escola e a comunidade que a cerca).

A segunda etapa do plano escolar é a definição dos objetivos e das prioridades da escola. Todas as escolas que atuam em um mesmo nível de ensino têm objetivos similares, mas suas prioridades certamente mudam. Pense, por exemplo, em uma escola localizada em uma capital, outra localizada na zona rural e uma terceira que fica em uma tribo indígena. Ainda que as três atuem em um mesmo nível, elas terão objetivos que as diferenciam, bem como prioridades que são bem específicas.

Os objetivos e as prioridades de uma instituição educacional estão profundamente ligados à realidade da escola. Cada uma possui especificidades que são únicas e que precisam ser consideradas.

O diagnóstico e a definição de objetivos e prioridades de uma escola permitem que se construa a rotina dessa escola. Na rotina da escola serão tratadas questões práticas, como a definição das disciplinas que serão trabalhadas em cada série, bem como as respectivas cargas horárias – respeitando a legislação em vigor. É nessa fase que a escola define seu calendário de trabalho e a forma como organizará os grupos de alunos (principalmente, quando existe mais de uma turma para cada série). O sistema de avaliação que será adotado e a forma como será feita a recuperação dos alunos em atraso também são questões importantes que compõem o plano escolar.

O sistema disciplinar não deve ser uma imposição da escola. Ele deve ser construído em parceria com todos que convivem no espaço escolar.

O plano de curso define exatamente o que será visto em cada uma das disciplinas. Vamos detalhar um pouco mais este assunto, adiante.

O sistema disciplinar de uma instituição consiste na definição e na explicitação do que será aceito como comportamento adequado dos membros. É importante que este sistema disciplinar seja construído de forma coletiva, ou seja, não deve ser construído somente pelos gestores escolares, mas deve contar com a participação de pais, professores e da comunidade envolvida com a escola como um todo.

Um plano escolar deve trazer ainda o papel que cada um dos membros desempenhará no ambiente da escola. Não estamos falando somente de alunos e professores, mas de todos que atuam neste espaço. Secretária escolar, inspetores, ajudantes, merendeiras, profissionais da limpeza, enfim, é preciso que todos saibam exatamente os papéis que exercem e qual a sua importância para a educação integral do aluno.

Como você viu, o planejamento curricular será tratado aqui como uma etapa do planejamento educacional. O planejamento curricular é a organização dos conteúdos que serão trabalhados ao longo de um determinado período. Os vários campos do conhecimento não estão soltos, mas se relacionam entre si; por isso, a organização curricular deve expressar coerência entre os conteúdos e respeito ao potencial dos alunos.

- **Coerência entre conteúdos:** é preciso agrupar conteúdos que são similares. No Ensino Fundamental, por exemplo, assuntos relacionados às ciências exatas são vistos em uma única área de conhecimento.
- **Respeito ao potencial dos alunos:** aprendizagem está diretamente ligada ao desenvolvimento. Por isso, é preciso saber para que aluno se está planejando um conteúdo. Imagine uma escola desejar ensinar a alunos que ainda não dominam as operações básicas da matemática, operações com variáveis de segundo grau. É preciso compreender o nível de desenvolvimento do aluno, que determina seu potencial de aprendizagem.

Não se pode esquecer ainda que, quando uma escola organiza seu currículo, ela deve ter clareza das determinações legais. Como vimos no começo do capítulo, os Parâmetros Curriculares Nacionais (PCNs) estabelecem os conteúdos mínimos que devem ser trabalhados por nível de ensino e por série.

Você sabia?

O Conselho Federal de Educação – órgão ligado ao Ministério da Educação – estabelece os conteúdos mínimos que todas as escolas devem trabalhar. Os Conselhos Estaduais de Educação – ligados às Secretarias Estaduais de Educação – tratam dos componentes diversificados dos currículos. Todas as escolas devem atender às exigências dessas duas instâncias.

O planejamento educacional e o planejamento curricular se manifestam na sala de aula por meio do plano (ou planejamento de ensino). O plano de ensino apresenta, de forma detalhada, as atividades que o professor irá executar e propor à turma de modo a atingir os objetivos inicialmente vislumbrados.

Vamos conhecer um pouco melhor como se constrói o plano de ensino.

Etapas do planejamento de ensino

O plano de ensino é o detalhamento de todas as atividades que o professor irá realizar dentro da sala de aula, com vistas a atingir os objetivos educacionais propostos. Para que esse plano seja construído, é preciso que o professor tenha clareza de quatro questões:

1. Os objetivos que devem ser atingidos.
2. Os conteúdos que serão trabalhados.
3. Os métodos que serão utilizados.
4. O espaço que estará disponível.

Diversos professores organizam um plano de ensino mental e não o colocam no papel. Não se pode afirmar que esse tipo de ação seja incorreto, mas é simples defender a materialização do plano. Ao registrá-lo, surgem diversas vantagens, a saber:

- Facilidade no cumprimento das atividades propostas.
- Simplicidade de saber o que precisará ser avaliado.
- Organização das ideias – ligação entre atividades e conteúdos.
- Explicitação das etapas para os interessados.

O plano de ensino é um instrumento de trabalho do professor. Contudo, é frequente que as instituições educacionais o solicitem. Esta é uma forma de as instituições entenderem a política de trabalho do docente em questão, acompanharem as atividades pedagógicas desenvolvidas em sala de aula e relacionarem o trabalho do professor ao projeto educacional vigente.

O plano de ensino é construído em quatro etapas:

1. **Diagnóstico:** a primeira etapa caracteriza-se principalmente pelo entendimento da turma com a qual se vai trabalhar. Existem diversas atividades a serem propostas em sala de aula, mas nem todas se enquadram para todos os tipos de turma. Desta forma, é preciso analisar a idade do grupo, os interesses, as limitações e os valores.

> Alguns professores não explicitam o plano de ensino registrando-o no papel. É possível conduzir uma aula com o plano de ensino em mente, mas é altamente recomendável que esse plano seja registrado, sempre que possível.

> **Você sabia?**
>
> O conceito de inclusão prevê que alunos com deficiências – físicas e mentais – sejam atendidos, sempre que possível, nas turmas regulares. Esses casos demandam do professor uma atenção bem cuidadosa no que diz respeito às atividades que serão propostas em sala de aula.

2. **Construção do plano:** a elaboração do plano é o momento no qual ele efetivamente será construído. O plano de ensino deve trazer todas as informações necessárias para que a aula aconteça, como objetivos, conteúdos, procedimentos, recursos necessários e forma de avaliação. O plano sempre é desenvolvido com um foco principal: atingir os objetivos educacionais.
3. **Execução do plano:** a execução do plano é o desenvolvimento de todas as etapas que foram planejadas quando este plano foi construído. Sua realização é a materialização da ação pedagógica. É na execução do plano de ensino que a aula acontece e que o aluno se desenvolve.
4. **Avaliação do plano:** todas as ações educacionais precisam ser avaliadas. Vamos discutir mais detalhadamente a questão da avaliação no último capítulo deste livro, mas aqui é necessário esclarecer de que um plano de ensino não é uma coisa estática. Pelo contrário, é algo dinâmico, que pode ser alterado, mesmo na fase de execução. Avaliar o plano é analisar o que deu certo e levou a turma ao cumprimento dos objetivos propostos e perceber os pontos que ainda são passíveis de melhoria.

> **Um plano de ensino deve conter os objetivos de ensino, os conteúdos, as técnicas que serão utilizadas e os recursos necessários.**

O plano de ensino tem quatro componentes básicos: objetivos, conteúdos, procedimentos de ensino e recursos.

Os **objetivos** são a manifestação clara e direta do que se deseja atingir com um curso ou uma aula. Por exemplo, em uma aula de matemática, na qual o professor trabalhe a soma e a subtração, os objetivos poderiam ser:

- Levar o aluno a compreender a importância da soma e da subtração em sua vida.
- Estimular os alunos a construírem um conceito de operações matemáticas básicas.
- Criar situações nas quais os alunos tenham a necessidade de utilizar as operações matemáticas estudadas.
- Auxiliar os alunos na abstração do conceito de operações matemáticas.

Os **conteúdos** são os conhecimentos sistematizados que serão trabalhados. No Brasil, o Ministério da Educação (MEC) apresenta os conteúdos mínimos por meio de seus PCNs. Esses conteúdos são complementados pelas Secretarias Estaduais de Educação, que apresentam os conteúdos específicos a serem trabalhados pelas escolas que estão em sua área de abrangência.

Perceba que os objetivos de ensino precedem a definição dos conteúdos. Isto porque os conteúdos devem ser escolhidos de forma que atendam a um determinado objetivo. No exemplo anterior, os conteúdos poderiam ser definidos como:

> **Frequentemente professores retiram, dos conteúdos, os objetivos da aula. O correto seria que os conteúdos derivassem dos objetivos.**

- Conceito de operações básicas na matemática.
- Aplicação da operação de soma com números de até um algarismo.
- Aplicação da operação de subtração com números de até um algarismo.
- Relação entre o conceito das operações de soma e subtração e as questões práticas do cotidiano.

Observe que os conteúdos não são os objetivos, mas possuem uma relação estreita com eles. Os conteúdos são estruturados após o objetivo, de forma que sejam capazes de atendê-los.

Os **procedimentos de ensino** também são chamados de métodos de ensino. Eles são a forma pela qual o professor irá apresentar os conteúdos aos alunos, visando ao atendimento dos objetivos inicialmente propostos. Ou seja, dos objetivos nascem os conteúdos e, dos conteúdos, surgem os procedimentos de ensino. Um mesmo conteúdo pode ser ensinado de diversas formas, e a escolha desse método é preponderante para a efetiva aprendizagem.

> **Procedimentos de ensino também são chamados de métodos ou técnicas de ensino.**

Os procedimentos ou métodos de ensino precisam considerar diversas questões, entre elas:

- A maturidade do grupo.
- Os interesses pessoais e do grupo.
- O projeto pedagógico da instituição.
- A relação que o professor tem com o método escolhido.
- O ambiente.

No Capítulo 6, conheceremos de forma detalhada os métodos e as técnicas de ensino, mas já vale adiantar que o método escolhido tem que ter relação com a maturidade do grupo. É possível imaginar que não se escolham métodos iguais para turmas da Educação Infantil ou do Ensino Médio.

Além disso, os grupos têm interesses que são bem particulares. Por exemplo, ao se trabalhar com alunos do Ensino Médio que estão em fase de preparação para o vestibular, os métodos que levam o aluno a "decorar" alguns conceitos, datas e regras são bem-vindos. Esses mesmos métodos podem não ser adequados para alunos de graduação, que têm interesse em analisar, questionar, criticar e reconstruir.

Os **recursos** compõem o ambiente de aprendizagem. Eles podem ser divididos em humanos ou materiais. Recursos humanos são as pessoas necessárias para que a atividade pedagógica aconteça. Quando pensamos na escola, logo vem à mente a figura do professor, mas há vários outros personagens envolvidos: ajudantes, inspetores, secretários escolares, entre outros.

Os recursos materiais são os instrumentos necessários para a aula acontecer. Aí enquadramos o quadro branco ou negro, bebedouros, bibliotecas, entre outros.

Depois de definir todo o plano de ensino, é chegada a hora de estruturar a avaliação desse plano a qual, vale ressaltar, também será parte do plano. Na avaliação, será visto se o plano foi capaz de atingir os objetivos propostos inicialmente. Aqui, não se está avaliando somente a aprendizagem dos alunos ou o desempenho do professor. Busca-se avaliar a execução do plano de forma geral.

> **Os recursos são divididos em humanos e materiais. Recursos humanos são as pessoas, e recursos materiais, os objetos ou lugares.**

Você sabia?

É muito comum que se confunda a avaliação de aprendizagem com a avaliação do plano de ensino. Muito provavelmente, um plano de ensino bem avaliado refletirá uma turma que efetivamente aprendeu, mas é possível que isto não aconteça. Ou seja, é possível existir um plano de ensino muito bem organizado e uma turma que não construiu sua aprendizagem. Nestes casos, é preciso aprofundar a investigação para entender o que aconteceu.

Sistematizando a construção de um plano de ensino, temos o seguinte:

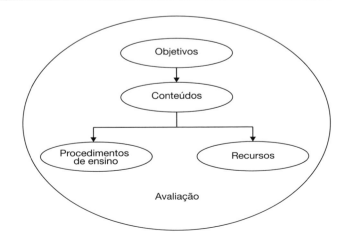

A figura mostra que os objetivos são definidos. Tendo estes por base, os conteúdos são selecionados. A partir dos conteúdos, é possível escolher os procedimentos de ensino mais adequados, bem como entender o que será necessário em nível de recursos. A avaliação não encerra esse processo; pelo contrário, ela o permeia. Isto porque, a partir do resultado dessa avaliação, todo o plano pode ser revisto, inclusive os objetivos que foram traçados.

Existem alguns tipos de plano de ensino. Todos são o reflexo do planejamento educacional se manifestando no cotidiano da sala de aula. Vamos conhecer os tipos de plano de ensino que existem.

Tipos de plano de ensino

Existem basicamente três tipos de planejamento de ensino:

1. Planejamento de curso
2. Planejamento de unidade
3. Planejamento de aula

O **planejamento de curso** é a previsão de todos os conhecimentos que um determinado grupo de alunos será levado a construir em um período de tempo específico. Normalmente, esse planejamento é feito para todo um semestre ou para um ano letivo.

Tomemos como exemplo uma disciplina de graduação do curso de pedagogia, como a didática. Esta disciplina necessita de que um planejamento seja construído. O curso, neste caso, é a disciplina, e o trabalho de planejamento irá gerar um plano.

O plano de curso pode ser adaptado pelo professor para atender às suas necessidades específicas e às de sua turma. Mas, em geral, ele deve conter, no mínimo, as seguintes informações:

- Objetivos do curso.
- Conteúdo a ser trabalhado.
- Procedimentos de ensino que serão adotados.
- Recursos necessários para realização do curso.
- Tempo disponível para o curso.
- Formas de avaliação.

> **Planejamento de curso** é a previsão de todas as características que um curso ou uma disciplina terá para que os alunos atinjam os objetivos previstos.

Veja um modelo que pode ser adotado para a elaboração de um plano de curso:

Disciplina: _____ Horário: _____ Ano: _____ Semestre: _____ Carga horária: _____	
1. Objetivo geral	
2. Objetivos específicos	
3. Conteúdos	
4. Procedimentos de ensino	
5. Recursos	
6. Formas de avaliação	

Para facilitar o trabalho em sala de aula, alguns professores fazem o planejamento de curso detalhando a distribuição dos objetivos e dos conteúdos pelo tempo disponível. Neste caso, o modelo de plano aqui apresentado pode ser adaptado. Por exemplo, se o curso possui 80 horas, distribuídas em 20 aulas, a organização do plano de curso poderia ficar da seguinte forma:

Disciplina: _____ Horário: _____
Ano: _____ Semestre: _____ Carga horária: _____
Objetivo geral: _____

	Objetivo	Conteúdo	Procedimento	Recursos
Aula 1				
Aula 2				
Aula 3				
Aula 4				
⋮				

É muito comum que as instituições de ensino solicitem ao educador que construa um plano de ensino detalhado, como neste modelo apresentado. Isto facilita a gestão pedagógica, além de dar visibilidade aos alunos sobre os conteúdos que serão trabalhados e sobre como o período letivo está organizado.

Para pensar

Quais as vantagens de o professor organizar um plano de ensino de forma estruturada? Que benefícios esse plano pode trazer para o cotidiano da sala de aula?

Uma unidade é um grupo de aulas que tratam de um mesmo assunto. Portanto, o **planejamento da unidade** é a previsão sobre como todas as aulas que tratam de um mesmo assunto irão acontecer. Suponha, por exemplo, que uma turma de Ensino Fundamental está trabalhando a unidade "descobrimento do Brasil". Esta unidade pode ser separada em diversas aulas, tais como:

> **Planejamento de unidade é a organização de todas as aulas que tratam de um mesmo assunto ou de assuntos que se relacionam.**

- A Europa do século XIV.
- Grandes navegações.
- Relações comerciais da Europa com a Índia.
- Chegada das caravelas de Cabral ao Brasil.

Veja que são assuntos diferentes, mas que, no conjunto, atendem a uma única unidade. Ao se ensinar cada um desses assuntos, é preciso que esteja claro para o aluno (e também para o professor) que todos esses tópicos convergem para um só, no caso "descobrimento do Brasil".

Piletti (2010) diz que o planejamento de uma unidade didática deve prever três etapas: a apresentação, o desenvolvimento e a integração.

- **Apresentação:** o professor identifica os interesses dos alunos e relaciona a esses estes interesses a unidade que será tratada. Esta identificação pode acontecer por meio de pré-testes, entrevistas ou outros recursos.
- **Desenvolvimento:** é a fase na qual o professor utiliza os procedimentos de ensino e os recursos disponíveis para que o grupo de alunos compreenda o tema da aula. Neste momento, os métodos de ensino devem ser cuidadosamente planejados.
- **Integração:** é a etapa na qual os alunos devem ter efetivamente compreendido o conteúdo que foi trabalhado, sendo capazes de relacioná-lo às suas questões cotidianas, ou seja, devem ser capazes de aplicar em suas vidas o conhecimento que foi construído.

Um modelo que pode ser adotado para a construção do plano de unidade é o seguinte:

Disciplina: _____ Horário: _____
Ano: _____ Semestre: _____ Carga horária: _____
Unidade: _____
Objetivo geral: _____

		Objetivo	Conteúdo	Procedimento	Recursos
Apresentação	Aula 1				
Desenvolvimento	Aula 2				
	Aula 3				
	Aula 4				
Integração	Aula 5				

Neste exemplo, a unidade em questão será trabalhada em cinco aulas. Isto não é uma regra; irá depender, fundamentalmente, da turma com a qual se está trabalhando e da unidade em questão. O mais importante neste caso é notar que cada aula está ligada a uma etapa do planejamento de unidade e que cada aula possui seu objetivo, conteúdo, procedimento e os recursos previstos.

Para pensar

Qual a relação que o plano de unidade tem com o plano de curso? É possível construir um plano de unidade sem ter um plano de curso bem estruturado?

O **planejamento de aula** é o detalhamento de cada uma das aulas. Deste planejamento, surge um dos mais importantes instrumentos para se conduzir uma aula – o plano de aula. O plano de aula prevê, de forma detalhada, cada uma das atividades que serão desenvolvidas. Ele também relaciona cada uma dessas atividades aos objetivos e conteúdos, além de esclarecer o recurso e o tempo de duração.

O plano de aula tem diversas funções. Podemos destacar como as mais relevantes:

Plano de aula é o documento que apresenta, de forma detalhada, como uma aula irá acontecer.

- A definição do objetivo da aula.
- O detalhamento do conteúdo que será trabalhado.
- A descrição detalhada do procedimento de ensino que será utilizado.
- O tempo que será dedicado a cada objetivo/conteúdo/procedimento.
- A forma como a aula será avaliada.

Você sabia?

O plano de aula é um documento que oferece o passo a passo para a condução de uma aula. Em teoria, um plano de aula bem-feito é capaz de levar diversos professores a conduzirem uma aula da mesma forma – considerando as particularidades de cada profissional.

Veja um modelo bem genérico de plano de aula:

Disciplina:_____ Professor:_____
Data:_____ Horário:_____ Turma:_____

Conteúdo	Objetivo	Procedimento	Tempo	Recursos

O plano de aula deve prever cada etapa da aula. Então, se uma aula tem 120 minutos de duração, a soma dos tempos listados na coluna "tempo" tem que chegar aos 120 minutos. Todo plano deve ser flexível, ou seja, permitir ao professor que o adapte quando for necessário. O ideal, entretanto, é que as adaptações sejam mínimas, o que só é possível após um sólido exercício de planejamento.

Para pensar

Você conhece professores que ministram aulas sem ter preparado um plano de aula? Quais as limitações de não se ter esse planejamento? Por outro lado, quais as vantagens de utilizar um plano de aula?

Características de um bom plano de ensino

É possível perceber, pelo que foi visto até aqui, que o plano é fruto do trabalho realizado na etapa de planejamento. Em outras palavras, o planejamento é uma operação mental que visa chegar a um plano – plano educacional, plano de unidade ou plano de aula. Então, vamos refletir: quais as vantagens de se ter um plano de ensino bem construído?

São várias as vantagens, cabendo destacar as mais relevantes, quais sejam:

- **Coerência:** os assuntos que são apresentados para uma turma devem ter coerência interna, ou seja, possuir uma lógica na relação entre si. Também devem ter uma coerência externa, isto é, devem estar alinhados ao que foi visto nos anos anteriores e ao que será visto no futuro, além de se relacionar à vida real.
- **Continuidade:** é necessário que a continuidade do processo educacional seja facilmente percebida não só pelos alunos, mas pelos professores. O planejamento dá visibilidade da continuidade que os assuntos recebem. Por exemplo, língua portuguesa é uma disciplina estudada desde a Educação Infantil até a Graduação (em muitos casos). Mas em que os conteúdos desta disciplina se diferenciam nesses diversos níveis? E qual a relação que eles apresentam entre si? O planejamento facilita este entendimento da continuidade que um conteúdo deve ter na linha do tempo.
- **Objetividade:** não é raro encontrar professores que, por falta de planejamento, começam uma aula sem saber exatamente aonde vão chegar. Eles dominam o assunto, mas o fato de não terem realizado um cuidadoso planejamento faz com que se percam. Objetividade é uma das metas que um bom plano traz.
- **Precisão:** a cada ano, a quantidade de informações disponíveis e de conteúdos para serem ensinados aumenta. É necessário que haja precisão naquilo que se quer ensinar. Mais uma vez, um plano bem estruturado é capaz de auxiliar a condução de uma aula.

Para que o plano de ensino tenha essas características, algumas dicas são valiosas:

- Estruturar o plano em função da turma com a qual se vai trabalhar.
- Garantir que o plano seja flexível.
- Redigir os planos com a maior clareza possível.
- Relacionar os planos aos objetivos de ensino.
- Construir planos que respeitem a realidade da turma.

Exercício de aplicação

Escolha uma disciplina qualquer. De preferência, uma disciplina que você goste de estudar. Em seguida, utilizando os modelos apresentados neste capítulo, tente construir:

- Um plano de curso para essa disciplina.
- Um plano de unidade para uma unidade específica da disciplina.
- Um plano de aula para uma aula específica da unidade escolhida.

Para debater

Vimos que o planejamento educacional é construído de forma sistêmica, principalmente em nível governamental. Paulo Freire nos dizia que toda educação é um ato político. Considerando essas duas questões, discuta com seus colegas e professores como o governo pode ajudar na melhoria da educação.

Resumo executivo

- O planejamento tem sido uma etapa muito valorizada em todas as áreas, principalmente pela quantidade de informações disponíveis e pela complexidade dessas informações.
- Planejar é organizar os passos que serão dados para se atingir um determinado objetivo.
- O planejamento deve considerar o ponto de partida, o ponto de chegada, o tempo necessário para se atingir o objetivo, a forma como tal objetivo será atingido, os recursos necessários e a forma como se avaliará.
- Planejamento, em educação, normalmente é dividido em plano educacional e plano de ensino.
- O plano educacional trata das questões políticas e filosóficas do ato de ensinar. É um processo sistêmico, que ocorre, normalmente, em nível nacional, estadual ou local.
- O plano escolar é a tradução do planejamento que é feito com maior abrangência, para a realidade de uma dada instituição. Todas as instituições educacionais devem ter um plano escolar.
- A construção do plano escolar é feita pelas seguintes etapas: diagnóstico e sondagem da realidade, definição dos objetivos e prioridades da escola, organização da rotina escolar, construção do plano de curso, definição do sistema disciplinar e atribuição de funções aos membros da equipe pedagógica.
- O plano de curso deve apresentar coerência entre os conteúdos e respeito ao potencial dos educandos.
- As escolas, ao elaborarem seu planejamento curricular, devem considerar as diretrizes propostas pelo Ministério da Educação (mais gerais) e pelas Secretarias de Educação (mais específicas).
- O plano de ensino deve apresentar com clareza quatro questões: objetivos, conteúdo, métodos de ensino e ambiente.
- As principais vantagens do plano de ensino são: facilidade no cumprimento das atividades propostas; simplicidade de saber o que precisará ser avaliado;

- organização das ideias – ligação entre atividades e conteúdos; explicitação das etapas para os interessados.
- Existem três tipos de plano de ensino: plano de curso, plano de unidade e plano de aula.
- O plano de curso é a organização de todos os conhecimentos que uma determinada turma deverá construir em um determinado período de tempo.
- O plano de unidade é a organização de todos os conhecimentos ligados a uma determinada área. Uma unidade é composta por uma ou mais aulas.
- O plano de aula é o detalhamento de uma aula específica. Conta com objetivos, conteúdos, recursos, procedimentos de ensino e métodos de avaliação.
- Um bom plano de aula deve ter coerência, continuidade, objetividade e precisão.

Teste seu conhecimento

- Explique, com suas palavras, a diferença entre planejamento e plano.
- Qual a importância do planejamento educacional em uma sociedade?
- Para que serve o plano escolar?
- Quais as principais questões consideradas pelo planejamento curricular?
- Cite pelo menos quatro vantagens de se ter um plano de ensino bem estruturado.
- Defina, com suas palavras, plano de curso, plano de unidade e plano de aula.

Exercícios propostos

1. Explique a diferença entre planejamento educacional e plano escolar.

2. Podemos afirmar que o plano de curso é:
   a. Uma obrigação de todas as instituições de ensino com o governo.
   b. A organização de todo o conhecimento que determinada turma deverá construir em determinado período de tempo.

c. Uma visão geral e abrangente do processo educacional de uma cidade.
d. Uma orientação genérica, voltada para os docentes, sobre métodos e técnicas de ensino.

3. Sobre o planejamento educacional, analise as questões abaixo:
   I. O plano educacional trata das questões políticas e filosóficas do ato de ensinar.
   II. Planejamento em educação normalmente é dividido em plano educacional e plano de ensino.
   III. O plano escolar é a tradução do planejamento que é feito com maior abrangência para a realidade de uma instituição.
   Consideramos corretas as seguintes afirmações:
   a. I e II.
   b. II e III.
   c. Nenhuma das opções.
   d. Todas as opções.

4. São características de um bom plano de ensino:
   a. Coerência, continuidade, objetividade e precisão.
   b. Coerência, continuidade, objetividade e flexibilidade.
   c. Continuidade, objetividade, flexibilidade e precisão.
   d. Continuidade, objetividade, precisão e flexibilidade.

5. O plano de aula deve contar com as seguintes informações:
   I. Objetivos da aula.
   II. Detalhamento do conteúdo da aula.
   III. Descrição detalhada dos procedimentos de ensino da aula.
   IV. Tempo dedicado a cada atividade na aula.
   V. Forma de avaliação da aula.
   Podemos afirmar que estão corretas as alternativas:
   a. I, II e III.
   b. II, III e IV.
   c. III, IV e V.
   d. Todas as alternativas.

6. O planejamento da avaliação de uma aula é importante para:
   a. Exercer o controle do comportamento dos alunos.
   b. Avaliar os procedimentos de ensino escolhidos.
   c. Verificar se os objetivos estabelecidos para a aula foram atingidos.
   d. Gerar a nota final, com ranqueamento da turma.

5

Seleção e Organização de Conteúdos

Videoaula Capítulo 5

Contextualizando

Viagens de Gulliver, de Jonathan Swift

Desconheço qual tivesse sido a sorte dos meus companheiros de lancha, nem dos que se salvaram do escolho, ou ainda dos que ficaram no navio, mas desconfio que pereceram todos; quanto a mim, nadei ao acaso e fui levado para terra pelo vento e pela maré. De vez em quando estendia as pernas a ver se encontrava fundo; por fim, estando quase exausto, tomei pé. Por então, o temporal amainara. Como o declive era um tanto insensível, caminhei perto de meia légua pelo mar, antes que pusesse pé em terra firme.

    Andei quase um quarto de légua sem avistar casa alguma, nem encontrar vestígios de habitantes, embora esse país fosse muito povoado. O cansaço, o calor e o meio quartilho de aguardente que bebera ao deixar o navio tinham-me dado sono. Deitei-me na relva, que era de uma finura extrema, e pouco depois, dormia profundamente. Dormi durante nove horas seguidas. Ao cabo desse tempo, acordei, tentei levantar-me, mas em vão o fiz. Vi-me deitado de costas, notando também que as pernas e os braços estavam presos ao chão, assim como os cabelos. Cheguei a observar que muitos cordões delgadíssimos me rodeavam o corpo, das axilas às coxas. Só podia olhar para cima; o sol começava a aquecer e a sua forte claridade feria-me a vista. Ouvi um confuso rumor em torno de mim, mas na posição em que me encontrava só podia olhar para o sol.

    Em breve, porém, senti mover-se qualquer coisa em cima da minha perna esquerda, coisa que me avançava suavemente sobre o peito, e me subia quase ao queixo. Qual não foi o meu espanto quando enxerguei uma figurinha humana que pouco mais teria de seis polegadas, empunhando um arco e uma flecha, e com uma aljava as costas!

Neste trecho, extraído do famoso livro *Viagens de Gulliver*, o autor explica como o personagem principal deixou o navio e foi parar em uma estranha ilha. Lá, ele encontra seres muito diferentes dos que conhecia.

Perceba que, para contar esta história em algumas linhas, o autor a organiza de forma que ela faça sentido para quem lê. Com base na leitura deste pequeno texto, pense:

- Como o autor organiza a história? Há alguma lógica em como ele apresenta o texto?
- Em sua opinião, o autor destacou os assuntos mais importantes para explicar um fato específico?
- Como você acha que esta estratégia de seleção de assuntos e de organização pode ser utilizada na educação?

Estudo de caso

Orientações curriculares para o Ensino Médio

Em 2006, o Governo Federal publica um documento chamado de "orientações curriculares para o Ensino Médio". Esse documento era previsto pela Lei de Diretrizes e Bases da Educação Nacional (Lei n. 9.394/96), mas só foi produzido dez anos depois da entrada desta em vigor.

A Lei n. 9.394/96 estabelecia que o Ensino Médio deveria ter um currículo básico de caráter nacional. Desta forma, acreditava-se que se daria a oportunidade de acesso ao conhecimento em condições menos desiguais nos diversos cantos do país.

Se a ideia era ter um currículo básico nacional, não bastava que esta vontade estivesse expressa na forma da lei. Era preciso que ela se materializasse em orientações práticas para que todos os envolvidos pudessem segui-lo. É certo que as orientações trazidas nesses documentos do MEC não são uma obrigatoriedade, mas uma orientação que facilita a atuação dos educadores.

Nas palavras do citado documento, "a política curricular deve ser entendida como expressão de uma política cultural, na medida em que seleciona conteúdos e práticas de uma dada cultura para serem trabalhados no interior da instituição escolar" (p. 8).

A partir desse caso, reflita:

- Qual a importância de o Ministério da Educação sistematizar os conteúdos que são considerados básicos para um determinado nível de ensino?
- Caso não houvesse as orientações do Ministério, seria possível garantir que os conteúdos ensinados nesse nível de ensino são os mesmos em todo o país?
- E na sala de aula, o professor também precisa selecionar e organizar os conteúdos com os quais irá trabalhar?

Conceitos para entender a prática

Você já pensou sobre a quantidade de conhecimentos que a humanidade produziu em sua história e que continua produzindo? Imagine quantas informações e quantos conhecimentos existem no mundo. É muita coisa! Então, como ensinar isso tudo às crianças e aos adolescentes na sala de aula?

O objetivo deste capítulo é:

- Discutir a importância da definição de conteúdos de ensino.
- Compreender como selecionar conteúdos.
- Identificar estratégias e métodos de organização de conteúdos.

Sobre os conteúdos de ensino

A verdade é que é impossível pensar em transmitir, em um processo de escolarização, todos os conhecimentos construídos pela humanidade em milhares de anos de evolução. E mais: não é papel da escola transmitir todas essas informações. Se você consultar os documentos do Ministério da Educação (MEC), verá que cada nível de ensino tem sua função.

Vale saber

O **Ensino Fundamental** é a primeira etapa da educação básica. Esta etapa é dividida em duas partes: o primeiro segmento, que vai do 1º ao 5º ano e o segundo segmento, que vai do 6º ao 9º ano. Este nível de ensino é obrigatório para todas as crianças de 6 a 14 anos de idade.

O **Ensino Médio** é a segunda etapa da educação básica e tem o objetivo de consolidar o que foi aprendido no Ensino Fundamental, oferecendo conhecimentos que possibilitem a formação do cidadão e a preparação para o trabalho.

Como cada nível de ensino tem um objetivo específico, não é necessário que o professor se preocupe em transmitir todos os conhecimentos que existem. Ele precisará **selecionar** os conteúdos que realmente são relevantes para aquele nível e para aquela turma específica.

Uma dúvida comum é entender por que o professor deve saber selecionar os conteúdos se os órgãos governamentais já fazem esta seleção. Na verdade, os órgãos dão as orientações mínimas. É papel do professor, respeitando o projeto político-pedagógico da instituição na qual atua, selecionar e organizar os conteúdos que irá ensinar.

> Os conteúdos devem ser selecionados de acordo com o nível de ensino com o qual se trabalha. Afinal, cada nível de ensino tem um objetivo de aprendizagem específico.

> **Vale saber**
>
> **Projeto político-pedagógico** é um documento, de caráter orientador, que todas as instituições de ensino devem possuir. É produzido em parceria com os representantes das diversas áreas de atuação e define o modelo educacional a ser implantado na instituição à qual se refere.

Além disso, a seleção de conteúdos para ensino está diretamente ligada à própria existência da escola. É importante ter em mente que o papel da escola é o de transmitir o conhecimento acumulado de uma dada sociedade. Esse conhecimento, que não se apresenta somente na forma de conteúdos, mas também de hábitos, valores, normas etc., é o que dá sustentação à vida em sociedade.

> **O papel principal da escola é o de transmitir o conhecimento acumulado de uma determinada sociedade. Esse conhecimento se manifesta em teorias, hábitos, valores, leis etc.**

Frequentemente, ao se falar de conteúdos na educação, vem à mente a imagem de uma pesada teoria. Livros e mais livros que representariam aquilo que a escola deve transmitir. Conteúdos não são apenas teorias sem valor; são bases para a manifestação prática de um conhecimento. Diversos autores defendem que o termo "conteúdo" pode se referir a conhecimentos, habilidades ou atitudes.

- **Conhecimento:** é a abstração de uma ideia e sua incorporação mental por uma pessoa.
- **Habilidade:** é a destreza para a execução de uma determinada tarefa.
- **Atitude:** é a forma como uma pessoa se posiciona perante uma determinada questão.

Então, qual a importância do conteúdo para o ensino? Esta pergunta pode soar estranha em um primeiro momento. Contudo, é uma pergunta necessária. Vimos no Capítulo 1 que algumas teorias de ensino e correntes educacionais defendiam que a escola deveria se preocupar em formar um cidadão crítico e atuante do ponto de vista político, em detrimento da transmissão dos conteúdos históricos universais (veja, por exemplo, a corrente de ensino libertária).

Então, vale repetir a pergunta: qual a importância do conteúdo para o ensino? Imagine que você deseja ensinar a alguém alguma coisa. Qualquer coisa... Esta coisa é um conteúdo! Afinal, nas palavras de Turra (1975), "quem aprende, aprende alguma coisa". Ter clareza desta concepção de conteúdo é extremamente relevante para o professor. Isso porque, ao selecionar conteúdos de ensino, não bastará fazer uma lista de conhecimentos que se quer transmitir. É preciso definir também as habilidades e as atitudes que se pretende ensinar.

Tudo o que se ensina é um conteúdo. Quem aprende, aprende alguma coisa.

Piletti (2010), sobre a questão da transmissão de conhecimentos, habilidades e atitudes no espaço escolar, defende que a escola é responsável pela formação integral de seu aluno. Formação integral, em sua definição, é vista como aquela que trata das áreas cognitiva, afetiva e psicomotora.

Para pensar

Que conteúdos você enquadraria nas áreas cognitiva, afetiva e psicomotora?

Formação integral do aluno	Área cognitiva	Diz respeito à construção de conhecimentos teóricos, ligados à capacidade de abstração da realidade e de sua ressignificação.
	Área afetiva	Trata das habilidades ligadas às relações pessoais. Área na qual se desenvolve a capacidade de viver em sociedade.
	Área psicomotora	Relacionada à capacidade de executar atividades e movimentos. É uma área muito trabalhada na Educação Infantil.

Alguns autores incluem outras áreas na formação integral do aluno, como dimensão política, comunicacional, entre outras. Aqui, abordaremos essas dimensões dentro das áreas cognitiva e afetiva.

As teorias de ensino que acreditam que a função primordial da instituição escolar é a de levar o outro a absorver um conhecimento que lhe é externo valorizam muito a transmissão de conhecimento. Neste sentido, elas percebem que conteúdo limita-se exclusivamente a uma lista de conhecimentos que o aluno precisará dominar. Esse entendimento, na visão de inúmeros pesquisadores da educação, é algo que reduz e limita a aprendizagem humana à reprodução daquilo que o outro apresenta.

As concepções mais modernas sobre ensinar e aprender defendem que a aprendizagem está muito mais ligada à construção de novos modelos mentais, ou sua reorganização. Isto porque já se entende que a transmissão de todos os conhecimentos é inviável no ambiente formal de aprendizagem. Por isso, a construção de estratégias de aprendizagem pareceria mais eficaz, já que permitiria ao aprendiz buscar e construir novos conhecimentos a qualquer tempo, em qualquer lugar.

Se o conteúdo não é apenas o conhecimento a ser transferido, o que pode ser feito de forma expositiva, o que fazer ao listar conteúdos relacionados com habilidades e atitudes? Como a transmissão desse conteúdo será feita aos alunos? Esta é uma questão válida para o momento, mas que veremos no Capítulo 6, quando tratarmos especificamente dos métodos de ensino. Neste momento, é importante esclarecer que, ao se selecionar conteúdos de ensino, é necessário saber que habilidades e atitudes devem ser consideradas.

Atualmente, acredita-se que a aprendizagem está ligada à construção de novos modelos mentais para a incorporação de novos conhecimentos, novas habilidades e atitudes.

Para pensar

A discussão sobre conteúdos de ensino sempre passará por uma confusão com a transmissão de conhecimentos. Então, como você definiria os conteúdos de ensino da Educação Infantil?

Vale lembrar que a Educação Infantil está muito mais voltada para o desenvolvimento afetivo e psicomotor do que para a abstração.

Sabendo que conteúdos de ensino ultrapassam a questão do conhecimento, que tipos de conteúdos podem ser definidos nas três áreas vistas anteriormente? Vamos ver alguns exemplos ligados ao primeiro segmento do Ensino Fundamental. Todos os conteúdos apresentados constam nos Parâmetros Curriculares Nacionais (PCNs) e referem-se ao ensino da língua portuguesa.

Conhecimentos

- **Ortografia:** conhecimento das regras ortográficas e da correção na escrita.
- **Pontuação:** conhecimento dos procedimentos de pontuação em língua portuguesa.
- **Aspectos gramaticais:** conhecimento das classes de palavras.

Habilidades

- **Reflexão sobre a língua:** capacidade de analisar o uso da língua em suas mais diversas manifestações.

- **Adequação:** habilidade em perceber quando um determinado uso da língua é mais adequado que outro.
- **Revisão:** habilidade em ler um texto e ser capaz de compreender sua mensagem explícita e implícita.

Atitudes

- **Interesse na leitura:** vontade de ler os mais diversos textos.
- **Interesse na escrita:** desejo de codificar, em linguagem escrita, as situações cotidianas.

Como foi visto, é fundamental para o professor de qualquer nível de ensino ser capaz de definir com clareza os conteúdos que serão trabalhados em suas turmas. Somente com um conteúdo definido com clareza é possível estruturar objetivos de ensino, planejar a aula e escolher os métodos mais adequados.

Com o conteúdo definido, é preciso selecionar o que será ensinado. Vamos entender como essa seleção é feita.

Selecionando conteúdos

Para selecionar conteúdo, existem basicamente duas questões que precisam ser levadas em conta: o programa oficial da escola e o programa pessoal do professor.

- **Programa escolar:** todas as instituições de ensino possuem um projeto pedagógico. Esse projeto trata das questões mais abrangentes do ato de ensinar. Além desse projeto, as instituições devem possuir também uma orientação sobre os conteúdos que devem ser ensinados por nível de ensino e por série. É possível encontrar escolas que chegam a ponto de esclarecer o conteúdo que será ensinado em cada aula. Neste caso, é necessário que o professor se oriente por esta definição, já que há a necessidade de se respeitar o projeto educacional do local em que ele atua.
- **Programa pessoal do professor:** ainda que a escola possua um detalhamento criterioso dos conteúdos que serão ensinados por aula, cada professor dará seu toque pessoal. Ou seja, ele tomará os conteúdos previstos no programa escolar e o enriquecerá com seus conhecimentos específicos sobre aquele assunto. Desta forma, o profissional da educação estará mais intimamente ligado à sua atividade de ensinar.

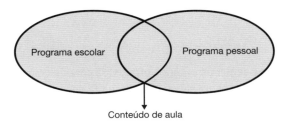

Piletti (2010) defende seis critérios a serem considerados para a seleção de conteúdos: validade, significação, utilidade, possibilidade de elaboração pessoal, viabilidade e flexibilidade.

- **Validade:** os conteúdos selecionados devem ser confiáveis, representativos e atualizados. Em outras palavras, o professor deve escolher conteúdos que condizem com a realidade, que tenham real importância na vida do aluno e que se coadunam com o que a ciência defende como mais atualizado na área.
- **Significação:** o conteúdo deve ter um significado para o aluno. Para isso, ele deve estar, de alguma forma, ligado à sua realidade. Uma escola que funciona em uma tribo indígena, por exemplo, deve tratar da língua e da história daquela tribo.
- **Utilidade:** o conteúdo deve ser aplicável. Ou seja, ao ensinar algo para uma turma, o professor deve considerar que a construção desse conhecimento auxiliará o aluno na execução de novas atividades ou, ainda, na aprendizagem de outros conteúdos que sejam efetivamente úteis.
- **Possibilidade de elaboração pessoal:** o aluno deve ser capaz de construir o conhecimento acerca do conteúdo que é ensinado, tornando-o um conhecimento seu. Para isso, esse conteúdo deve permitir que o aluno faça associações, comparações e críticas.
- **Viabilidade:** este é um critério muito importante. O professor deve selecionar conteúdos que o aluno, em seu estágio cognitivo, seja capaz de aprender. Imagine, por exemplo, que um professor queira ensinar física quântica a uma turma do segundo ano do primeiro segmento do Ensino Fundamental. Essa turma não está preparada para esse conteúdo; portanto, ele não deve ser selecionado.
- **Flexibilidade:** os conteúdos devem ser passíveis de serem modificados, complementados, adaptados. O professor não pode ser refém do conteúdo que está nos livros. Ao perceber, por exemplo, que um determinado assunto sofre uma evolução com base nas pesquisas da área, o professor deve adaptar o que ensina para garantir a atualidade.

Você sabia?

Em alguns países, como na Finlândia, o aluno pode escolher parte dos conteúdos que estudará. Essa escolha acontece, principalmente no Ensino Médio, e visa dar autonomia ao aluno sobre os conteúdos mais relevantes para sua vida.

Para pensar

Qual a importância de se seguir os critérios propostos para selecionar conteúdos de ensino? Quais os maiores impactos na seleção inadequada desses conteúdos?

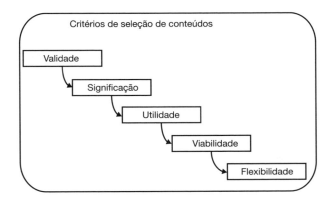

Organizando conteúdos

Compreendendo o que é conteúdo e os critérios que devem ser considerados para sua seleção, é chegado o momento de organizá-los. Vale lembrar: selecionar os conteúdos é definir *o que* deve ser ensinado. Organizar os conteúdos é estruturar a sequência lógica em que eles serão apresentados ao aluno. Ou seja, é dizer *como* este conteúdo será apresentado.

> **Selecionar conteúdo é identificar o que será ensinado. Organizar é esclarecer como aquele conteúdo será apresentado ao aluno.**

A organização dos conteúdos pode acontecer por meio de sua distribuição ao longo dos diversos anos de ensino ou em uma mesma série. Por exemplo, ao planejar a organização do ensino de língua portuguesa, é possível definir o que será ensinado em cada ano do Ensino Fundamental e, ainda, como o conteúdo escolhido para cada ano aparecerá.

Quando se organiza um conteúdo por anos de ensino, chama-se essa organização de vertical. Isto porque ela se divide na linha do tempo. Quando essa organização é feita dentro de uma mesma série, chama-se essa organização de horizontal. Ela é horizontal porque a divisão acontece dentro de um mesmo período (normalmente de um ano).

> Organização de conteúdos no plano vertical – organização que acontece quando o conteúdo é dividido considerando os diversos anos de ensino de um determinado segmento.
> Organização de conteúdos no plano horizontal – organização que acontece quando o conteúdo é dividido considerando apenas um determinado período de distribuição, normalmente de um ano.

Os conteúdos devem ser organizados considerando três critérios: continuidade, sequência e integração.

- **Continuidade:** o mesmo conteúdo deve ser retomado diversas vezes para que o aluno possa compreender como aquele conhecimento se relaciona com os demais que ele está aprendendo na mesma área.
- **Sequência:** um determinado conteúdo deve partir de algo que foi ensinado anteriormente. Esse critério é facilmente percebido quando se analisa a forma como um livro didático apresenta seu conteúdo.
- **Integração:** o conteúdo deve se relacionar com as demais disciplinas.

Vamos pensar em como esses critérios se manifestam na prática. Imagine-se estar organizando os conteúdos relacionados à matemática para o segundo ano do primeiro segmento do Ensino Fundamental. Ao falar de continuidade, podemos supor que as operações básicas (soma, subtração, multiplicação e divisão) deverão aparecer em vários momentos desse ano. Afinal, somente a prática levará o aluno a efetivamente construir seu conhecimento nesta área.

O que é a multiplicação se não a soma repetida diversas vezes? Se o professor compreende que a operação de multiplicação é um nível mais avançado da soma, então esse conteúdo somente será ensinado após o aluno já dominar a operação de soma.

A integração visa levar o aluno a perceber que a realidade não se apresenta de forma fragmentada, como as disciplinas curriculares. As disciplinas são divididas para facilitar a aprendizagem, mas a língua portuguesa não aparece separada do conhecimento matemático na vida. No exemplo citado, o aluno, ao dominar a operação de soma, perceberá que, na geografia, as medidas acontecem utilizando as operações básicas.

Além dos critérios apresentados para a organização de conteúdos, também há alguns princípios que não podem ser esquecidos. O conteúdo pode ser organizado sob dois pontos de vista: o do professor e o do aluno. O ponto de vista do professor é chamado de lógico, porque segue uma ordenação que se dá, normalmente, do mais simples para o mais complexo (na opinião do professor). O ponto de vista do aluno é chamado de psicológico, porque considera a forma como o aluno construirá esse conhecimento.

Lógico	Organização dos conteúdos do mais simples para o mais complexo, do ponto de vista do professor.
Psicológico	Organização dos conteúdos seguindo a forma como se crê que os alunos construirão o conhecimento sobre determinado assunto.

Quando se organiza um conteúdo para ser ensinado, normalmente esse conteúdo é distribuído em três níveis: a aula, o tópico e a unidade.

- **Aula:** aborda de forma geral tudo o que será trabalhado naquele dia de aula.
- **Tópico:** é uma distribuição de assuntos dentro de uma mesma aula.
- **Unidade:** são as partes do tópico que serão vistas.

Aqui, demos o exemplo de uma aula com duração de um dia. Mas, na organização de conteúdos, uma aula pode levar muito mais do que isso.

Outras questões que devem ser consideradas na organização são:

- Compreender o nível de desenvolvimento dos alunos. Afinal, ninguém aprende um conteúdo para o qual não está preparado.
- Relacionar os conteúdos à realidade do aluno.
- Cuidar da sequência lógica de apresentação dos conteúdos.
- Reforçar as ideias principais de uma unidade, de um tópico e de uma aula.

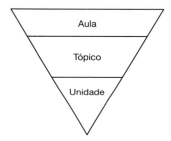

É importante lembrar que a organização de conteúdos muitas vezes aparecerá sob forma de atividades. Isto é muito comum, principalmente na Educação Infantil e no primeiro segmento do Ensino Fundamental, quando se trabalha muito com o concreto e pouco com a capacidade de abstração. Nestes casos, o conteúdo será fruto das atividades realizadas pelos alunos.

No segundo segmento do Fundamental, o aluno já é capaz de abstrair alguns conceitos, mas sua separação brusca pode passar a ideia de que os conteúdos ensinados não têm nenhuma relação entre si. Por isso, se trabalha neste nível com áreas de estudo. Por exemplo, em vez de se ensinar física, química, biologia etc., ensina-se ciências da natureza, uma área de estudo que congrega todos esses saberes.

A separação por disciplina tende a acontecer a partir do Ensino Médio. As disciplinas são muito específicas e precisam que o aluno já perceba que os conceitos se referem à realidade. E que a realidade não está partida.

Para pensar

Como um mesmo conteúdo pode ser dividido em atividades, áreas de estudo e disciplinas?

Exercício de aplicação

Vá até a biblioteca e pegue um livro didático. Verifique quais os conteúdos que são trabalhados, como eles foram selecionados e organizados. Em seguida, relacione a forma como o autor selecionou e organizou esses conteúdos com o que foi visto neste capítulo.

Não deixe de considerar na seleção:

- Validade
- Significação
- Utilidade
- Possibilidade de elaboração pessoal
- Viabilidade
- Flexibilidade

Considere para a organização:

- Continuidade
- Sequência
- Integração

Para debater

Frequentemente, professores dão as aulas baseando-se somente no programa oficial da escola ou, ainda, na forma como o livro didático adotado apresenta um determinado conteúdo. Discuta com seus colegas e professores o impacto que esta atitude, por parte dos professores, pode trazer para a qualidade do ensino.

Resumo executivo

- Conteúdos de ensino podem ser divididos em conhecimentos, habilidades e atitudes.
- Os conteúdos devem ser selecionados de acordo com o nível de ensino com o qual se está trabalhando.
- Conteúdos de ensino podem ser separados em áreas: cognitiva, afetiva e psicomotora.
- Para selecionar conteúdos o professor deve considerar o programa escolar e seu programa pessoal de ensino.
- Os critérios para a seleção de conteúdos são validade, significação, utilidade, possibilidade de elaboração pessoal, viabilidade e flexibilidade.
- Selecionar conteúdos é definir o que será ensinado. Organizar conteúdos é dizer a forma como esses serão apresentados.
- O conteúdo pode ser organizado no plano vertical (distribuído em séries) ou no plano horizontal (dentro de uma mesma série).
- Os critérios para a organização de conteúdos são continuidade, sequência e integração.
- Os conteúdos podem ser organizados pelo aspecto lógico (do professor) ou psicológico (do aluno).
- Normalmente, o processo de organização dividirá um conteúdo em aula, esta aula em tópicos e estes tópicos em unidades.

Teste seu conhecimento

- Diga, com suas palavras, o que são conteúdos de ensino.
- Que critérios você utilizaria para selecionar conteúdos para uma turma do primeiro segmento do Ensino Fundamental?
- Defina áreas cognitiva, afetiva e psicomotora.
- Explique a importância da organização de conteúdos no plano horizontal.

Exercícios propostos

1. Defina, com suas palavras, o que é conteúdo de ensino.

2. Os critérios para seleção de conteúdos didáticos são:
   a. Validade, significação, utilidade e viabilidade.
   b. Significação, utilidade, viabilidade e interesse pessoal.
   c. Utilidade, viabilidade, interesse pessoal e validade.
   d. Viabilidade, interesse pessoal, validade e decisão do professor.

3. Sobre conteúdos didáticos, seleção de conteúdos e organização de conteúdos, analise as afirmações a seguir:
   I. Conteúdo é a sistematização dos conhecimentos, habilidades e atitudes a serem ensinados.
   II. Selecionar conteúdos é definir aquilo que será ensinado.
   III. Organizar conteúdos é especificar como o conteúdo será trabalhado.
   Consideramos corretas as seguintes afirmações:
   a. I e II.
   b. II e III.
   c. Nenhuma das opções.
   d. Todas as opções.

4. Os critérios para organização de conteúdos são:
   a. Sequência, integração e precisão.
   b. Coerência, integração e continuidade.
   c. Continuidade, sequência e integração.
   d. Objetividade, precisão e integração.

5. A sequência correta de organização dos conteúdos, do mais abrangente para o menos abrangente, é:
   a. Tópicos, unidades, aula.
   b. Aula, tópicos, unidades.
   c. Unidades, tópicos, aula.
   d. Tópicos, aula, unidades.

6

Métodos de Ensino

Videoaula Capítulo 6

Contextualizando

O voo de Santos Dumont

Os dois aviões apresentados a seguir foram projetados por Santos Dumont:

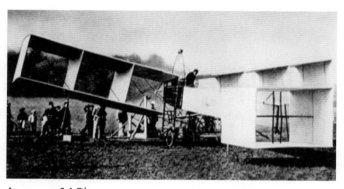
Aeronave 14 Bis

Aeronave Demoiselle

As duas aeronaves voaram, mas somente a primeira tornou-se bastante conhecida do povo brasileiro. Isto se deve ao fato de o voo do 14 Bis (1906) ter sido realizado antes do voo do Demoiselle (1907). Entretanto, especialistas garantem que o segundo foi o melhor avião desenhado pelo inventor brasileiro.

Mas se o 14 Bis voou, por que Santos Dumont insistiu em buscar uma nova forma de fazer o mesmo equipamento? Nas ciências em geral, sempre se buscam novas formas de fazer algo melhor. Frequentemente, é possível fazer uma mesma coisa de diversas maneiras – algumas melhores, outras nem tanto; algumas mais rápidas, outras mais lentas.

Com base na história dos aviões de Santos Dumont, reflita:

- Como aplicar à educação as diversas formas de se fazer alguma coisa?
- Existem diversas formas de ensinar?
- O que são métodos de ensino?
- Quais os principais métodos e técnicas de ensino?

Estudo de caso

Dificuldades para alfabetização de adultos

Maria era professora recém-formada do curso de graduação em Pedagogia. Sua primeira turma era do primeiro ciclo da Educação de Jovens e Adultos (EJA), que estava em fase de alfabetização. Maria estava muito empolgada porque começaria, finalmente, a realizar suas atividades profissionais, para as quais tinha passado os últimos quatro anos de sua vida se preparando.

O primeiro dia de aula foi um dia muito especial para ela. Havia conceitos a serem passados para os alunos e uma grande lista de exercícios. Maria iria alfabetizar por sílabas conforme havia aprendido na faculdade e seus exercícios estavam todos direcionados para reforçar e garantir a aprendizagem por esse método. Mas o resultado desse primeiro dia não foi tão instigante assim. E foi ficando pior, conforme os dias iam passando. Maria percebia que a turma não aprendia a ler.

Dois meses se passaram e a turma não conseguiu aprender a identificar nem as principais vogais. Decepcionada, a nova profissional sentou com uma professora sua para conversar:

- Eu não sei o que pode estar acontecendo. Eles definitivamente não aprendem.
- Pode ser que o método da alfabetização por sílabas não seja o mais adequado. Você já experimentou utilizar outras técnicas, buscando um método que atenda a sua turma? Respondeu sua professora.

Maria ficou intrigada: novos métodos? Mas a alfabetização não tinha um método específico para ser realizada?

A partir desse caso, reflita:

- Que métodos de ensino poderiam ser utilizados por Maria?
- A professora sugere que ela utilize outras técnicas. Qual a diferença de métodos para técnicas de ensino?
- Por que dominar os métodos de ensino é tão importante para o professor?

Conceitos para entender a prática

"A Educação, qualquer que seja ela, é sempre uma teoria do conhecimento posta em prática."
(Paulo Freire)

Você já se viu em uma situação na qual deveria ensinar alguma coisa a alguém e esta pessoa simplesmente não aprendia? Pense, por exemplo, em alguma situação na qual tentou ensinar uma pessoa mais velha a utilizar um determinado programa computacional. Que passos você utilizou para que essa pessoa aprendesse? Como foi a experiência? Seria possível tentar outra forma de ensinar?

Para pensar

Por que o professor deve dominar diversas técnicas de ensino?

Ensinar algo muitas vezes não é fácil porque as pessoas têm formas diferentes para aprender. Algumas pessoas aprendem com mais facilidade quando leem um texto, outras quando veem uma nova situação. Há outro grupo que prefere viver determinadas experiências, enquanto outros precisam de duas ou mais combinações dessas possibilidades.

O ensino só é efetivo quando a outra pessoa aprende. Por isso, ensinar não é uma tarefa simples. Você já ouviu um professor dizer: "Eu ensinei, mas ele não aprendeu". Ora, se ele não aprendeu, o professor ensinou? Considerando que as pessoas possuem diferentes formas para assimilar um novo conteúdo, o professor deve ter clareza de que também haverá diversas formas de ensinar. E dominar essas formas é fundamental para garantir a aprendizagem do outro.

Você conhece os métodos de ensino? Este será o assunto deste capítulo.

> O ensino só acontece quando a outra pessoa aprende. Se não houve aprendizagem, então não houve ensino.

Os objetivos deste capítulo são:

- Identificar o que são métodos e técnicas de ensino.
- Conhecer e diferenciar os métodos focados na exposição de conteúdo.
- Conhecer e diferenciar os métodos de trabalho independente.
- Conhecer e diferenciar os métodos de trabalho em grupo.
- Identificar outros métodos de ensino que foram desenvolvidos e podem ser aplicados em situações específicas.

Antes de começar, contudo, é preciso ter clareza do que são métodos de ensino.

O que são métodos de ensino?

Inicialmente, é necessário compreender que há uma diferença entre método e técnica de ensino. O método diz respeito ao caminho planejado, que deverá ser percorrido, para se chegar ao objetivo traçado. Já a técnica é a operacionalização do método.

Você sabia?

A palavra "método" vem do grego "*methodos*", que significa literalmente "caminho".

Os métodos de ensino devem ser planejados pelo professor de forma que contribuam para que a aprendizagem se efetive. Métodos, como vimos, contam com técnicas (também chamadas de procedimentos ou estratégias), que fazem com que o ensino se tangibilize. Essas técnicas devem ser orientadas pela capacidade de levar o aluno a reestruturar seus esquemas mentais, de forma que o novo conteúdo seja incorporado (relembre os conceitos de assimilação e acomodação, no Capítulo 1).

Os métodos são processos que visam fazer com que o ensino se traduza em aprendizagem. Portanto, medeiam a relação entre o professor e o aluno na construção de um novo conhecimento. Em outras palavras, a relação pedagógica que se estabelece em sala de aula conta com dois atores, no mínimo: professor e aluno. O primeiro tem o objetivo de ensinar e o segundo tem o objetivo de aprender. O método é a mediação desta relação.

Métodos de ensino são caminhos definidos pelo professor para facilitar a aprendizagem do aluno. Técnicas são procedimentos que compõem os métodos.

A utilização de métodos e técnicas de ensino deve acontecer junto a um processo de avaliação e certificação eficazes, que garantam uma aprendizagem significativa.

Não é incomum que as pessoas em geral não valorizem o conhecimento sistematizado dos métodos e das técnicas de ensino. Isto se deve, principalmente, pela percepção de que ensinamos aos outros diversos assuntos no decorrer de nossas vidas. E, mesmo sem conhecer os métodos e as técnicas aqui apresentados, as pessoas aprendem. Isto é verdade, mas é preciso considerar que o ensino informal não considera uma certificação da aprendizagem. Ou seja, o outro "absorve" sua interpretação daquilo que foi ensinado, sem um processo de checagem que garanta a construção correta e significativa do conhecimento. Pense nos impactos desse tipo de aprendizagem para a ciência em longo prazo!

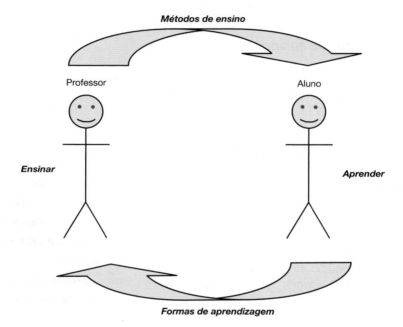

Por isso, quando estamos em um ambiente formal de ensino, não basta explanar sobre um determinado assunto. É preciso garantir que o outro aprendeu, utilizando estratégias de checagem e certificação. Veremos, no Capítulo 10, os diversos procedimentos de avaliação que podem ser utilizados.

Neste momento, vamos conhecer um pouco melhor os métodos e as técnicas. Sabia que todos têm concepções ou referenciais teóricos quando estão em uma situação de ensino? Muitas vezes, tais concepções são implícitas, mas, ainda assim, orientadas por uma crença.

Afinal, se existem diversos métodos de ensino, como escolher o mais adequado? Algumas questões devem ser consideradas:

1. Qual o objetivo da situação de ensino? O que se quer que o outro aprenda?
2. Que conteúdo será trabalhado?

3. Quais as características dos alunos? São alunos de Alfabetização ou Ensino Superior? De classes populares ou de famílias com boas condições socioculturais?
4. Qual o espaço físico disponível?
5. Qual o tempo disponível para o processo de ensino-aprendizagem?

A resposta a essas perguntas já apresentará algumas pistas sobre o método a ser escolhido. Note que as perguntas aqui explicitadas seguem uma sequência lógica: o objetivo de ensino é preponderante para qualquer passo que se siga a ele. Mas um objetivo está necessariamente amarrado ao conteúdo que será ensinado. De nada adianta saber o objetivo, o conteúdo e a quem ensinar se não há clara noção das limitações impostas. As limitações mais frequentes dizem respeito ao espaço físico disponível e ao tempo que se tem para trabalhar. Não adianta planejar uma aula de biologia na qual as crianças serão convidadas a plantar hortaliças, se não se conta com espaços adequados para esse tipo de atividade. Da mesma forma, planejar processos de ensino muito longos quando é necessário cumprir o cronograma letivo não faz sentido.

Os objetivos e os conteúdos a serem trabalhados são definidores dos métodos escolhidos, mas qualquer objetivo pode ser estabelecido ou qualquer conteúdo pode ser trabalhado em qualquer situação? Provavelmente não. Libâneo (1994) apresenta seis princípios que devem ser considerados para a definição de objetivos e conteúdos, a saber:

Ter caráter científico e sistemático

O conteúdo ensinado pelos sistemas formais devem zelar pela cientificidade. Não se podem fazer afirmações ou trabalhar conteúdos baseados exclusivamente no senso comum. Isto porque a escola atende a uma demanda social e os conteúdos socialmente aceitos são aqueles validados pela ciência. Além disso, um conteúdo, para que possa ser ensinado, precisa ser sistematizado. É muito complicado ensinar algo que não tem uma sequência lógica, nem um modelo adequado de apresentação. A sistematização de conteúdos acontece, em geral, em um único sentido: do mais simples para o mais complexo.

Ser compreensível e possível de ser assimilado

Um objetivo de ensino bem formulado está calcado na certeza de que poderá ser cumprido. Ou seja, prevê

> **A escolha do método de ensino deve considerar o objetivo de aprendizagem, o conteúdo a ser trabalhado, as características dos alunos, o espaço físico e o tempo disponível.**

> **Os objetivos de aprendizagem e os conteúdos são definidores dos métodos e das técnicas de ensino.**

> **A sistematização do conteúdo acontece, na maioria das vezes, organizando-o do mais simples para o mais complexo.**

que o conteúdo a ele atrelado é possível de ser compreendido pelo grupo de aprendizes ao qual se destina. Imagine, por exemplo, um educador ter o objetivo de ensinar física quântica a alunos da Educação Infantil! O exemplo é uma caricatura, claro, mas esta dificuldade em relacionar o conteúdo que um determinado grupo é capaz de assimilar ao objetivo de ensino não é tão incomum.

Assegurar a relação conhecimento-prática

Um conhecimento só se pereniza quando é aplicado na prática. As pessoas aprendem para fazer algo com esse novo conteúdo. Quando o educador não é capaz de apresentar ou de esclarecer como um conteúdo será utilizado na prática, provavelmente esse conteúdo não será efetivamente aprendido.

> **Um conhecimento só se pereniza quando é aplicado na prática.
> As pessoas aprendem para fazer algo com esse novo conteúdo.**

Assentar-se na unidade de ensino-aprendizagem

Uma estrutura de ensino formal organiza os conteúdos a serem ensinados em blocos ou unidades de ensino, como vimos no Capítulo 5. O objetivo de ensino, bem como o conteúdo selecionado, deve estar assentado na unidade de ensino com a qual se trabalha. Este princípio pode parecer lógico ou redundante, mas certamente não é desnecessário. Frequentemente, educadores esperam que os aprendizes sejam capazes de realizar uma ação após um processo de ensino sem considerar que tal ação não estava assentada na unidade que foi ensinada.

Garantir a solidez dos conhecimentos

Diversos conhecimentos que são construídos em nossas vidas são, com o tempo, deixados de lado. Há diversas razões para isto acontecer: o conteúdo deixa de ser necessário, aprendemos outro conteúdo que o substitui ou mesmo não se vê finalidade na manutenção daquele determinado conteúdo. Um ensino efetivo se traduz em uma aprendizagem significativa, que implica a solidez dos conhecimentos que foram construídos. Portanto, a garantia da solidez dos conhecimentos deve ser considerada como um dos princípios do ensino.

> **Aprendizagem significativa é a consolidação do conhecimento. Esta consolidação acontece por meio de sua mobilização.**

Levar à vinculação trabalho coletivo-particularidades individuais

O ensino, dentro de um contexto formal de educação, precisa estar orientado para a sociedade. O educador tem a missão, com isso, de buscar que seus objetivos de ensino sejam capazes de atender às necessidades sociais, considerando os anseios individuais. É dura, mas necessária, missão: atrelar as necessidades sociais às questões individuais.

Vale saber

Os princípios básicos do ensino, para Libâneo (1994), são: ter caráter científico e sistemático, ser compreensível e possível de ser assimilado, assegurar a relação conhecimento-prática, assentar-se na unidade ensino-aprendizagem, garantir a solidez do conhecimento e levar à vinculação trabalho coletivo-particularidades individuais.

Após compreender os princípios do ensino, é preciso identificar os métodos. Existem diversas formas de classificar esses métodos. Piaget, por exemplo, os dividia em:

1. **Métodos tradicionais:** calcados na exposição oral por parte do professor.
2. **Métodos ativos:** baseados no estímulo de atividades praticadas pelos alunos.
3. **Métodos intuitivos:** orientados pelo uso dos sentidos – principalmente auditivo e visual.
4. **Métodos de ensino programado:** focado na relação estímulo-resposta (S-R).

Essas abordagens de Piaget, no entanto, precisam ser muito detalhadas para se chegar às técnicas utilizadas em sala de aula. Para chegarmos do método à técnica com mais facilidade, faremos aqui a classificação apenas em métodos de exposição, métodos de trabalho individual e métodos de trabalho em grupo. Ao final, conheceremos alguns outros métodos que não se encaixam nessas classificações.

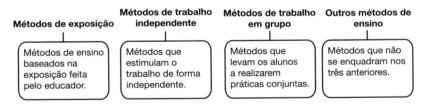

Os métodos encaixados nessa classificação são:

Métodos de exposição

Os métodos de exposição são todos aqueles nos quais o professor assume o comando da aula e orienta-se por expor um determinado assunto. Frequentemente, educadores criticam os métodos de exposição partindo da crença de que eles se limitam a um ensino tradicional, que não oferecem ao aluno a possibilidade de desenvolver a autonomia que será necessária para sua posterior aprendizagem e para as situações da vida. Veremos que qualquer crítica a um método precisa ser muito bem analisada, já que todos se prestam, em algum momento, a uma necessidade de ensino.

Exposição oral

A exposição oral talvez seja a forma de exposição mais utilizada pelos professores. Consiste, conceitualmente, em estruturar uma exposição utilizando a palavra como principal instrumento. Daí a origem do termo que dá nome a esta técnica. Nesta forma de exposição, o aluno não participa. O professor assume o papel de controlador, direcionando a aula de acordo com suas crenças sobre a forma como os demais aprendem.

Expor um assunto oralmente é uma estratégia extremamente adequada em diversas situações, por exemplo, quando há a necessidade de se apresentar um novo assunto com o qual os alunos ainda não têm intimidade. Também atende bem quando o objetivo final consiste apenas em transmitir um conjunto de informações. Na grande maioria das vezes, a exposição oral é o método de escolha quando quem apresenta o assunto não dispõe de tempo adequado. Por isso, a economia de tempo é normalmente apresentada como a maior vantagem desta técnica.

As maiores desvantagens relacionadas à exposição oral podem ser consolidadas em uma afirmação: a de que os alunos não estarão à vontade para apresentar suas dúvidas, fazer indagações ou mesmo contribuir para a construção do conhecimento. Aqueles que defendem métodos ativos de ensino, nos quais o aluno é estimulado a produzir ou viver determinadas situações para aprender, costumam se opor à exposição exatamente pelo distanciamento que ela cria entre quem expõe e quem assiste à exposição. Neste ponto, é preciso considerar as especificidades do método. Como foi apresentado, a exposição oral possui contextos nos quais ela se aplica e, portanto, tais contextos precisam ser considerados.

Na exposição oral, o professor apresenta o conteúdo utilizando a palavra como instrumento.

Na exposição oral, a comunicação acontece em apenas um sentido: do professor para o aluno.

Na exposição oral, a comunicação acontece em apenas um sentido – do professor para o aluno – ou, em outras palavras, do emissor para o receptor, como é possível observar no esquema:

Esquema da exposição oral

Para que o professor realize uma exposição oral de forma adequada, é preciso que ele esteja ciente de que:

- Deve dominar com profundidade o tema sobre o qual irá realizar a exposição.
- O conteúdo apresentado deve vir baseado em documentos ou em fatos passíveis de comprovação.
- Uma exposição só será bem compreendida se o conteúdo for apresentado seguindo alguma sequência lógica.
- É preciso utilizar linguagem clara e correta, já que toda a atenção do outro estará direcionada para sua fala.
- A apresentação deve ter começo, meio e fim, e cada uma dessas partes deve aparecer com total clareza para quem assiste.

Os passos para a realização de uma exposição oral adequada são:

1. Planejar a exposição considerando o público para o qual a aula será ministrada, o local, o nível de conhecimento que os alunos possuem sobre o assunto que será tratado e o tempo disponível.
2. Introduzir o assunto com a turma, criando um clima favorável e apresentando com total clareza como se desenrolará a exposição, ou seja, esclarecendo o esquema que foi planejado para a aula.
3. Desenvolver o assunto por tópicos e, antes de mudar de tópicos, fazer um breve resgate do que foi apresentado, sintetizando as principais ideias.
4. Concluir fazendo um resgate geral de toda a exposição, mostrando a importância e a aplicabilidade do conteúdo que foi apresentado.

Uma exposição oral não pode levar muito tempo. As pessoas tendem a perder a atenção rapidamente.

5. Sempre que possível, abrir espaço para apresentação de dúvidas ou perguntas que complementem a exposição.

Os principais erros que podem ser cometidos utilizando esta técnica são:

- Não planejar a exposição, o que faz com que se divague sobre um determinado tema, sem conseguir fazer com que os ouvintes percebam a introdução, o desenvolvimento e a conclusão da aula.
- Ler um texto, o que não é expor oralmente um assunto. Simplesmente ler um texto mostra falta de planejamento e transmite insegurança com o conteúdo.
- Não utilizar suporte visual. É muito mais provável que uma pessoa compreenda o que é falado se esse discurso vier acompanhado de esquemas, tabelas ou outros recursos visuais.
- Inventar fatos, dados ou conceitos. Além de prejudicar diretamente a aprendizagem do outro, aquele que expõe se sujeita ao risco de ter todo o seu discurso descredibilizado.

Exposição dialogada

A exposição dialogada é, conceitualmente, muito similar à exposição oral, diferenciando-se especificamente por ter como princípio a participação e a intervenção do público. Neste tipo de exposição, o professor conduz a apresentação como uma grande conversa, estimulando que os alunos questionem, complementem a apresentação, citem exemplos, enfim, que participem da construção da aula.

A principal vantagem do uso da exposição dialogada é a possibilidade de conhecer em tempo real a resposta do aluno. Com isso, é possível ter clareza sobre o nível de entendimento da turma acerca do conteúdo que é apresentado, adaptando o discurso e complementando-o.

Alguns autores defendem que a exposição dialogada corresponde à prática ativa da exposição oral e, até, a uma flexibilização do ensino tradicional. Isto porque o professor continuaria atuando como único detentor do conhecimento, abrindo pequenos espaços que permitiriam que a intervenção do discente acontecesse. Tal intervenção, contudo, não seria uma intervenção autêntica na medida em que as questões são direcionadas pela forma como o professor conduz a apresentação do conteúdo.

> **A exposição dialogada é muito similar à exposição oral, diferenciando-se pela intervenção dos aprendizes durante a participação.**

Independentemente da forma como se encara a relação de subordinação do aluno em relação à lógica apresentada pelo professor, a exposição dialogada, como processo de ensino, é caracterizada pela abertura dada ao aluno para a intervenção. De qualquer forma, a maior parte da comunicação acontece no sentido professor-aluno, como é possível ver na figura a seguir.

Uma exposição dialogada bem estruturada parte do princípio de que o professor:

- Domina o assunto que está sendo abordado.
- É capaz de controlar o grupo, de forma a garantir que a aula simplesmente não se perca nos exemplos e intervenções dos alunos.
- Tem capacidade de organizar os conteúdos, estruturando uma lógica que facilite a aprendizagem.
- Está preparado para ser contestado e, inclusive, ter suas convicções negadas.
- É apto a administrar conflitos no grupo.

Esquema de exposição dialogada

Para que a exposição dialogada aconteça a contento, alguns passos podem ser estabelecidos, como os que se seguem:

1. Planejar a aula, com o objetivo de garantir que as eventuais intervenções não comprometerão o conteúdo a ser trabalhado.
2. Introduzir a exposição deixando claro que intervenções serão aceitas e bem-vindas.
3. Estimular, durante a apresentação, que a turma intervenha, fazendo provocações como perguntas, pedidos de exemplos de situações reais etc.
4. Direcionar, durante a aula, as colocações para o conteúdo que se quer trabalhar.
5. Concluir, solicitando que o grupo faça uma síntese do que foi visto, alinhando o conteúdo apresentado às considerações que foram expostas.

Algumas questões que devem ser evitadas na exposição dialogada são:

- Não estimular a turma a participar, conduzindo toda a apresentação sem incentivar intervenções.
- Deixar que um assunto secundário trazido por um participante tome conta da apresentação e se torne mais importante do que o conteúdo principal.
- Não ser capaz de administrar conflitos de posições ou de opiniões.
- "Bater de frente" com a opinião de algum participante, que não condiz com a opinião de quem faz a apresentação.

O uso da exposição dialogada exige do professor grande habilidade para conduzir o grupo. Não é incomum que a aula perca sua objetividade pela falta de condução das intervenções.

Para pensar

Como o professor pode garantir que a exposição dialogada não faça com que a aula perca seu "rumo"?

Demonstração

A demonstração é o ato de representar situações ou eventos da forma como eles acontecem na realidade, podendo acontecer em ambiente controlado ou não. Trata-se de uma estratégia extremamente útil quando se trabalha com um conteúdo muito abstrato. Por exemplo, ao tentar ensinar a uma criança pequena as operações básicas da matemática, como a soma, o professor pode optar por, em vez de esclarecer que a soma de dois com dois é igual a quatro, mostrar que um grupo de duas maçãs, quando se juntam mais duas maçãs, forma um grupo de quatro maçãs.

A demonstração traduz um conceito abstrato para a prática.

A maior vantagem da demonstração é a possibilidade de facilitar a construção do conhecimento do outro por meio da percepção de como os eventos e as coisas são de fato. Ao falar que a demonstração pode acontecer em ambiente controlado ou não, queremos dizer que uma demonstração pode ser feita no campo ou utilizando recursos audiovisuais. Por exemplo, quando se vai a campo para apresentar um animal mamífero e discutir a classificação das espécies, realiza-se uma demonstração em ambiente real. Esta mesma demonstração poderia ser feita em sala de aula, utilizando *slides* ou filmes.

É muito complicado identificar desvantagens no uso desta estratégia de ensino, já que ela se enquadra em quase todas as situações pedagógicas de todas as disciplinas. Frequentemente, professores utilizam a demonstração sem teorizar sobre o assunto, já que é uma das técnicas de ensino mais antigas.

Para utilizar a demonstração, o professor deve:

- Ter domínio do conteúdo que está sendo trabalhado.
- Compreender como a demonstração facilita a apreensão do conceito.
- Estruturar um planejamento que permita que a demonstração seja contextualizada na aula.
- Dominar a demonstração em si.

A demonstração pode acontecer em ambiente controlado – a sala de aula, por exemplo – ou não. Um exemplo de demonstração em ambiente não controlado seria o estudo dos hábitos dos animais na própria fauna.

Para pensar

Como utilizar a demonstração em disciplinas como história ou sociologia?

Os passos para o uso da demonstração em uma aula são:

1. Planejar a aula, incluindo o espaço para a realização da demonstração.
2. Definir se a demonstração acontecerá no meio real ou em ambiente controlado.
3. Esclarecer aos alunos como a demonstração se relaciona com o conteúdo apresentado.
4. Realizar a demonstração.
5. Avaliar a percepção dos alunos e as conclusões a que eles chegaram.

As principais dificuldades que podem aparecer no uso desta técnica são:

- Não dominar o processo de demonstração que será realizado.
- Não apresentar com clareza como a demonstração se relaciona com o conteúdo que será apresentado.
- Não concluir a demonstração com um resgate do que foi visto, avaliando o conhecimento que os aprendizes acabaram de construir.

Para pensar

Imagine uma disciplina e, em seguida, um conteúdo no qual a demonstração seja uma técnica que facilita a compreensão desse determinado conteúdo. Em seguida, pense em como essa demonstração poderia ser feita.

Alguns autores defendem que as primeiras demonstrações utilizadas com caráter pedagógico foram feitas com a dissecação de corpos para a compreensão do funcionamento biológico do organismo. Esta concepção dependerá muito do que se entende por demonstração; afinal, se percebermos uma visita a um museu como uma forma de experimentar conteúdos relacionados à história, então teríamos exemplos de demonstração que remontam a muitos séculos. Acredita-se que o primeiro museu do mundo foi criado em Alexandria, com o objetivo de apresentar às pessoas questões relacionadas às ciências e às artes. Não seria uma forma de demonstração?

Vale saber

Visitas a museus, parques, hortas, lugares históricos, entre outras atividades que acontecem fora da escola, podem ser chamadas de demonstração e também são classificadas como atividades *in loco*, que veremos adiante.

Alguns autores separam em duas técnicas a demonstração e a ilustração. Para esses autores, enquanto a demonstração seria a apresentação de uma situação tal qual ela é, a ilustração corresponderia à apresentação visual desta realidade. Aqui, entendemos que a ilustração é uma forma de demonstração, razão pela qual são apresentadas de forma conjunta.

Exemplificação

A exemplificação, como é possível inferir pelo nome, é a apresentação de conteúdos por meio de exemplos. Normalmente, um novo conteúdo não é apresentado utilizando somente esta técnica, mas ela é utilizada no sentido de facilitar a compreensão do conteúdo. As disciplinas ligadas às ciências exatas parecem ser as que mais se utilizam desta técnica, já que precisam tangibilizar conteúdos que, muitas vezes, são extremamente abstratos.

> **Alguns autores diferenciam a demonstração da ilustração. Ilustração seria a apresentação de algo que representa o real – esquemas, imagens, vídeos etc.**

> **A exemplificação é a apresentação de um determinado conteúdo por meio de exemplos.**

Vamos pensar, por exemplo, em um professor de Física, do Ensino Médio, que se empenha em ensinar a calcular a velocidade média constante. Para isso, ele apresenta a seguinte fórmula: vm = d/Dt (velocidade média é igual à distância percorrida pelo objeto dividida pelo tempo gasto para percorrer a distância). Considerando que o conteúdo é apresentado a uma turma que não domina conceitos básicos de física, é possível supor que haverá certa dificuldade na apreensão desse conteúdo, não é? Agora, imagine que esse professor opta por, após apresentar a fórmula, contar a seguinte história: um carro andou 300 km em 3 horas. Qual a velocidade média por hora? Agora, parece simples; afinal, é fácil concluir que ele fez 100 km, em média, a cada hora. Pois bem, isso é exemplificar!

Usar a técnica da exemplificação exige que o professor:

- Domine solidamente o conteúdo.
- Tenha habilidade em apresentar o exemplo, relacionando-o ao objetivo de aprendizagem.
- Saiba estruturar sua apresentação, pois sempre há o risco de o exemplo confundir mais do que esclarecer.
- Planejar o ambiente e o conteúdo para que o exemplo faça sentido.

Usar a exemplificação não é muito complicado quando quem o faz domina o conteúdo e compreende a situação exemplificada com clareza. Alguns passos que poderiam ser estruturados para garantir que o aluno entenda são:

1. Planejar cuidadosamente a aula e a inserção do exemplo.
2. Apresentar com antecedência o exemplo que será dado aos aprendizes e como se relaciona ao conteúdo.
3. Realizar ou apresentar a exemplificação.
4. Checar o entendimento por meio de perguntas e provocações.

Os principais erros no uso da técnica de exemplificação são:

- Não apresentar com clareza a relação entre o exemplo e o conteúdo.
- Apresentar um exemplo que exige que alguns procedimentos (realização de cálculos, por exemplo) sejam feitos na frente dos alunos e não estar preparado para este procedimento.
- Apresentar exemplos improvisados que não se agregam à aula.
- Permitir que os discentes iniciem apresentação de exemplos que não se relacionam ao objetivo da aula.

Para pensar

Você já ouviu alguém falar que se educa pelo exemplo? O que esse exemplo tem a ver com a técnica da exemplificação, que acabamos de ver?

Métodos de trabalho independente

Os métodos de trabalho independente são aqueles nos quais o estudante é estimulado a construir seu conhecimento de forma autônoma. Os principais métodos de trabalho independente são o estudo dirigido individual, os grupos de interesse e os estudos de caso.

Estudo dirigido individual

O estudo dirigido parte do princípio de que o aluno só aprenderá se tiver um papel ativo no seu processo de aprendizagem. Neste método, o professor orienta o aluno sobre o conteúdo a ser estudado, normalmente oferecendo um roteiro para que seja seguido. Com isso, mais do que ensinar um conteúdo, o aluno é orientado sobre como estudar.

Haydt (2006) encontrou quatro tipos de estudo dirigido:

1. Leitura de texto seguida de questões.
2. Manipulação de objetos para se chegar a determinadas conclusões.
3. Observação seguida de anotações.
4. Realização de experiências, com relatórios.

Vale saber

O estudo dirigido tem esse nome porque a atividade de estudar – realizada pelo aluno – é dirigida para um determinado conteúdo e por um determinado método – orientado pelo professor.

As principais vantagens do estudo dirigido são:

- O respeito ao ritmo de aprendizagem de cada aluno.
- A adequação às diferenças individuais.
- A oportunidade de ensinar o aluno a construir o conhecimento de forma autônoma.
- A possibilidade de fixar conceitos.

Para pensar

O estudo dirigido precisa ser realizado em sala de aula ou o professor pode passar esta atividade como uma tarefa a ser realizada em casa?

O estudo dirigido é muito utilizado nas salas de aula como forma de fugir da tradicional exposição oral. É um método de ensino que se encontra entre a pura exposição por parte do professor e das atividades realizadas em grupo. Por isso, ele apresenta poucas desvantagens. Entre elas, podemos citar:

No estudo dirigido, o aluno aprende como estudar, orientado pelo professor.

- A possibilidade de o aluno construir um raciocínio incorreto, já que buscou as respostas sozinho.
- A necessidade de estruturar roteiros consistentes demanda muito tempo para a preparação da aula.
- O tempo para a atividade, quando realizada em sala de aula, pode ser muito diferente de um aluno para outro.
- Alguns alunos podem não se sentir confortáveis em ter que realizar tarefas de forma autônoma – sensação de solidão.

Para usar o estudo dirigido, o professor precisa ter clareza quanto à forma como o aluno constrói um conhecimento por métodos ativos. O método ativo implica o ciclo que vai do fazer ao compartilhar, como pode ser visto a seguir:

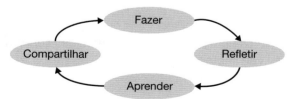

O fazer é a execução de uma determinada atividade. Neste caso, a realização do estudo que foi proposto. Tal estudo precisa levar o aluno a refletir sobre o novo conhecimento ou sobre como esse conhecimento se integra ao que ele já possui. Esta aquisição do novo representa o aprender, que só será percebido pelo professor quando houver o compartilhamento (uma avaliação, uma explanação ou qualquer outra forma de dividir com os demais tal aprendizagem).

Esse modelo implica, portanto, levar o aluno à reflexão sobre as atividades que ele executou – leitura de textos, observações, experiências etc.

Os passos para conduzir um estudo dirigido são:

1. Definir o conteúdo que se vai trabalhar.
2. Identificar o conhecimento prévio que os aprendizes possuem acerca desse assunto.
3. Construir o roteiro de trabalho de forma clara, indicando o que deve ser feito e qual será a entrega final da atividade.
4. Explicar à turma como será a atividade proposta.
5. Distribuir os roteiros, transmitindo com clareza o que se espera que seja feito.
6. Acompanhar a execução da atividade dos alunos.
7. Solicitar que o trabalho final de cada aluno seja apresentado (preferencialmente para toda a turma; mas quando não for possível, ao professor).
8. Oferecer *feedback* sobre a atividade.

Como em todas as técnicas de ensino, é possível que aconteçam alguns imprevistos. Os mais comuns no estudo dirigido são:

- Não dar clareza sobre o que se espera que o aluno produza.
- Não oferecer subsídios para que o trabalho proposto seja realizado corretamente.
- Não avaliar a entrega final do aluno.

Para pensar

Para quais conteúdos o estudo dirigido melhor se enquadra?

Grupos de interesse

O criador do método de grupos de interesse foi Ovídio Decroly (1871-1932), um médico belga especializado em psiquiatria que trabalhava com crianças com deficiência mental. O método de ensino surgiu de seu trabalho para fazer com que essas crianças aprendessem determinados conteúdos. Decroly, provavelmente em função de sua formação médica, valorizava demais os aspectos biológicos; isso não quer dizer que rejeitava as questões sociais, mas defendia que a maturação orgânica é responsável pelo nível de aprendizagem da criança.

> **Você sabia?**
>
> Decroly foi um dos maiores questionadores da educação tradicional no século XX. Recusou-se a frequentar as aulas de catecismo e defendia que a educação deveria ser não autoritária e laica. Fundou a École L'Ermitage, em Bruxelas, na qual experimentava novos métodos de ensino.

As principais vantagens no uso dos grupos de interesse são:

- A associação entre o mundo natural e a teoria estudada pela criança, que é estimulada.
- O desenvolvimento do raciocínio e da criatividade faz parte do método.
- Há um incentivo à adaptação da criança ao mundo.

Quanto às desvantagens, a literatura normalmente cita:

- O uso do método exige profundo conhecimento e criatividade por parte do educador.
- Os espaços educativos normalmente não são adaptados para a condução de atividades fora da sala de aula.
- Nem todas as instituições têm facilidade de acesso a centros culturais e espaços naturais.

Os grupos de interesse estimulam a aprendizagem de conteúdos das diversas disciplinas escolares em torno de um tema que interessa ao aluno.

Trabalhar com grupos de interesse exige que o professor compreenda que todas as atividades pedagógicas ocorrerão em torno de um tema que interessa à criança. Esse método abole a divisão de conteúdos em disciplinas rígidas. O ponto de vista do ensino é o do aluno; portanto a divisão tradicional não faz sentido. Por isso, afirma-se que é um método que exige muito do professor: há que saber lidar com o ensino em uma perspectiva diferente daquela na qual o professor foi formado. Além disso, alguns princípios são fundamentais para o sucesso desse método:

- As classes precisam ser homogêneas.
- Não é possível executar o método com turmas muito grandes.
- É preciso conhecer os interesses das crianças para que se definam os temas centrais.

> **Para pensar**
>
> Por que, para utilizar o método de grupos de interesse, as turmas necessariamente precisam ser homogêneas e não podem ser muito grandes?

Por exemplo, se uma criança tem interesse em compreender como as plantas crescem, este tema central será utilizado para conduzir a construção do conhecimento em diversas áreas. Neste exemplo podemos citar a biologia (alimentação e crescimento das plantas), geografia (cada ambiente é propício para um tipo de vida vegetal), história (como é a evolução do planeta Terra e da vida), matemática (quantos *logs* uma planta cresce por semana), língua portuguesa (por que o nome originário da planta veio do latim). Enfim, o conhecimento não é compartilhado, mas centrado em um tema que resolve um problema real da criança.

Decroly definiu três etapas básicas para a condução desse método:

1. **Observação:** momento no qual o aluno observa o objeto de estudo.
2. **Associação:** etapa em que o aluno faz associações no tempo e no espaço, buscando a construção de novos conhecimentos.
3. **Expressão:** fase que leva o aluno a expressar o conhecimento construído, consolidando este mesmo conhecimento.

Os principais problemas que podem ser encontrados por educadores que se dispõem a trabalhar com os centros de interesse são:

- Falta de clareza no tema central.
- Falta de habilidade do educador para trabalhar as diversas áreas de conhecimento dentro de um mesmo tema central.
- Incapacidade do aluno de se expressar (dependendo da maturação biológica).

Apesar de ser um método de ensino criado há mais de um século, o grupo de interesse ainda parece estar presente em diversas salas de aula e, com alguma frequência, com resultados bastante satisfatórios.

O caso é uma unidade específica de uma situação. Existem casos múltiplos, mas que devem manter algum ponto de convergência.

Estudo de caso

O estudo de caso surgiu no começo do século XX nas escolas de administração. Era utilizado para ensinar o futuro administrador a tomar decisões, considerando situações reais. Com o tempo, ele foi incorporado aos métodos de ensino, mantendo o seu conceito inicial.

Utilizar o estudo de caso parte da premissa de que a aprendizagem acontecerá como fruto da solução de problemas, preferencialmente reais.

Os casos apresentados aos alunos podem ser de dois tipos: análise e problema.

- **Caso-análise:** tem o objetivo de desenvolver a capacidade analítica do aluno perante uma situação. Não visa chegar a uma resposta.
- **Caso-problema:** visa chegar a uma solução diante de uma situação. Neste caso, é necessário que o aluno encontre uma solução, uma resposta.

As principais vantagens do uso do estudo de caso são:

- Auxiliar no desenvolvimento do pensamento reflexivo.
- Trabalhar questões reais no ambiente escolar.
- Poder ser aplicado em situações reais.
- Ser instigante.

As principais desvantagens no uso deste método são:

- A necessidade de o professor ter que dedicar um bom tempo à estruturação de um caso adequado à realidade da turma.
- A possibilidade de a turma querer encontrar respostas para situações que requerem somente análise.
- A questão do tempo, já que alguns alunos podem demandar mais tempo para a execução do trabalho do que outros.

Para pensar

O estudo de caso também pode ser utilizado em grupo? Ou ele é um método exclusivamente individual?

Para utilizar corretamente este método de ensino, o professor deve conhecer bem a turma para poder buscar um caso que seja do interesse dos alunos. Além disso, o professor precisa dominar o uso dessa técnica para que possa apoiar a turma em sua execução. Nunca é demais lembrar que o método de ensino deve estar ligado a um conteúdo e a um objetivo de trabalho.

Os passos para o uso do estudo de caso como técnica de ensino são:

O caso precisa fazer sentido para o grupo que vai trabalhá-lo. Por isso, o educador precisa conhecer bem o perfil da turma.

1. Definir o conteúdo e o objetivo de aprendizagem.
2. Selecionar um problema adequado.

3. Construir ou buscar um caso que atenda o objetivo de aprendizagem e o conteúdo.
4. Orientar os alunos sobre o que se espera no estudo do caso (análise ou solução).
5. Acompanhar a realização das atividades controlando o tempo.
6. Solicitar que os alunos exponham o resultado de sua atividade.

Para pensar

Que tipos de conteúdos podem ser ensinados utilizando o método do estudo de caso?

Dificilmente o uso do estudo de caso gerará problemas em sala de aula, mas é possível adiantar algumas situações que não são desejadas:

- Perder o controle do tempo para a atividade.
- Perceber que a turma não tem maturidade intelectual para trabalhar o caso proposto.
- Notar que a turma se empenha em buscar respostas prontas para problemas que requerem análise individual.

Essas questões não inviabilizam o uso do estudo de caso, mas sugerem que o educador precisa estar atento na hora de escolher e utilizar esse método de ensino.

Métodos de trabalho em grupo

Os métodos de trabalho em grupo são aqueles que foram desenvolvidos esperando que os alunos executem atividades em conjunto e, consequentemente, construam o conhecimento em grupo. Vamos conhecer alguns?

Jogos

Jogos são atividades lúdicas utilizadas com frequência para ensinar um conceito ou um método. Nestas atividades, frequentemente há disputas entre os alunos; portanto, há a figura de alguém que ganha e alguém que perde o jogo. Por haver ganhadores e perdedores, é comum que haja uma motivação a mais para a execução dessas atividades: a vontade de vencer.

Os jogos apresentam muitas vantagens:

- Mobilizar o raciocínio do aluno para encontrar caminhos ou respostas.
- Utilizar, além do cognitivo, o motor e o afetivo.
- Fazer com que os alunos se motivem para aprender.
- Propiciar o desenvolvimento das questões sociais.
- Incentivar a formação de valores.

Capítulo 6

Quanto às desvantagens, as mais citadas na literatura são:

- Necessidade de controlar o tempo da atividade.
- Administração de "ânimos exaltados".
- Exigência de regras claras.
- Necessidade de o professor atuar como "juiz", já que haverá um ganhador.
- Possibilidade de utilizar o método como diversão, deixando de lado o conteúdo trabalhado e as questões pedagógicas.

O uso de jogos exige que o professor tenha algumas habilidades, como a de saber administrar conflitos, lidar com emoções, relacionar o conteúdo que está sendo trabalhado às questões que o jogo suscita. Além disso, é preciso ser extremamente cuidadoso na organização da atividade: ambiente físico, normas, participantes dentro da mesma faixa etária e com as mesmas capacidades físicas (quando for necessário). Também é preciso considerar que a fase de planejamento do jogo será longa, mesmo quando se utilizam jogos prontos. Há a necessidade de se cuidar da relação entre o objetivo de ensino e o método aplicado.

> **Jogos são atividades lúdicas nas quais há uma disputa entre duas pessoas ou entre dois grupos.**

Vale saber

Os jogos não precisam ter um custo alto. Alguns podem ser feitos sem qualquer recurso em sala de aula. Alguns exemplos são o "jogo da velha" e o "jogo da forca". Ambos podem ser realizados dividindo a turma em dois grupos e usando apenas a lousa.

Os passos para usar um jogo didático são:

1. Definir com clareza o objetivo de aprendizagem. O jogo não é um objetivo em si, muito menos a diversão que ele proporciona.
2. Escolher com clareza os conteúdos que serão trabalhados no jogo.
3. Escolher o jogo que será utilizado – há jogos prontos e jogos que podem ser criados para atender situações específicas.
4. Criar (ou identificar) as regras do jogo.
5. Explicar aos alunos as regras do jogo e o objetivo final.
6. Acompanhar a execução do jogo.
7. Encerrar o jogo quando julgar que os objetivos foram alcançados.

Ao terminar um jogo, é preciso trabalhar a questão da perda. Como vimos, o jogo é uma disputa e, portanto, implica ter uma pessoa ou um grupo que vai perder. O educador precisa trabalhar esta questão da perda de forma que os participantes não se sintam desmotivados ou diminuídos por não terem atingido o objetivo proposto.

O uso de jogos exige alguns cuidados para se evitarem problemas na aplicação desta técnica. Alguns frequentemente identificados são:

> **O jogo não é um objetivo em si. Muito menos a diversão que ele proporciona o justifica. É preciso ter clareza dos objetivos a serem atingidos.**

- Disputas pouco saudáveis causadas pela competição.
- Falta de clareza nas regras, o que gera desconforto aos participantes.
- Ausência de um juiz – alguém que possa decidir em caso de dúvidas.
- Desmotivação do grupo que perde o jogo.

Um exemplo – jogo da velha

As regras deste jogo já são conhecidas de todos e poderíamos resumi-las da seguinte forma:

1. Educador, após dividir a turma em dois grandes grupos, apresenta uma situação.
2. Grupo 1 tem a possibilidade de responder primeiro. Se responder corretamente, ganha um X.
3. Se o grupo 1 responder errado, a vez do jogo passa para o grupo 2. Caso o grupo 2 acerte, ganha um O.
4. Se o grupo 2 errar, o educador diz a resposta correta, explica a situação e inicia outra rodada.
5. Ganha quem conseguir completar uma linha, uma coluna ou uma diagonal.

Vertical	Horizontal	Diagonal
X . .	. . .	X . .
X . .	X X X	. X .
X . .	. . .	. . X

Dramatizações

A dramatização é a representação de uma situação em ambiente e momento planejados. Normalmente, escolhe-se um fato ou um acontecimento para ser dramatizado, no sentido de trabalhar um determinado conteúdo. Nunca é demais lembrar que a dramatização não é um fim em si mesma – é preciso ter clareza do conteúdo que está sendo trabalhado e dos objetivos educacionais.

> **A dramatização é a representação de uma situação real de forma controlada.**

Podemos citar, como vantagens do uso da dramatização como uma técnica pedagógica, os seguintes aspectos:

- Facilidade na relação entre a teoria estudada e sua aplicação em situações reais.
- Motivação da turma, já que é uma atividade lúdica.
- Possibilidade de os alunos terem a visão completa da atividade, desde a concepção da dramatização até a avaliação do resultado.
- Aumento da capacidade de estabelecimento de relações sociais pelos alunos, já que eles terão que trabalhar em conjunto obrigatoriamente.

Quanto às desvantagens, algumas que podem ser destacadas são:

- Necessidade de acompanhamento muito próximo para apoiar o desenvolvimento do trabalho.
- Dificuldade em incluir na atividade alunos que são muito tímidos.
- Possibilidade de haver alunos com dificuldade em lidar com situações conflitantes.

Você sabia?

Existem basicamente dois tipos de dramatização: a planejada e a espontânea.

Na **planejada**, os alunos planejam a atividade, definindo papéis, roteiros, cenários, entre outros.

Na **espontânea**, os alunos realizam a dramatização sem ter os passos da atividade previstos.

Para usar o método da dramatização, o professor precisa ter total entendimento acerca do grupo com o qual está lidando. Grupos muito tímidos podem se sentir intimidados pela proposta de realização desta atividade. Por outro lado, grupos muito agitados podem não conseguir se concentrar da forma necessária.

Para realizar uma dramatização, é possível seguir os seguintes passos:

1. Estabelecer o objetivo da atividade.
2. Definir a situação que será dramatizada.
3. Oferecer as informações necessárias sobre o conteúdo que será trabalhado.
4. Organizar o grupo com o qual se trabalha em papéis.
5. Acompanhar o planejamento da dramatização realizado pelos alunos.
6. Acompanhar a dramatização.
7. Avaliar e oferecer retorno à turma sobre a atividade.

O uso da dramatização como método de ensino apresenta diversas vantagens. Mas também é possível cometer alguns deslizes. Por isso, alguns pontos devem ser observados, como:

- Respeitar o limite dos participantes. Nem todas as pessoas se sentem à vontade para dramatizar uma situação. É preciso respeitar.
- Acompanhar o desempenho dos participantes. Alguns alunos não sabem lidar com conflitos e têm dificuldade em negociar. Saber lidar com conflitos e ter facilidade para negociar é fundamental para ter sucesso no uso desse método.
- Organizar a atividade. Mesmo no caso de dramatizações espontâneas, é preciso ter cuidado na etapa do planejamento, explicando com clareza os objetivos de aprendizagem.
- Controlar o tempo da atividade. Há dramatizações que levam meses sendo preparadas. Outras devem acontecer dentro de uma aula. É necessário, portanto, gerenciar o tempo da atividade para respeitar o planejamento educacional.

Vale saber

Dramatizar uma situação é representá-la. Um ator, no teatro, por exemplo, está representando. Afinal, ele não é o personagem.

Estudo de caso em grupo

O estudo de caso em grupo é, conceitualmente, o mesmo método do estudo de caso individual. Contudo, agora os alunos terão que resolver o problema proposto trabalhando em equipe.

A principal vantagem de realizar o estudo de caso em grupo é permitir que os participantes tenham a oportunidade de trocar opiniões uns com os outros, buscando caminhos em equipe. Afinal, os problemas da vida real na maioria das vezes não aparecem de forma isolada.

O estudo de caso em grupo tem poucas desvantagens. Algumas que podem ser mencionadas são: o tempo, já que é necessário disponibilizar mais tempo para discussão; a possibilidade de conflitos, o que não é necessariamente uma desvantagem, mas um ponto de atenção; o fato de alguns problemas apresentarem mais de uma possibilidade de resposta, exigindo acompanhamento próximo do professor.

Estudo *in loco*

O estudo *in loco* consiste em levar o aluno ao meio no qual um determinado evento ocorre. Por exemplo, ao ensinar biologia (classificação de vegetais), é possível levar o aluno à floresta para que ele veja a diferença entre as plantas de uma espécie e a de outras. Também são usadas visitas a museus, parques e a diversos outros ambientes para o desenvolvimento desta técnica.

Atenção: a simples ida a algum lugar não é uma técnica de ensino. O estudo *in loco* é planejado e tem um objetivo de aprendizagem. As escolas costumam realizar passeios a museus, visitas a ambientes culturais e outros tipos de locais. Mas, se não há um planejamento pedagógico, estas idas resumem-se a simples passeios.

As principais vantagens do uso do estudo *in loco* são:

- Tangibilização de um conhecimento teórico.
- Aplicação prática do conceito de interdisciplinaridade.
- Mobilização dos aspectos motores e cognitivos em prol da aprendizagem de um determinado conteúdo.
- Integração da turma para uma atividade.

> **O estudo *in loco* é aquele que acontece no campo, no ambiente natural do fenômeno que é estudado.**

Quanto às principais desvantagens do estudo *in loco*, é possível registrar:

- Dificuldade de acesso a alguns ambientes.
- Alto custo (é possível que haja a necessidade de pagar ingressos, transporte e outras despesas).
- Necessidade de cuidado quando a turma é composta por crianças pequenas, para que elas não se percam ou se firam.
- Eventuais problemas com deslocamento de uma turma.

Para utilizar esta técnica, é preciso que se tenha em mente que as atividades se iniciarão dentro da sala de aula e nela serão concluídas. Portanto, o planejamento deve ser exaustivo. Quando o grupo chega ao ambiente no qual a aula acontecerá, eles já devem ter clareza dos objetivos e do que deverão observar, registrar ou mesmo produzir.

Você sabia?

Freinet (1896-1966) é considerado o grande teórico do estudo *in loco*. Ele considerava que a criança deveria aprender no ambiente real, já que a aula teórica estava, na maioria das vezes, descontextualizada.

Os passos para a realização de um estudo *in loco* são:

- Definição do objetivo de aprendizagem.
- Estabelecimento das metas a serem cumpridas no local de estudo (produção de textos, registros para discussões futuras etc.).
- Realização do estudo, acompanhada pelo professor.
- Construção do trabalho final (relatório, discussão etc.).
- Apresentação para a turma do que foi construído.
- Avaliação com retorno, por parte do professor, da atividade realizada.

Como já foi dito, é muito comum que se confundam passeios – que são atividades válidas para o enriquecimento social e cultural – com estudos *in loco*. Um não desmerece o outro. Contudo, é preciso ter clareza de que são atividades diferentes.

Conversa didática

A conversa didática é muitas vezes chamada de exposição dialogada. Este método consiste no estabelecimento de uma conversa entre o professor e a turma sobre um determinado assunto. Parte do princípio de que as pessoas aprendem quando executam atividades mentais, como formular perguntas ou propor respostas. Frequentemente, a conversação didática acontece sem que o professor perceba que está utilizando esse método de ensino. Afinal, como diz o nome da técnica, ela é uma conversa.

A conversa didática acontece quando o professor planeja a aula para ser rica em intervenções dos alunos.

A conversação didática aproxima educadores e alunos, já que eles se colocam disponíveis para discutir um determinado assunto. É claro que o professor, provavelmente, terá mais conhecimento sobre o que se está discutindo. Mas o aluno, ao provocar com perguntas ou ao propor respostas, participa ativamente do método de ensino.

As vantagens do uso da conversação são:

- Estimular no aluno uma atividade intelectual.
- Trazer o aluno para uma posição ativa na construção de seu conhecimento.
- Mobilizar a aula – evitar que o professor faça longas e cansativas exposições.
- Motivar a turma, já que, normalmente, todos gostam de participar desse tipo de aula.

As principais desvantagens são:

- Um único aluno ser dono da palavra e só ele interagir com o professor.
- Alunos se sentirem intimidados em responder quando não souberem a resposta correta.
- Um participante disputar conhecimento com o professor sobre o que é debatido.

Para usar esse método, é preciso que o professor saiba formular perguntas adequadas. Muitas vezes, as perguntas formuladas induzem a resposta. Veja este exemplo: "Vocês acham que as baleias são animais mamíferos?" Note que há dois problemas nessa pergunta: primeiro, ela é uma pergunta fechada, que não permitirá ao educador conhecer a estrutura de raciocínio na resposta, que será apenas sim ou não. Segundo, que a pergunta já direciona aquele que ouve a concordar com o que está sendo dito.

Portanto, saber perguntar é fundamental para usar a conversação em sala de aula. As perguntas formuladas pelo professor devem:

- Iniciar com pronomes interrogativos (Como? O quê? Por quê? Quando? Onde?).
- Incentivar que aquele que vai responder pense na resposta, construindo uma explicação.

Além disso, o professor deve garantir que as perguntas que faz estão sendo realmente compreendidas pelos alunos. Não é incomum que se julgue uma resposta como errada quando, na verdade, a pergunta não foi corretamente compreendida.

Os passos para o uso da conversação didática são:

Na conversação didática, é preciso que o educador saiba formular perguntas para não induzir a resposta e para conhecer melhor a estrutura de raciocínio do aluno.

1. Definir o objetivo de aprendizagem e o conteúdo que será trabalhado.
2. Planejar as perguntas que serão feitas em sala de aula.
3. Combinar com a turma que é preciso que eles participem, perguntando e respondendo às discussões propostas.
4. Realizar a aula.
5. Avaliar e dar um retorno para a turma sobre o atendimento dos objetivos propostos.

Como foi dito, é muito comum que educadores utilizem a conversação didática de forma intuitiva, sem levar em conta que este é um método de ensino que exige planejamento como todos os outros. A falta de planejamento pode acarretar alguns problemas, tais como:

- Incompreensão, por parte do aluno, das perguntas propostas.
- Intimidação da turma, que prefere não responder aos estímulos.
- Desorganização do ensino, já que o conteúdo previa ser trabalhado por um determinado método.

Estas e outras razões sugerem que, mesmo ao usar a conversação didática, talvez um dos métodos mais simples de implantação, há a necessidade de um sólido planejamento da aula.

Debate

O debate é uma troca de ideias entre duas ou mais pessoas sobre um determinado assunto. Neste método de ensino, o professor propõe um determinado tema, normalmente polêmico, e separa a turma em grupos de forma que estes possam expor sua opinião. Os debates ocorrem, na maioria das vezes, de forma amigável, já que a ideia não é que se chegue a uma resposta, mas que se discuta o tema. Aliás, vale saber que a maioria dos debates não chega a uma resposta final.

Para que um debate seja realizado, é preciso que haja, no mínimo, dois atores envolvidos: o moderador e os debatedores.

- **Moderador:** pessoa responsável por estabelecer as regras, mediar os conflitos e conduzir o evento.
- **Debatedores:** pessoas que discutem o tema proposto.

Normalmente, na sala de aula, o moderador é o professor e os debatedores são os alunos ou os grupos de alunos. Em um debate, também é possível que haja a figura dos comentaristas. Estes não participam do debate, mas comentam os resultados que foram alcançados.

A figura a seguir apresenta a estrutura geral de um debate:

Perceba que no centro encontra-se um determinado tema. Esse tema é tratado por duas pessoas ou dois grupos, cada um defendendo um ponto de vista. Normalmente, esses pontos de vista são confrontantes – se um grupo concorda, o outro tende a discordar. O moderador encontra-se entre os dois grupos, garantindo o cumprimento dos acordos que foram estabelecidos e, sempre que necessário, estimulando a discussão.

Você sabia?

Algumas vezes, para estimular uma discussão mais rica, o professor pode definir que um grupo deve defender um determinado assunto enquanto o outro deve atacar o assunto. O mais importante, nesse tipo de debate, são os argumentos que os participantes selecionam para manter sua posição.

Capítulo 6

O uso do debate em sala de aula é altamente recomendado porque:

- Desenvolve no aluno a capacidade de articulação de ideias.
- Estimula o respeito à posição do outro.
- Leva a turma a questionar suas respostas.
- Cria um clima agradável para a aprendizagem.
- Possibilita a construção de uma aprendizagem ativa.

O debate não é um método aplicado para qualquer conteúdo que se vá ensinar. Ele só se aplica quando o que se quer trabalhar é a opinião – baseada em evidências – sobre um determinado assunto. Não seria adequado, por exemplo, utilizar o debate para transmitir um novo conhecimento (algo que o aluno ainda não domine).

Algumas desvantagens que podem ser observadas no uso do debate são:

- O controle do tempo – o debate pode se estender mais do que o planejado.
- A dificuldade que alguns alunos têm de terem suas opiniões questionadas.
- A importância da mediação para garantir o andamento adequado das discussões.
- A necessidade de orientar a posição dos alunos em questões que envolverem leis e ética.

Vale saber

Em alguns casos, os debates devem ter regras extremamente rígidas. Por exemplo, a definição do tipo de pergunta que pode ser feita, o tempo que cada resposta pode levar, a possibilidade de defesa quando um participante se sentir ofendido, entre outras, que podem se adequar às necessidades do grupo.

Para utilizar o debate, o professor precisa conhecer com profundidade o tema que será discutido. Isto porque, provavelmente, ele precisará interferir em algum momento apresentando sua posição ou a posição da literatura pertinente. Além disso, é preciso estar preparado para lidar com conflitos, já que o método está centrado na discussão entre duas pessoas ou dois grupos.

Um debate deve ser realizado da seguinte forma:

1. Definir o objetivo de aprendizagem.
2. Definir o tema que será discutido.
3. Evidenciar para todos as regras que devem ser seguidas.
4. Separar os alunos ou grupos para a discussão.
5. Iniciar o debate (com acompanhamento integral do professor).
6. Orientar as discussões para um encerramento.
7. Avaliar a atividade junto a todos os participantes.

Se a técnica foi bem planejada e a aula iniciou-se de forma organizada, provavelmente o debate será um sucesso. Em alguns casos, é possível que o professor se depare com algumas questões com as quais precisará lidar. Citamos as principais:

- Conflitos entre as pessoas ou os grupos por conta das ideias apresentadas.
- Questionamentos éticos, que precisam ser esclarecidos.
- Inibição de alguns para apresentar sua posição.
- Liderança de um participante, que pode dominar a discussão.

Brainstorm

O *brainstorm* é uma técnica utilizada para levantar o conhecimento que um grupo apresenta sobre um determinado assunto. Também pode servir para identificar as opiniões do grupo a respeito de algum ponto ou tema. A realização do método é simples e exige poucos recursos. Nele, o professor solicita que a turma coloque aquilo que lhe vem à mente quando um determinado tópico é citado e anota estas informações em uma lousa ou qualquer outro material.

O uso dessa técnica tem diversas vantagens, pois:

- Permite que o professor identifique o conhecimento de um grupo sobre determinado assunto.
- Faz com que os alunos se manifestem livremente.
- Motiva a turma, pois ela é estimulada a responder aos questionamentos trazidos.
- Integra os participantes, pois é comum que um complemente o que foi falado pelo outro.

> **O *brainstorm* é utilizado para levantar o conhecimento que os alunos já possuem sobre um determinado assunto.**

As desvantagens para utilizar o *brainstorm* são:

- Possibilidade de baixa concentração da turma no assunto, pois se foca nas opiniões dos outros.
- Sempre há o caso do aluno que tem excelentes ideias, mas é tímido e não se manifesta.
- Da mesma forma, sempre há o caso do aluno que acaba dominando as discussões.

Você sabia?

O termo *brainstorm*, em uma tradução literal, significa "tempestade cerebral". Mas uma tradução mais fiel é a de "tempestade de ideias". Por isso, algumas pessoas tratam o método pelo seu nome em português: tempestade de ideias.

O uso desta técnica é simples e exige apenas a capacidade do professor de estimular a turma a apresentar suas ideias. Em seguida, será necessário consolidar o que foi trazido, de forma a levar a turma a chegar a alguma conclusão.

O *brainstorm* é conduzido da seguinte forma:

1. Após a definição do objetivo de aprendizagem, o professor define o assunto ou o problema – que deve preferencialmente, mas não necessariamente, ser uma questão.
2. Solicitação da participação da turma, trazendo o que vem à mente sobre o tema da atividade.
3. Registro do que foi levantado pela turma durante a atividade.
4. Com a ajuda do grupo, consolidação das informações que foram levantadas.
5. Avaliação do trabalho e estímulo da turma para as conclusões.

É muito difícil que o método apresente pontos negativos. O mais comum de acontecer nesta situação é o professor e os alunos perderem o foco, ou seja, perderem de vista o objetivo de aprendizagem. Por isso, a cada nova informação apresentada pelo grupo, o professor deve criticá-la, questionando sobre a razão de ter sido apresentada.

Seminário

O seminário é uma atividade passada pelo professor para os alunos. Os alunos devem apresentar um determinado assunto em formato de aula. Desta forma, o professor, durante o seminário, comporta-se como um ouvinte. Os seminários levam de 20 a 50 minutos e devem, necessariamente, contar a história completa sobre o assunto, ou seja, precisam ter começo, meio e fim.

Os alunos podem lançar mão de recursos audiovisuais para fazer suas apresentações. Aliás, o uso desses recursos é altamente recomendável e deve ser estimulado pelo educador. Isso porque, além de os participantes aprenderem sobre o tema específico que foi proposto, eles ainda desenvolverão habilidades para apresentação de trabalhos, habilidades estas que serão úteis por toda a vida.

Nos seminários, os alunos assumem o papel do professor e ministram uma aula.

> **Você sabia?**
>
> Muitas vezes os colegas fazem perguntas enquanto uma pessoa ou um grupo está apresentando o seminário. Aqueles que apresentam devem estar muito bem orientados para poder dizer que não sabem responder uma determinada pergunta. Neste caso, o professor deve intervir.

O uso do seminário como método de ensino é altamente recomendável quando se quer que os alunos atuem de forma autônoma com um novo conhecimento. Entre os maiores benefícios do uso desta técnica, destacam-se:

- O incentivo à pesquisa.
- A necessidade de os participantes trabalharem em grupo – quando for um seminário em grupo.
- A aprendizagem da apresentação de um determinado assunto.
- A dinamicidade da aula.
- A horizontalidade que se cria entre educador e educandos.

Seminários são utilizados em quase todos os níveis de ensino, desde o Fundamental até as Pós-graduações. Isto se deve ao fato de o seminário possibilitar que se crie uma relação próxima entre ensino e pesquisa. É difícil achar desvantagens no método, mas é possível citar:

- A possibilidade de o professor deixar o trabalho todo nas mãos dos alunos, sem orientação.
- A questão do tempo, já que os educandos nem sempre estão preparados para controlar o tempo de suas exposições.
- A timidez de alguns, que pode prejudicar a exposição e, até mesmo, a aprendizagem dos outros.
- A possibilidade de a apresentação virar uma grande brincadeira, perdendo o caráter pedagógico, já que os participantes estão em uma posição nova.

Para usar o método, é preciso que o professor tenha clareza de que sua participação no planejamento e na realização dos seminários é fundamental. Muitos professores escolhem os temas, dividem a turma em grupos e agendam os dias da apresentação, deixando toda a atividade de pesquisa por conta dos alunos. Isto não é seminário, é uma pesquisa autônoma. O seminário divide-se em três grandes etapas: planejamento, execução e avaliação.

> **Seminários podem ser utilizados em todos os níveis de ensino, desde o Fundamental até as Pós-graduações.**

Etapas de um seminário

Planejamento

- Definição do trabalho.
- Organização do seminário.
- Preparação dos recursos necessários.
- Pesquisa e estudo do tema selecionado.

Execução

- Realização da aula-seminário.
- Acompanhamento, pelo professor, da apresentação (intervindo quando necessário).

Avaliação

- Avaliação da pesquisa realizada pelos alunos.
- Avaliação do desempenho dos alunos.
- Avaliação da atividade e do conhecimento que foi construído.

O planejamento compreende a definição do trabalho que será realizado, a organização do seminário (divisão de módulos, quem apresenta que assunto etc.), a preparação dos recursos que serão necessários e a pesquisa do conteúdo que será apresentado. A execução é a realização do seminário em sala de aula e, por questões óbvias, deve acontecer com acompanhamento integral do professor. A avaliação é o momento de avaliar a aprendizagem dos alunos, a realização da atividade proposta, o nível de profundidade que a pesquisa apresentou e avaliar o próprio método utilizado.

O principal erro no uso de seminários é o fato de o professor deixar toda a responsabilidade pela atividade nas mãos do aluno. Tomando bastante cuidado para evitar que isso aconteça, provavelmente não haverá outros problemas no uso desta técnica de ensino.

Para pensar

Qual o método de ensino mais recomendado? Esta pergunta é extremamente complicada para responder, mas é possível dizer que o método mais interessante é aquele no qual o educador viabiliza a participação dos alunos, estimula a construção ativa do conhecimento e aproveita as modernas ferramentas educacionais.

Outros métodos de ensino

Alguns métodos que foram desenvolvidos no decorrer da história não se encaixam perfeitamente em grandes grupos de métodos de ensino, por isso serão tratados em separado. Entre eles, destacam-se: método Montessori, método de projetos e o construtivismo.

Esses métodos, diferentemente dos vistos anteriormente, conjugam um grupo de técnicas a serem aplicadas em sala de aula. Por exemplo, quando se fala na exposição oral, trata-se de uma técnica específica para a transmissão de um determinado conteúdo. O método de projetos vai agrupar diversas técnicas para levar o aluno à aprendizagem. Por isso, são tratados neste livro como "outros métodos de ensino".

Método Montessori

Maria Montessori (1870-1952) foi a primeira mulher a se formar em Medicina na Itália. Desde os tempos de estudo, voltou seu trabalho para auxiliar crianças com necessidades especiais, desenvolvendo métodos de ensino específicos. Algum tempo depois, experimentou aplicar esses métodos em crianças com desenvolvimento normal.

O método possui quatro princípios básicos:

- **Liberdade:** a criança precisa se sentir à vontade para desenvolver suas habilidades.
- **Atividade:** é preciso estimular as crianças a desenvolverem a capacidade de executar as ações.

- **Vitalidade:** princípio que acredita que o desenvolvimento das crianças é um processo natural pelo qual todos devem passar.
- **Individualidade:** o ensino só é autêntico quando respeita as diferenças individuais.

Outro ponto que se destaca no método montessoriano é o desenvolvimento de materiais específicos para ensinar, principalmente às crianças em idades menores. Esses materiais buscam desenvolver habilidades motoras e raciocínio lógico-espacial. Trabalham a observação e a comparação, o tato, o conhecimento das formas e das cores, as formas geométricas. Por isso, é um método que está tão presente na pré-escola.

> **Maria Montessori desenvolveu seu método para trabalhar com crianças com necessidades especiais. Depois, aplicou esse método a crianças consideradas "normais".**

O método Montessori espalhou-se pelo mundo e ficou conhecido por diversas razões. Entre essas razões, chamam a atenção:

- O respeito ao desenvolvimento biológico da criança.
- O estímulo à prática. Não é um ensino para a passividade.
- O desenvolvimento motor – principalmente habilidades finas.
- O foco na concentração.

Note que os maiores benefícios trazidos pelo método estão intimamente ligados aos conteúdos e às habilidades que são trabalhados com as crianças pequenas (de 0 a 5 anos). O que, novamente, condiz com a faixa escolar na qual esse método é mais encontrado.

O uso do método Montessori possui algumas limitações:

- Exige que haja recursos específicos para o desenvolvimento da atividade.
- Requer que o professor tenha conhecimento sobre o desenvolvimento infantil e a aplicação do método.
- Por respeitar a individualidade no processo de aprendizagem, demanda turmas pequenas.

Para usar o método Montessori, é preciso conhecer os recursos desenvolvidos e saber como aplicá-los. Além disso, é necessário compreender que as colocações consideradas "erradas" dos alunos podem e devem ser entendidas como ponto de partida para uma nova aprendizagem. Neste sentido, os acertos precisam ser constantemente valorizados.

Você sabia?

Maria Montessori desenvolveu o material dourado, um material que tornava tangíveis os conceitos abstratos da matemática, facilitando a compreensão do aluno.

A seguir, é possível observar um exemplo prático de utilização do material didático. Perceba que o foco deste material é traduzir os conceitos (algoritmos, neste caso) para uma situação real.

Cubo	Placa	Barra	Cubinho
1 milhar ou 10 centenas ou 100 dezenas ou 1000 unidades	1 centena ou 10 dezenas ou 100 unidades	1 dezena ou 10 unidades	1 unidade

Você sabia?

Montessori criou uma instituição na Itália para aplicar seu método. Essa instituição chamava-se Casa da Criança.

Seguir as orientações montessorianas em uma sala de aula exige alguns cuidados. Entre eles, cabe ressaltar:

1. Organizar bem o espaço, principalmente ao lidar com as crianças menores.
2. Compreender e respeitar os limites impostos pelo desenvolvimento biológico.
3. Entender que a aprendizagem acontece nas situações reais da vida, não nas abstrações.
4. Perceber que cada um aprende de uma forma e em ritmo particular.

Método de projetos

William Kilpatrick (1871-1965) é o criador do método de projetos. Ele foi discípulo de John Dewey e acreditava que não era possível separar a energia investida na aprendizagem do interesse em um determinado assunto. Dewey foi um dos grandes teóricos da psicologia funcional e suas ideias influenciaram diretamente as questões educacionais no século XX. A psicologia funcional tem por princípio a relação entre as atividades mentais e as atividades motoras, algo que é base desse método de ensino.

Os princípios para a realização desse método são:

- A aprendizagem é construída exclusivamente pelo aluno.
- É preciso respeitar os limites do desenvolvimento do aprendiz.

- A aprendizagem acontece em situações práticas.
- É papel da escola auxiliar as pessoas no desenvolvimento de habilidades relacionais.

> **Você sabia?**
> Os problemas apresentados pela escola são, muitas vezes, abstratos. O método dos projetos trabalha com estes problemas em situações reais.

Os passos para usar o método de projetos são:

1. Escolher um projeto.
2. Planejar o trabalho que será desenvolvido.
3. Levantar as informações necessárias.
4. Identificar os materiais adequados para o andamento do projeto.
5. Realizar o projeto.
6. Apresentar os resultados obtidos para os colegas.
7. Avaliar o trabalho final.

O método de projetos mobiliza os alunos para a construção ativa da aprendizagem. É o "aprender fazendo".

Frequentemente, o método de projetos é confundido com o método de problemas. A diferença entre ambos é que o projeto é uma situação prática, na qual algo será efetivamente desenvolvido.

> **Vale saber**
> Um projeto, na definição do PMBOK, é um "esforço temporário empreendido para alcançar um objetivo específico. Projetos são executados por pessoas, com limitações de recursos, devendo ser planejados, executados e controlados."
> PMBOK significa *Project Management Body of Knowledge*. Trata-se de um conjunto de boas práticas na gestão de projetos, muito utilizado pelo mercado.

O método de projetos não é difícil de ser aplicado em sala de aula. Mas alguns cuidados são necessários; por exemplo:

- Seleção de um projeto que esteja intimamente ligado ao objetivo de aprendizagem.
- O planejamento é uma parte do projeto e, portanto, deve ser realizado pelos educandos.
- É preciso estimular a cooperação neste método de ensino.
- O conhecimento construído em um projeto precisa ser aplicado. Essa aplicação deve ser parte da avaliação do professor.

Construtivismo

O construtivismo, como foi visto no Capítulo 1, nasce das ideias de Jean Piaget (1896-1980). A ideia central desta concepção de ensino é a de que o aluno constrói sua aprendizagem, sendo impossível que esta seja transferida por um tutor. Portanto, o papel do educador que acredita nesta forma de ensinar é o de criar situações e ambiente o mais adequados possível para que a aprendizagem aconteça.

> **Você sabia?**
>
> Diversos autores não entendem o construtivismo como um método de ensino, mas como uma filosofia acerca do processo de aprendizagem.

A experimentação é fundamental para o construtivismo. A partir dela, o aluno vivencia as situações reais que o instigam a compreender um determinado fenômeno. Mais uma vez, o ciclo do processo de aprendizagem que segue esta linha é o de experimentar, refletir, aprender e criticar simultaneamente, para em seguida compartilhar o que foi efetivamente aprendido.

Atualmente, diversas escolas se declaram construtivistas. Uma análise cuidadosa, entretanto, mostra que boa parte delas segue uma linha tradicional. A razão para isso é simples: no nível das ideias, o construtivismo é sempre muito bem-visto, mas sua implantação na realidade das instituições escolares não é uma tarefa simples. Há a necessidade de se adequar recursos, espaços e, o mais difícil, a metodologia dos professores, que está arraigada à forma como foram educados.

O método construtivista apresenta diversos pontos positivos, como:

- A responsabilização do aluno por sua aprendizagem.
- O professor como facilitador na construção do conhecimento.
- O conteúdo aprendido nas situações reais da vida.

Duas críticas são constantes quando um educador ou uma instituição dizem que utilizam o construtivismo para ensinar: a primeira é a de que o construtivismo não é um método de ensino, mas uma concepção sobre como a aprendizagem acontece. Desta forma, tratá-lo como um método seria reduzir todas as suas possibilidades. A segunda grande crítica refere-se à falta de entendimento do que a teoria é. Esta falta de entendimento leva ao planejamento de atividades – como visitas ao museu, por exemplo – tendo como ponto de partida a ideia de que se é construtivista quando se leva o aprendiz ao campo ou à prática. Esta segunda crítica também reduz todas as possibilidades do construtivismo, já que ele diz respeito ao modelo de construção do conhecimento, ou seja, a algo orgânico.

Exercício de aplicação

Escolha um conteúdo específico que você se sinta capacitado a ensinar. Vale escolher qualquer conteúdo!

Agora, pense em como esse conteúdo seria ensinado utilizando diferentes métodos de ensino. Uma sugestão é tentar planejar esse ensino nos seguintes métodos:

- Exposição dialogada
- Jogos
- Estudo de caso
- Método de projetos

O que há de comum quando se trabalha o mesmo conteúdo com métodos diferentes? Qual dos métodos seria o mais adequado? Por quê?

Para debater

Na sua opinião, os métodos socializantes são melhores que os métodos individualizantes? Por quê?

É forte nas discussões teóricas a ideia de que os métodos que buscam a integração de um grupo de alunos são mais eficazes do que os métodos mais tradicionais, como a exposição oral, por exemplo. Discuta com seus colegas por que isso acontece. O que leva os pesquisadores a supervalorizarem os métodos de construção de conhecimento em grupo em detrimento dos métodos de aprendizagem individual?

Resumo executivo

- Aprender e ensinar são processos distintos. O objetivo dos métodos de ensino é garantir que o que se ensina é aprendido.
- Métodos de ensino são caminhos definidos pelo professor para facilitar a aprendizagem do aluno. Técnicas são procedimentos que compõem os métodos.
- Os objetivos e conteúdos devem ter caráter científico e sistemático, devem ser compreensíveis e possíveis de ser assimilados, assegurar a relação conhecimento-prática, assentar-se na unidade de ensino-aprendizagem, garantir a solidez dos conhecimentos e levar à vinculação trabalho coletivo-particularidades individuais.
- Piaget dividia os métodos de ensino em métodos tradicionais, métodos ativos, métodos indutivos e métodos de ensino programado.
- Os principais métodos de ensino expositivos são a exposição oral, a exposição dialogada, a demonstração, a ilustração e a exemplificação.
- Os principais métodos de trabalho independente são o estudo dirigido individual, os grupos de interesse e o estudo de caso.
- Os principais métodos de trabalho em grupo são jogos, dramatizações, estudos de caso em grupo, estudo *in loco*, conversação didática, debate, *brainstorm* e seminário.
- Outros métodos de ensino, que não se enquadram na exposição, no trabalho independente e no trabalho em grupo, são o método Montessori, o método de projetos e o construtivismo.

Métodos de Ensino

Teste seu conhecimento

- Defina, com suas palavras, métodos de ensino.
- Qual a importância de se escolher o método de ensino adequado, considerando o objetivo de aprendizagem?
- Cite e defina três métodos independentes.
- Cite e defina três métodos de trabalho em grupo.

Exercícios propostos

1. Explique, com suas palavras, qual a relação entre os processos de aprender e ensinar.

2. Considere as afirmações abaixo:
   I. Métodos de ensino são caminhos definidos pelo professor para facilitar a aprendizagem.
   II. Técnicas são procedimentos que compõem o método.
   III. Nem todo método de ensino é composto por técnicas de ensino.
   Consideramos corretas as seguintes afirmações:
   a. I e II.
   b. II e III.
   c. I e III.
   d. Todas as opções.

3. Sobre os conteúdos e objetivos de ensino, é correto afirmar que eles possuem todas as características a seguir, EXCETO:
   a. Caráter científico e sistemático.
   b. Compreensível e possível de ser assimilado.
   c. Desconsidera a maturidade do aluno.
   d. Assegura a relação conhecimento-prática.

4. Todas as afirmações abaixo, acerca da categorização dos métodos de ensino, estão corretas, EXCETO:
   a. A ilustração é um método expositivo.
   b. O estudo dirigido individual é um método de trabalho independente.
   c. Jogos são métodos de trabalho em grupo.
   d. Exemplificação é um método de trabalho independente.

5. Considere as afirmações abaixo:
   I. O método montessoriano é considerado extremamente tradicional.
   II. O método de projetos é, na maioria das vezes, um método de trabalho em grupo.
   III. O construtivismo é uma teoria de aprendizagem que é utilizada como base para métodos de ensino.

   Consideramos corretas as alternativas:
   a. I e II.
   b. II e III.
   c. I e III.
   d. Todas as alternativas.

Metodologias Ativas de Aprendizagem

Contextualizando

Receita de Ano Novo
(...)
*Não precisa
fazer lista de boas intenções
para arquivá-las na gaveta.
Não precisa chorar arrependido
pelas besteiras consumidas
nem parvamente acreditar
que por decreto de esperança
a partir de janeiro as coisas mudem
e seja tudo claridade, recompensa,
justiça entre os homens e as nações,
liberdade com cheiro e gosto de pão matinal,
direitos respeitados, começando
pelo direito augusto de viver.
Para ganhar um Ano Novo
que mereça este nome,
você, meu caro, tem de merecê-lo,
tem de fazê-lo novo, eu sei que não é fácil,
mas tente, experimente, consciente.
É dentro de você que o Ano Novo
cochila e espera desde sempre.*

Carlos Drummond de Andrade

No poema acima, Drummond apresenta sua sugestão para que o ano novo seja diferente e melhor. No lugar de propor sugestões extravagantes ou apresentar receitas prontas para o leitor, ele opta por simplesmente responsabilizar cada um pelo ano que virá. Seu poema é um chamado à responsabilização das pessoas pelo destino que as espera.

Fazendo uma analogia da 'receita de ano novo' com a educação, reflita:

- Qual a responsabilidade do professor em relação à aprendizagem de seus alunos?
- Qual a responsabilidade dos alunos em relação à própria aprendizagem?

Estudo de caso

Muito conteúdo para pouca aula

João é professor de ciências em uma turma de Ensino Fundamental. Todos os semestres ele sofre pelo mesmo dilema. O currículo da disciplina é muito extenso e João tem que correr com a aula para dar conta de ensinar tudo. Mesmo correndo, é frequente que no final do semestre perceba que não conseguiu dar conta de tudo.

Para tentar resolver este assunto, João tentou resumir as principais teorias e tirou todas as atividades práticas do momento da aula. Agora, suas aulas resumem-se à exposição que ele faz dos principais conceitos e, para reforçar o conteúdo, ele passa bastante trabalho para o aluno fazer em casa. No entanto, na próxima aula ele não tem tempo de corrigir tudo com os alunos.

A sensação que João tem é a de que boa parte dos alunos não entende a matéria e, provavelmente, não faz os trabalhos recomendados ou, quando faz, erra nas respostas. Por isso, ele tem estado frustrado com a profissão, já que, nas avaliações, as notas têm sido muito baixas.

João acredita que não é um bom professor por isso e que precisa encontrar outras formas de fazer com que os alunos aprendam todo o conteúdo que tem que ensinar.

A respeito do drama vivido pelo Professor João, reflita:

- A decisão de usar a aula para transmitir todos os conteúdos foi a melhor?
- Passar todas as atividades para os alunos realizarem em casa, mesmo sabendo que não será possível fazer a correção, contribui para a aprendizagem dos alunos?
- É somente de João a responsabilidade por fazer com que os alunos aprendam o conteúdo da matéria?
- Qual a responsabilidade dos alunos em sua aprendizagem?

Conceitos para entender a prática

"O que é ensinado nas escolas e universidades não representa a educação, mas os meios para obtê-la."

Ralph Waldo Emerson

As metodologias ativas de aprendizagem são bastante antigas, mas recentemente têm conquistado espaço nas discussões acerca do processo de ensino-aprendizagem. Pesquisas recentes têm comprovado que há formas mais eficazes de contribuir para que o aluno construa seu conhecimento do que os métodos tradicionais, baseados na exposição e repetição. Entenderemos melhor este conceito metodológico, bem como os principais métodos de ensino baseados na aprendizagem ativa.

> **Existem diversas metodologias consideradas ativas. Em comum, elas possuem a crença de que o aluno deve ser o centro do processo de aprendizagem.**

Os objetivos deste capítulo são:

- Compreender o que são metodologias ativas de aprendizagem.
- Identificar as principais metodologias ativas de aprendizagem e sua forma de aplicação.

Conceituando metodologias ativas de aprendizagem

A discussão a respeito das formas de ensinar não é recente, mas vem ganhando novos contornos, principalmente como fruto de diversas pesquisas que têm comprovado que a forma de ensinar é tão importante quanto os conteúdos a serem ensinados.

Neste contexto, as metodologias de ensino tratadas por 'ativas' ganham espaço e recebem cada vez mais atenção por parte dos educadores. Existem diversas metodologias que são consideradas ativas. Em que pesem as particularidades que cada uma delas apresenta, todas possuem uma característica em comum: a inserção do aluno como agente protagonista de seu processo de construção do conhecimento.

Diversos fatores – a rapidez na produção do conhecimento, o avanço do conhecimento científico, a facilidade de acesso à informação – puseram em xeque o modelo tradicional de ensino, baseado na mera transmissão de informações por parte do professor. Isso não significa que o professor perdeu sua importância no processo educacional, mas certamente seu modelo de atuação precisou mudar. De mero transmissor de um conjunto de informações construídas através de pesquisas e observações, o professor precisou assumir o papel de orientador de estudos.

Paiva *et al.* (2016) esclarecem que

> *"a questão do ensino não se limita à habilidade de dar aulas, também envolve a efetivação de levar ao aprender. O vínculo entre aprendizagem e ensino não é casual, ou seja, o ensino não causa aprendizagem nem desenvolve novas capacidades que podem levar à aprendizagem. Ensino e aprendizagem estão ligados ontologicamente (...)"*

As principais características das metodologias ativas de aprendizagem são:

- Professor como orientador.
- Aluno como protagonista.

- Relação de parceria entre professor e aluno.
- Estímulo à autonomia intelectual do aluno.
- Foco do processo no desenvolvimento de habilidades mentais.
- Uso de desafios como caminho para a aprendizagem.
- Princípio de que o verdadeiro aprendizado surge da prática.

> **Nas metodologias ativas de aprendizagem, o professor deve atuar como um orientador de estudos.**

A aplicação de métodos ativos no ato de ensinar exige uma nova formação de professores, porque as competências necessárias para ensinar não se restringem ao domínio do conteúdo que é ensinado. Em tese, a definição do método de ensino a ser utilizado deveria partir do entendimento sobre o processo mental pelo qual passa o aprendiz na construção de uma nova aprendizagem. Com isso, o planejamento e a organização do momento de aprendizagem precisariam ser concebidos pela perspectiva do estudante, auxiliando-o no domínio de novos conhecimentos, estimulando a motivação e favorecendo a autonomia.

> **As metodologias ativas de aprendizagem entendem, de forma geral, que a aprendizagem é consequência da mobilização de competências para a resolução de um problema prático.**

Por isso, o processo de ensino formal, caracterizado pela organização, sistematização e intenção, exige conhecimentos das áreas de psicologia da aprendizagem e didática. Tais conhecimentos são imprescindíveis na medida em que é necessário rigor metodológico para ensinar.

Todas as metodologias ativas de ensino partem da ideia de que o processo de aprendizagem só se torna efetivo quando o objeto do conhecimento é incorporado às estruturas cognitivas do aprendiz e pode ser aplicado na prática. Por isso, sua concepção de ensino se calca na organização e apresentação de situações-problema que levam o aluno a buscar, na prática, uma solução.

Diversos pensadores, como Freire, Dewey, Piaget e Rogers, já defendiam que o processo de ensino tradicional não estava estruturado pela perspectiva do processo de aprendizagem, razão pela qual era frequentemente falho. A mobilização de recursos mentais para a resolução de conflitos, por meio de desafios, jogos e outras atividades, sempre se mostrou mais eficaz do que a mera tentativa de transmissão de conteúdos. O que se percebe atualmente é a maior valorização das estratégias de ensino, a realização de novas pesquisas e a tentativa de mudança do modelo presente, principalmente porque as novas gerações, nativas de um processo de digitalização da vida, já estão acostumadas à linguagem de jogos e à competição, focando na colaboração entre pares para a resolução das questões que se apresentam.

Diesel *et al.* (2017) apresentam o seguinte esquema para estruturar os princípios que constituem as metodologias ativas de ensino:

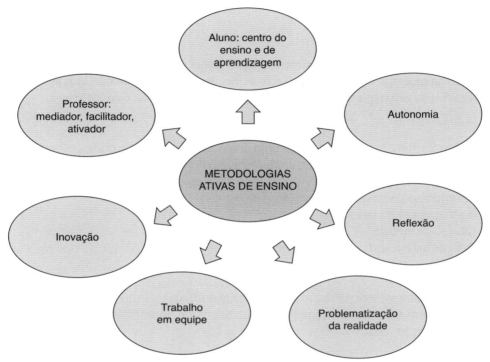

Fonte: Adaptada de Diesel *et al.* (2017, p. 273).

Tomando por base as considerações de Diesel *et al.* (2017), temos a seguinte definição para o esquema acima:

- **Aluno:** do ponto de vista do aluno, a maior diferença dos métodos ativos de aprendizagem é o fato de que o foco deixa de ser o método de ensino, migrando para o entendimento do processo de aprendizagem.
- **Autonomia:** a partir do momento em que o foco está no processo de aprendizagem, o aluno passa a ser responsabilizado pela construção de seu próprio conhecimento.
- **Reflexão e problematização da realidade:** são a base dos métodos ativos. A partir da identificação de problemas reais, estimula-se o aluno a refletir sobre essas situações e construir propostas de solução, que serão posteriormente analisadas e orientadas pelo professor.
- **Trabalho em equipe:** as metodologias ativas auxiliam na relação dos alunos entre si, visto que é comum a necessidade de haver trabalhos em grupo para que se chegue a soluções propostas para os desafios.
- **Inovação:** parte essencial da metodologia, pois professor e aluno precisam abandonar os conceitos que já possuem sobre os atos de ensinar e aprender.

- **Professor:** tem a responsabilidade de orientar as experiências de aprendizagem e auxiliar o aluno a pensar, a construir e testar hipóteses, a rever seu raciocínio para identificar os pontos que precisam ser corrigidos.

> **Você sabia?**
>
> A discussão no nível teórico das metodologias ativas é bastante recente, mas seu uso prático no processo de ensino é bastante antigo. Registros indicam que os gregos já se utilizavam da estratégia de realização de seminários para ensinar os mais jovens.

Como foi mencionado, não existe uma única metodologia que pode ser considerada ativa. São várias as possibilidades, entre as quais destacamos:

- Aprendizagem baseada em projetos.
- Instrução pelos pares.
- Círculo de cultura.
- Sala de aula invertida.
- Aula-laboratório.

Além desses métodos, há procedimentos que integram outras metodologias e que também podem ser considerados processos ativos de aprendizagem. Entre eles, chamamos a atenção para:

- Seminários.
- Oficina de trabalho em grupo.
- Debates e relatos de experiência.
- Mesas-redondas.
- Exposições dialogadas.
- Leitura comentada.

Metodologias ativas de aprendizagem

Vamos conhecer agora a estrutura das principais metodologias consideradas ativas, incluindo sua definição, características, vantagens e limitações.

Aprendizagem baseada em projetos

Diversos educadores e pensadores da educação defendem a ideia de que a escola não deveria ser uma imitação ou uma simulação controlada da vida. A escola deveria ser parte da vida dos alunos. Ao mesmo tempo, os estudos relacionados à didática têm comprovado que a melhor forma de aprender a fazer alguma coisa é praticando.

Na vida, as pessoas executam projetos dos mais diferentes tipos: projetos pessoais, projetos financeiros, projetos de carreira e mesmo a execução de atividades mais rápidas e simples. Ainda que de forma assistemática e desorganizada, as pessoas sabem executar projetos. Entendem que eles precisam de tempo e de recursos para sua execução.

O cerne desta metodologia de ensino está em trazer para o processo de aprendizagem um conhecimento inerente do ser humano, que é a organização de esforços para executar uma atividade. Como método de ensino, a aprendizagem baseada em projetos é bastante recente. A maioria dos pesquisadores a situa no início dos anos 2000. Entretanto, sua eficácia tem sido comprovada pela capacidade de motivar os alunos, estimular a aprendizagem ativa, focar nos resultados e facilitar a construção de conceitos.

Os maiores benefícios do uso de projetos como estratégia de ensino são dois: a sólida ligação entre teoria e prática e o estímulo à autonomia do aluno. Os métodos tradicionais de ensino separam a teoria da prática supondo que as pessoas precisam primeiro conhecer os conceitos, a história e o processo de investigação de um determinado assunto para, somente depois, ser capaz de executar algo. Trata-se de uma ideia que vem sendo questionada porque não é possível compreender uma teoria sem vê-la aplicada. Ao mesmo tempo, tem-se questionado o sólido papel de tutor que os professores tendem a assumir, muitas vezes impedindo o avanço cognitivo do aluno.

Os principais benefícios da aplicação do método de aprendizagem baseado em projetos são:

- Relação imediata entre teoria e prática.
- Estímulo à responsabilização do aluno pela sua aprendizagem.
- Ensino contextualizado.
- Flexibilidade no trabalho com conteúdos curriculares.
- Foco no desenvolvimento de competências.
- Possibilitar a aprendizagem cognitiva e motora conjunta.
- Estimular a formação de pesquisadores.

No modelo tradicional de ensino, a organização do currículo acontece por meio da organização dos conteúdos. Quando se propõe ensinar por meio de projetos, a estruturação do currículo deve acontecer a partir das entregas que serão solicitadas aos alunos. Portanto, não se trata apenas de uma alteração de procedimento de ensino, mas da própria concepção da instituição escolar.

Quando se opta por esta metodologia, é preciso ter em mente que o aluno deverá ser desafiado a executar uma tarefa. Tal tarefa precisa ter relação íntima com o objetivo de aprendizagem. Entretanto, é preciso considerar que os projetos, frequentemente, trabalham diversos objetivos e conteúdos de forma conjunta. Assim como são as atividades realizadas na vida.

Para organizar um projeto, é preciso seguir as seguintes etapas:

A primeira etapa é de responsabilidade do professor, a quem compete planejar o projeto e definir seus objetivos. Esses objetivos devem ser discutidos e apresentados ao aluno para que ele compreenda não somente aonde se quer chegar, mas o que se espera que ele aprenda. Já as equipes de trabalho podem variar bastante em quantidade de alunos e no perfil destes. É possível realizar projetos individuais ou montar grupos que somam toda uma turma. Nesta definição, recomenda-se que os alunos participem, desde que sejam estabelecidas premissas para a organização das equipes.

A definição de cronograma e responsabilidades é parte do projeto e deve ser feita por seus componentes, sempre com orientação do professor. A avaliação dos projetos será feita, em um primeiro momento, pelos próprios alunos, que focarão na discussão dos resultados obtidos para, em seguida, ser realizada pelo professor, que focará nas competências que foram desenvolvidas pelos alunos.

Você sabia?

Uma escola que trabalha por projetos não trabalha apenas um projeto por vez. Os alunos podem estar envolvidos em diversos projetos, desde que deem conta de trabalhar com todos e compreendam os objetivos de aprendizagem que estão sendo trabalhados.

Planejar o momento de ensino é fundamental em qualquer metodologia, mas no uso de projetos esse planejamento ganha uma importância extrema. Isso acontece porque, para a execução dos projetos, haverá a necessidade de recursos materiais e será demandada uma organização muito grande por parte do professor para saber exatamente o que deve observar e quando deve intervir.

Toyohara *et al.* (2015) apresentam as principais questões que devem ser levantadas pelo docente na organização de um projeto:

- Começar com o objetivo final em mente.
- Formular uma questão orientadora clara.
- Planejar a avaliação.
- Mapear todas as etapas do projeto.
- Gerenciar todo o trabalho.

Há necessidade de forte acompanhamento do desenvolvimento das diversas etapas do projeto por parte dos docentes, quando se opta por esta metodologia. Esse acompanhamento serve, fundamentalmente, para que não se perca o foco do objetivo de aprendizagem.

Instrução pelos pares

Desenvolvido na Universidade de Harvard pelo Professor Eric Mazur, o método de Instrução pelos pares (*Peer Instruction*) surge no início da década de 1990. Sua proposta está baseada em encontrar uma alternativa para as longas aulas expositivas, tradicionalmente realizadas nas instituições de ensino.

Esta metodologia é bastante simples e fácil de ser aplicada, mas exige treinamento de professores e alunos. A ideia central está em aumentar o nível de discussão sobre os conteúdos de ensino em sala de aula e estimular os alunos a buscarem uma resposta para os problemas que são apresentados por eles.

Você sabia?

Na instrução pelos pares, grupos de alunos são apresentados a questões conceituais e desafiados a encontrar respostas.

As etapas básicas para realização de uma aula com este método são:

- Definir os objetivos de aprendizagem.
- Estruturar apresentações conceituais breves e objetivas.
- Organizar questões / desafios que devem intercalar os conceitos.
- Planejar avaliação formativa para cada desafio apresentado.

A realização da aula utilizando este método tem algumas peculiaridades que o tornam singular. Na figura adiante, podemos identificar cada uma das etapas da realização da aula.

Como em quase todas as metodologias ativas de aprendizagem, a utilização deste método conta com um trabalho inicial por parte do aluno. Frequentemente, docentes que utilizam a instrução por pares separam textos, vídeos e outros tipos de atividades para que os alunos as realizem antes do momento da aula. O objetivo desses trabalhos que antecedem o momento de sala de aula é retirar da escola as atividades que se limitam à transmissão de informações. Isto agiliza a aprendizagem, enriquece a aula e estimula a autonomia do aluno.

Na apresentação conceitual, o docente realiza uma breve exposição dos principais conceitos relacionados ao objetivo de aprendizagem que foi estabelecido. Esta exposição deve ser breve – recomenda-se no máximo sete minutos. Frequentemente há dificuldade em fazer uma exposição tão curta porque trabalham-se diversos conceitos simultaneamente. Neste caso, para que a metodologia funcione dentro do previsto, é preciso desmembrar os conceitos para que sejam apresentados individualmente.

Após essa breve exposição, o professor apresenta um desafio, que pode ser uma atividade prática na qual o conceito anteriormente exposto deva ser aplicado, ou uma questão teórica, que demande discussão para que se busque uma solução. Após apresentar o desafio, o professor deve dividir a turma em grupos – frequentemente duplas – para que eles possam debater o tópico, construir uma solução inicial e apresentá-la aos demais.

Ao término, o professor consolida as discussões, reforça as respostas que estavam corretas e mostra os pontos que precisam ser mais bem aprofundados. Essa discussão final é parte fundamental do método porque tem o objetivo de efetivamente amarrar o conteúdo que foi trabalhado.

Perceba que a instrução pelos pares trabalha um conteúdo por vez como forma de introduzir e internalizar um determinado conceito. Mas esse método pode ser utilizado para construção de conhecimentos mais complexos, que envolvam diversos conteúdos. Neste caso, o planejamento da aula deverá explicitar de forma objetiva o que se quer alcançar, os conteúdos curriculares que serão trabalhados e os desafios que serão apresentados ao grupo.

> As questões apresentadas como desafios são chamadas de *concept tests* e têm o objetivo de permitir que os alunos encontrem suas próprias respostas em grupos de dois, três ou quatro. Normalmente é disponibilizado um tempo de três a quatro minutos para que o grupo possa propor uma solução. Os argumentos apresentados pelos grupos servem de subsídios para que o professor possa analisar as dificuldades.

A avaliação, nesta metodologia, segue algumas premissas:

- **Menos de 30 % de acertos:** há necessidade de se refazer a exposição, buscando novas formas de apresentar o conteúdo.
- **Entre 30 % e 70 % de acertos:** estimula-se o aprofundamento da discussão na tentativa de levar os próprios alunos a encontrarem as respostas corretas.
- **Mais de 70 % de acertos:** consolida-se o conteúdo e pode-se partir para o próximo.

No método original, desenvolvido por Mazur, as respostas dadas pelos alunos são inseridas em um programa de computador que apresenta o resultado correto no momento da aula. Obviamente, é possível fazer uma adaptação, com o próprio professor apresentando as respostas corretas.

Por fim, é preciso reforçar que esta metodologia só faz sentido se for feito um estudo prévio do conteúdo por parte dos alunos. As breves exposições orais que antecedem a apresentação dos desafios não são suficientes para que os alunos deem conta das respostas. Essas exposições prestam-se a rever o conteúdo estudado anteriormente, garantir que eventuais dúvidas sejam esclarecidas e permitir uma preparação para a realização dos debates.

Círculo de cultura

O círculo de cultura foi visto, durante muitos anos, muito mais como uma ideia a respeito da educação do que uma metodologia de ensino. Sua aplicação inicial estava restrita aos processos de alfabetização – em especial de adultos – e ganhou maior visibilidade com a divulgação dos trabalhos de Paulo Freire.

A ideia deste método é alterar o ambiente da sala de aula, fugindo da ideia tradicional de um espaço rígido no qual serão transmitidos conhecimentos previamente estruturados. Aqui, a construção do conhecimento se dá sobre debates de assuntos que são relevantes para o grupo que está aprendendo. Temas como trabalho, saúde, educação, direitos políticos, entre outros, fazem parte desses debates.

O nome deve-se à ideia de que todos estão inseridos no debate e possuem o mesmo valor para participação. A ideia é que todos possam se olhar sob as mesmas condições e com a mesma possibilidade de participação. O professor, em um primeiro momento, deve atuar como um animador, auxiliando na identificação de um tema comum e estimulando que todos se manifestem.

O círculo de cultura parte de algumas premissas:

- Respeito à história de vida do aluno.
- Construção de conhecimento se dá de maneira coletiva.
- O conteúdo curricular só faz sentido se estiver inserido na realidade dos alunos.
- O foco dos debates está nos conteúdos necessários para o exercício da cidadania.
- O diálogo é o único caminho para a formação das pessoas.

Inicialmente concebido para atender demandas de alfabetização, hoje o círculo de cultura é tratado como uma metodologia que se aplica a qualquer conteúdo e a qualquer nível de ensino de adolescentes e adultos.

Você sabia?

Como o círculo de cultura parte da história de vida dos alunos para trabalhar os conteúdos curriculares, é uma metodologia que não costuma ser aplicada a crianças muito pequenas. Quando se usa essa metodologia com crianças pequenas, estas são estimuladas a falar mais de seu cotidiano do que de sua história.

Os textos de grandes autores que aplicaram esse método para auxiliar os alunos na compreensão dos conteúdos curriculares transmitem, frequentemente, a ideia de que a etapa de planejamento é mais simples, dado que a estratégia partirá dos alunos. Na verdade, a etapa de planejamento do ensino com essa metodologia é fundamental para que não se permaneça somente nas opiniões do grupo sobre um determinado assunto.

As etapas principais para organização de um círculo de cultura são:

- Definir a questão orientadora.
- Propor aos alunos a discussão da questão.
- Relacionar as discussões com os conteúdos curriculares.
- Aprofundar os conteúdos com base nas discussões.
- Avaliar o nível de aprendizagem dos alunos.

Grandes pensadores da educação já defendiam a ideia de que o modelo de ensino tradicional não parecia ser o mais eficaz, porque afastava o conhecimento teórico de sua aplicação prática.

Você sabia?

Alguns autores não consideram o círculo de cultura como um método de ensino porque acreditam que ele supervaloriza as questões políticas em detrimento das questões pedagógicas. Trata-se de crítica similar àquela feita em relação à tendência pedagógica tratada como 'libertária', que não aparecerá em algumas obras educacionais.

Os maiores benefícios da aplicação dessa metodologia são:

- Facilitar a compreensão do aluno, pois parte de sua própria realidade.
- Relacionar os conteúdos ao cotidiano da turma.

- Permitir tratar temas que, comumente, não são tratados na escola.
- Respeitar o tempo de aprendizagem da turma.

Na perspectiva de Paulo Freire, os círculos contribuem para o processo de alfabetização em paralelo às discussões a respeito da estrutura e das questões sociais. No que diz respeito à alfabetização, sua estratégia se iniciava com uma investigação da estrutura de vocabulário do grupo. Em seguida, buscava-se identificar uma palavra da qual a discussão iniciaria — a palavra geradora. Essa palavra buscaria o tema gerador, que serviria de subsídio ao tratamento dos conteúdos a serem discutidos.

Na primeira etapa — a tematização — identificava-se o tema central para, na segunda etapa — a problematização —, identificar-se as questões que subsidiariam o processo de aprendizagem. Atualmente, são poucas as instituições que utilizam esse método por si só. O mais comum é que ele seja utilizado como um procedimento dentro de outra metodologia. Isto decorre das experiências nas quais o método foi aplicado com o objetivo de tratar questões políticas, deixando um pouco de lado a preocupação com os conteúdos curriculares e o processo de aprendizagem.

Sala de aula invertida

Bergmann e Sams (2016) relatam em seu livro a forma como a sala de aula invertida surgiu em suas vidas. A ideia, para eles, surgiu da percepção de que o aluno não precisaria de ajuda para ler textos, ter acesso a conceitos e informações ou estudar uma determinada teoria. O aluno realmente necessitaria de ajuda na hora em que precisasse resolver um problema efetivamente desafiador, novo, e para o qual o aprendiz ainda não tivesse desenvolvidas as competências necessárias.

No entanto, ambos os professores observaram que a estrutura tradicional de ensino, pela qual eles conduziam suas aulas, fazia exatamente o contrário. O professor utilizava o precioso tempo da sala de aula para passar um conjunto enorme de informações, ler textos, assistir a vídeos e deixava o aluno sozinho no momento em que ele tivesse que mobilizar suas competências para solucionar uma questão.

A partir dessa observação, os autores imaginaram que poderiam inverter esses momentos. E se os alunos tivessem todo o material teórico disponível para estudar, como textos, vídeos, exercícios etc., antes de estar em sala de aula? E se o momento da sala de aula fosse utilizado exclusivamente para pôr em prática os conhecimentos que o aluno havia construído, com o auxílio dos professores?

Desta indagação, surge a ideia de sala de aula invertida, quando se inverte o modelo tradicional. A premissa principal é a de que não se deve utilizar

> **A sala de aula invertida parte da premissa de que é preciso inverter o processo de ensino. O aluno deve estudar em casa e aplicar os conhecimentos desse estudo em sala de aula, ao contrário dos modelos tradicionais.**

o momento da sala de aula para simplesmente transmitir informações, porque os alunos são capazes de buscar essas informações por si. Atualmente, as informações estão disponíveis em diversas mídias a todo o tempo. Logo, qual a necessidade de o professor levar essas informações para sala de aula? Muito mais eficaz seria o professor auxiliar na seleção das informações que são relevantes e disponibilizá-las para sua turma com certa antecedência.

Portanto, em resumo, a ideia de sala de aula invertida é passar para o aluno fazer em casa o que ele, tradicionalmente, faz em aula. E fazer na aula o que o aluno, tradicionalmente, faz em casa. Isso gera uma profunda alteração nos tempos de ensino. Para exemplificar esta mudança, Bergmann e Sams (2016) apresentam o seguinte quadro comparativo:

Sala de aula tradicional		Sala de aula invertida	
Atividade	**Tempo**	**Atividade**	**Tempo**
Atividade de aquecimento	5 min	Atividade de aquecimento	5 min
Repasse do dever de casa do dia anterior	20 min	Perguntas e respostas sobre vídeo	10 min
Preleção de novo conteúdo	30-45 min	Prática orientada independente e/ou atividade de laboratório	75 min
Prática orientada independente e/ou atividade de laboratório	20-35 min		

Fonte: Adaptado de Bergmann e Sams, 2016, p. 13.

As principais características da sala de aula invertida são:

- Maior foco no domínio que na aprendizagem (respeito à aprendizagem no ritmo do aluno).
- Alto esforço no planejamento e preparação do momento pré-aula.
- Necessidade de treinamento dos alunos para a aplicação desse método.
- Respeito à forma com a qual os alunos mais jovens aprendem hoje.
- Maior nível de personalização do processo de aprendizagem.
- Professor atuando como curador (selecionando conteúdos) e orientador.

Os principais benefícios apontados para a utilização da sala de aula invertida são:

- Ser um modelo que se aproxima dos estudantes, com fortes características digitais.
- Permitir que o aluno ocupado, principalmente o que trabalha, possa ajustar seu ritmo de aprendizagem às suas necessidades reais.

- Facilitar o processo de aprendizagem dos alunos com alguma dificuldade, visto que respeita seu tempo de estudo.
- Permitir que os alunos com mais facilidade na aprendizagem avancem mais rápido no conteúdo.
- Aumentar a interação do professor com o aluno (na pré-aula, aula e avaliação).
- Possibilitar a diferenciação de alunos com base em suas competências individuais.
- Tornar a aula mais transparente, porque o aluno se dirige à escola já sabendo exatamente qual o conteúdo que será tratado.

Apesar dos grandes benefícios que a metodologia da sala de aula invertida parece apresentar, há alguns desafios que precisam ser superados para sua utilização:

- É preciso treinar os professores para produzir materiais de pré-aula compatíveis com o conteúdo, com a disciplina e com seu público. O principal e mais eficiente material é a videoaula.
- Há necessidade de investimento na preparação das pré-aulas, pela produção de vídeos, textos e pelos recursos necessários para que esses materiais estejam disponíveis para os alunos e possam ser atualizados com frequência.
- O professor precisa investir longo tempo na preparação de sua aula, visto que esta só funcionará se os recursos e as estratégias estiverem bem amarrados.
- Há necessidade de repensar as estratégias de avaliação, na medida em que o foco saiu da capacidade de memorizar e reproduzir conteúdos e encontra-se nas habilidades para realizar projetos e solucionar problemas.

Aula-laboratório

A aula-laboratório vem sendo usada através dos tempos muito mais como procedimento de ensino do que como uma metodologia de aprendizagem. Esta forma de ensinar-aprender parte do princípio de que o processo de ensino é fruto da interação do aprendiz com o meio, pela curiosidade.

Fortemente utilizada para o ensino de áreas de conhecimento eminentemente práticas, como as áreas de saúde, engenharias e *design*; também pode ser encontrada em turmas de Educação Infantil e Ensino Fundamental.

Você sabia?

As aulas-laboratório em níveis de ensino voltados para crianças são frequentemente chamadas de espaços de aprendizagem ou cantinhos de ensino.

Ainda não vemos com frequência esta forma de ensino aplicada ao Ensino Médio, com exceção de algumas disciplinas, como biologia ou informática. Isso porque essas disciplinas demandam a realização de experiências para que o aluno perceba a aplicação do conhecimento que é construído.

A aula-laboratório consiste na realização prática de experiências que levem o estudante a aplicar os conhecimentos de uma determinada área e, por meio dessa aplicação, compreender o conteúdo. É calcada, portanto, na experiência prática.

As características da aula-laboratório são:

- Espaço específico para a aprendizagem.
- Realização de atividades práticas.
- Problemas reais que são postos como questão geradora.
- Participação ativa do aluno.

As aulas-laboratório podem acontecer em laboratórios, bibliotecas, brinquedotecas ou mesmo no ambiente externo, quando focadas em estudar a natureza. Nessas situações, o professor, além de propor o questionamento inicial, atua como orientador, acompanhando e orientando as atividades que são propostas.

O aluno precisa ser treinado para participar desse tipo de atividade. Algumas recomendações fundamentais que precisam ser passadas são:

- Seguir as orientações definidas pelo professor.
- Aprender a lidar com regras.
- Utilizar os materiais conforme determinado pelo professor.
- Realizar anotações no decorrer das experiências.
- Utilizar uniformes e materiais de segurança adequados.
- Compartilhar as experiências com os colegas.

Atualmente, a aula-laboratório é vista por muitas instituições e educadores como uma metodologia por si só. Por esta razão, é possível encontrar escolas e universidades que estão totalmente estruturadas para proporcionar esse tipo de experiência a seus estudantes.

Procedimentos ativos que integram outras metodologias

Algumas metodologias de ensino não são consideradas ativas, embora utilizem procedimentos que o são. Abaixo, uma breve conceituação desses procedimentos de ensino.

- **Seminário:** trata-se de um procedimento de ensino no qual o professor apresenta um tema que deverá ser investigado pelo aluno. Normalmente os seminários são feitos em pequenos grupos de dois a quatro alunos e eles devem fazer o levantamento do material e apresentar para os demais colegas.
- **Oficina de trabalho:** são grupos pequenos que têm objetivos parecidos aos do seminário. Neste caso, os pequenos grupos deverão discutir algo ou, ainda, construir

um projeto e apresentar ao professor e aos demais colegas. Neste caso, a apresentação não é obrigatória e o professor pode avaliar o desenvolvimento do trabalho por meio da observação da construção no grupo.
- **Debates e relatos de experiência:** os debates estão presentes em diversos métodos, mas podem ser um método por si. Neste método, o professor apresenta uma questão e a coloca em discussão, acompanhando o andamento dos argumentos e orientando. Já os relatos de experiência demandam que os alunos estruturem uma experiência sobre um determinado assunto e a apresentem.
- **Mesas-redondas:** muito utilizadas nas universidades, as mesas-redondas têm o objetivo de unir especialistas em uma determinada área para discutirem um conteúdo específico. São muito úteis quando os alunos já têm um domínio mínimo de um conteúdo e precisam aprofundar a parte teórica.
- **Exposição dialogada:** também é muito utilizada em diversas metodologias, e consiste em o professor expor um assunto de forma dialogada. Esse método pressupõe que a apresentação será permeada de perguntas que estimulem a turma a falar. Busca-se que os alunos apresentem seus questionamentos, contem suas experiências com o assunto que é tratado e possam refletir durante o diálogo que se estabelece.
- **Leitura comentada:** muito utilizada nas instituições de ensino, consiste em solicitar a leitura de um determinado texto com antecedência e comentá-lo em sala de aula. Também é comum que a leitura seja realizada na própria sala de aula, com pequenas interrupções para os comentários sobre o que foi lido.
- **Estudo de caso:** um caso é uma situação delimitada. Nesta situação, apresenta-se uma história – real ou não – e pede-se que o grupo de estudantes tragam uma resposta para o problema que foi proposto. Os alunos devem discutir – individualmente ou em grupo – e chegar a uma conclusão, que será apresentada à turma.

Como foi mencionado, esses procedimentos estão presentes em diversas metodologias, inclusive naquelas que não são consideradas ativas. São estratégias que podem ser utilizadas sempre que se espera que os aprendizes estabeleçam uma relação direta e prática com os conteúdos que estão sendo trabalhados.

Exercício de aplicação

Pense em uma aula que você já ministrou como professor ou já assistiu como aluno e que seguia metodologias tradicionais de ensino. Lembre-se de que o ensino tradicional é sistematizado, considerando que o professor deve transmitir o máximo de informações e o aluno precisa ser capaz de memorizar tudo o que for possível. Agora, tente planejar essa aula seguindo uma metodologia ativa de aprendizagem. Nesta simulação, responda às seguintes perguntas:

- Como o ensino estava organizado?
- Qual o fundamento filosófico da aula no modelo antigo?

- Antes de pensar em novas metodologias, explicite como você imagina que o aluno vai aprender.
- Qual metodologia você escolheu?
- Quais as etapas de organização de sua aula?
- Haverá necessidade de treinamento do professor ou do aluno? Como isso será feito?

Para debater

1. Encontramos diversos educadores que pregam novas formas de ensinar, orientadas à forma como acreditam que os alunos aprendem. No entanto, suas práticas parecem estar bastante distanciadas do discurso. Tente encontrar, em sua opinião, os motivos que levam esses educadores a agirem dessa forma.
2. Discuta com seus colegas e professores os princípios que regem a aplicação de uma metodologia ativa de aprendizagem. Quais são as crenças que devem permear o educador que faz uso dessas metodologias?

Resumo executivo

- As metodologias ativas de ensino não são novas, mas vêm ganhando maior espaço com o avanço dos estudos na área da psicologia da aprendizagem.
- Pensadores clássicos da educação, como Freire, Dewey, Piaget e Rogers, já defendiam a tese de que o modelo tradicional de ensino não parecia ser o mais eficaz.
- Há diversas metodologias consideradas ativas, mas todas têm em comum a crença de que o aluno é o protagonista do processo de aprendizagem e que ele só aprenderá algo se experimentar na prática.
- Nas metodologias ativas, o professor atua como orientador e deve estimular a autonomia intelectual do aluno.
- Existem diversas metodologias de ensino ativas. As principais são aprendizagem baseada em projetos; instrução pelos pares, círculo de cultura; sala de aula invertida e aula-laboratório.
- Na aprendizagem baseada em projetos, o professor apresenta um problema que será convertido em um projeto a ser tratado por um aluno ou um grupo de alunos.
- A instrução pelos pares prevê que os alunos estudem o conteúdo antes da aula. No momento da aula, o professor faz uma breve revisão da teoria e apresenta questões práticas para as quais os alunos devem buscar as respostas em pequenos grupos.
- O círculo de cultura é uma metodologia polêmica porque se confundem as questões políticas com as pedagógicas. Trata-se de discussão em pequenos grupos de problemas que fazem parte da realidade dos alunos.
- A sala de aula invertida tem a ideia de inverter a lógica da aula tradicional. O aluno deve estudar em casa, com suporte de textos, vídeos e outros recursos, e o momento da aula é utilizado para a proposição e a realização de atividades que venham a aplicar o conteúdo estudado.
- A aula-laboratório transforma o tradicional espaço de ensino em uma experiência prática (simulação controlada), na qual o aluno aprende pela aplicação prática dos conceitos.

Teste seu conhecimento

- Explique, com suas palavras, o que são metodologias ativas de aprendizagem e como elas se diferenciam do ensino tradicional.
- Apresente os pressupostos filosóficos que são comuns a todas as metodologias ativas de aprendizagem.
- Diferencie metodologias ativas de procedimentos ativos de aprendizagem.
- Escolha uma metodologia ativa e explique o papel do professor e do aluno nesta metodologia.

Exercícios propostos

1. Explique com suas palavras o que são metodologias ativas de aprendizagem.

2. Apresente três premissas que norteiam as metodologias ativas de aprendizagem.

3. Entre as características abaixo, qual NÃO condiz com os princípios das metodologias ativas?
   a. Foco no desenvolvimento de habilidades mentais.
   b. Professor como orientador de estudos.
   c. Aluno como protagonista.
   d. Habilidade de memorização como ponto a ser avaliado.

4. A respeito da aprendizagem baseada em projetos, é possível afirmar que todas as frases abaixo estão corretas, EXCETO:
   a. Relaciona a teoria e a prática.
   b. Trabalha com a ideia de *concept tests*.
   c. Estimula a formação de pesquisadores.
   d. Tem foco no ensino contextualizado.

5. A instrução pelos pares foi um método desenvolvido com o objetivo de:
   a. Superar as longas aulas expositivas.
   b. Testar o conhecimento dos alunos.
   c. Simplificar a atuação do professor.
   d. Reduzir o custo com o ensino.

6. A crítica frequente que se faz ao círculo de cultura é a de que:
   a. Não é um método tão eficaz quanto as metodologias tradicionais.
   b. Não possui respaldo em pesquisas.
   c. É mais uma discussão política do que pedagógica.
   d. Não dá a devida importância aos processos de memorização e reprodução.

8

Ambientes de Aprendizagem e Recursos Instrucionais

Videoaula Capítulo 8

Contextualizando

O Cortiço, de Aluísio Azevedo

João Romão foi, dos treze aos vinte e cinco anos, empregado de um vendeiro que enriqueceu entre as quatro paredes de uma suja e obscura taverna nos refolhos do bairro do Botafogo; e tanto economizou do pouco que ganhara nessa dúzia de anos, que, ao retirar-se o patrão para a terra, lhe deixou, em pagamento de ordenados vencidos, nem só a venda com o que estava dentro, como ainda um conto e quinhentos em dinheiro.

Proprietário e estabelecido por sua conta, o rapaz atirou-se à labutação ainda com mais ardor, possuindo-se de tal delírio de enriquecer, que afrontava resignado as mais duras privações. Dormia sobre o balcão da própria venda, em cima de uma esteira, fazendo travesseiro de um saco de estopa cheio de palha. A comida arranjava-lha, mediante quatrocentos réis por dia, uma quitandeira sua vizinha, a Bertoleza, crioula trintona, escrava de um velho cego residente em Juiz de Fora e amigada com um português que tinha uma carroça de mão e fazia fretes na cidade.

(...)

Daí em diante, João Romão tornou-se o caixa, o procurador e o conselheiro da crioula. No fim de pouco tempo era ele quem tomava conta de tudo que ela produzia e era também quem punha e dispunha dos seus pecúlios, e quem se encarregava de remeter ao senhor os vinte mil réis mensais. Abriu-lhe logo uma conta corrente, e a quitandeira, quando precisava de dinheiro para qualquer coisa, dava um pulo até a venda e recebia-o das mãos do vendeiro, de "Seu João", como ela dizia. Seu João debitava metodicamente essas pequenas quantias num caderninho, em cuja capa de papel pardo lia-se, mal escrito e em letras cortadas de jornal: "Ativo e passivo de Bertoleza".

O texto, extraído do clássico *O Cortiço*, mostra a importância que o ambiente tem na vida do personagem principal. No caso apresentado, um ambiente pouco favorável o estimula a seguir buscando superação. No terceiro parágrafo, os recursos utilizados por João Romão e por Bertoleza também parecem ter uma importância considerável. Baseado neste trecho do livro de Aluísio Azevedo, pense a respeito das seguintes questões:

- Qual a importância do ambiente para que a aprendizagem aconteça?
- Como os ambientes escolares se organizam?
- Que recursos são utilizados para auxiliar as pessoas a aprenderem?
- O que são recursos instrucionais?

Estudo de caso

Prêmio pela inovação de recursos instrucionais

Em 2007, uma universidade de Sorocaba foi premiada na categoria material didático por seu projeto. O projeto se chamava "A Universidade Vai à Escola" e tinha várias frentes. Entre elas, destaca-se a que se propunha estimular o aumento do uso de jogos educacionais em sala de aula.

Esse projeto foi realizado com turmas da Educação Infantil e do Ensino Fundamental com quase mil alunos. O resultado foi muito bem avaliado na medida em que, usando o mesmo espaço disponível anteriormente, os docentes conseguiram implementar novos materiais e novas metodologias, com resultados que, comprovadamente, contribuíram para a melhoria da aprendizagem.

Com base no caso apresentado, reflita:

- Qual a importância do uso de recursos lúdicos na construção do conhecimento?
- Até que ponto o uso de recursos inovadores pode beneficiar a aprendizagem?

Conceitos para entender a prática

Diversas situações da vida mostram que o ambiente tem enorme impacto sobre os resultados que se deseja atingir. Não é de hoje que se fala, por exemplo, que crianças educadas em famílias com hábitos culturais consolidados tendem a ter resultados mais expressivos na sala de aula.

Da mesma forma, sabe-se que a utilização de recursos, principalmente audiovisuais, é capaz de facilitar a aquisição do conhecimento. Isto aconteceria pela hipótese de que tais recursos permitiriam a apresentação real das questões relacionadas aos diversos conteúdos que são ensinados.

Ambiente e recursos são questões muito importantes que todo professor deve compreender. E serão os assuntos que veremos neste capítulo.

Os objetivos deste capítulo são:

- Identificar o conceito de ambientes de aprendizagem.
- Conhecer os ambientes de aprendizagem.
- Entender a importância dos recursos instrucionais em sala de aula.
- Conhecer os limites e possibilidades dos recursos audiovisuais.

Ambientes de aprendizagem

Durante muito tempo a questão dos ambientes de aprendizagem não foi discutida. A partir do século XVII até meados do século XIX (à exceção de algumas poucas experiências), a certeza de que a sala de aula era o único espaço no qual se poderia efetivamente aprender dominava a mentalidade de professores e demais educadores. Mas nem sempre foi assim.

Do século XVII a meados do século XIX a sala de aula foi vista como o principal ambiente de aprendizagem – muitas vezes o único!

Na Grécia antiga, por exemplo, os meninos com mais de sete anos de idade iam para a escola para estudar matérias como filosofia, artes plásticas, música e esportes. As meninas ficavam aos cuidados das mães até o casamento. Isso não quer dizer que as meninas não eram educadas, mas seu processo de ensino acontecia no ambiente doméstico. Por outro lado, os meninos, apesar de irem para a escola, eram direcionados por um adulto (um pedagogo), que assumia a responsabilidade por sua formação, independentemente do espaço físico.

Na Idade Média, os espanhóis estruturavam o currículo das crianças, tratando de sete disciplinas:

1. Gramática
2. Retórica
3. Dialética
4. Aritmética
5. Geometria
6. Astronomia
7. Harmonia

Na Idade Média, as crianças poderiam aprender em outros ambientes, que não a escola. Essa educação também era respeitada naquela época.

A educação não era direcionada a todas as crianças e, para aquelas que tinham acesso a esses conhecimentos, eles poderiam acontecer em qualquer ambiente. Já havia escolas, mas diversos professores ministravam seus cursos em domicílio, principalmente quando eram contratados por pais que tinham algum poder econômico.

A Revolução Francesa (século XVII) e, posteriormente, a Revolução Industrial (século XVIII) demandaram a formação de mão de obra em massa. Era necessário educar uma quantidade muito grande de pessoas para que essas pudessem sustentar o novo sistema social. Essas mudanças fizeram com que o modelo educacional centrado na escola começasse a ganhar força. Como consequência desse novo modelo, a sala de aula passou a ser vista como centro do processo de aprendizagem. Então, ao se falar de ambientes de aprendizagem, pensava-se imediatamente na sala de aula.

Você sabia?

Ambientes de aprendizagem não são apenas os espaços físicos dedicados ao ensino. Esses ambientes podem ser um espaço, uma comunidade ou uma sucessão de feitos que existem primordialmente para auxiliar o outro na construção do conhecimento.

Os valores e as práticas promovidos pela Revolução Francesa e pela Revolução Industrial contribuíram para a massificação da educação e para a estruturação do modelo escolar que temos até os dias atuais.

Aqui, vamos tratar dos ambientes que parecem imperar na realidade educacional brasileira:

- A sala de aula.
- Todos os ambientes que extrapolam os muros da sala de aula.
- Os ambientes virtuais de aprendizagem.

Ambientes tradicionais de aprendizagem: a sala de aula

A sala de aula é, frequentemente, definida como o espaço físico, normalmente dentro de uma instituição educacional, destinado ao processo de ensino sistematizado. Esse processo normalmente é conduzido por um professor. Podemos definir como características da sala de aula:

- Espaço físico limitado.
- Mobiliário específico (cadeiras, mesas etc.).
- Presença de recursos instrucionais.
- Organização preestabelecida.

O tipo mais comum de sala de aula no Brasil é o modelo italiano, também chamado de modelo tradicional.

No Brasil, ao falar de sala de aula, a primeira imagem que nos vem à mente é o modelo tradicional, no qual há várias cadeiras organizadas em linha reta, todas viradas para a frente – em direção ao professor e à lousa. Esquematizando esse modelo, temos algo parecido com a figura seguinte:

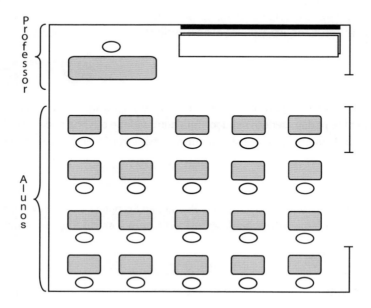

Chamamos esse modelo de sala de aula de modelo italiano. Ele é pensado para garantir que o professor seja o centro da atenção em uma aula. Note que todos os alunos ficam obrigatoriamente virados para o professor e para o que ele escreve ou apresenta. Além disso, o professor tem visão integral de todos os alunos, podendo conduzir sua política disciplinar com facilidade.

Esse não é o único modelo possível ou viável de organização da dinâmica da sala de aula. Alguns outros modelos têm sido propostos, como o modelo chamado frequentemente de "meia-lua".

O modelo "meia-lua" é o mais frequentemente utilizado quando se quer fugir do modelo tradicional (italiano). Ele apresenta algumas vantagens, quando comparado ao anterior, a saber:

- Os alunos conseguem ver todos os colegas, além do professor.
- Há facilidade para se propor trabalhos em grupo.
- Menor "intimidação" do professor, estimulando a participação dos alunos.
- Estímulo ao sentimento de igualdade de todos.

Os professores costumam adotar a sala de aula em "meia-lua" sempre que querem alterar o modelo tradicional (italiano).

Ambientes de Aprendizagem e Recursos Instrucionais **181**

O modelo "meia-lua", esquematizado, seria algo próximo à figura que segue:

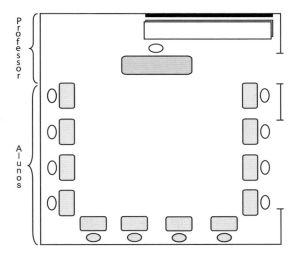

Há duas grandes limitações para o uso desse modelo em nossas salas de aula: o tamanho das salas e o número excessivo de alunos. É muito complicado implementar esse modelo quando se tem um espaço físico pequeno que deve comportar um grande número de alunos.

Outros modelos de sala de aula têm sido propostos, como o modelo de anfiteatro, muito utilizado nas faculdades norte-americanas.

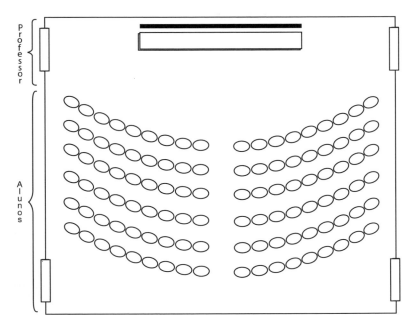

O anfiteatro inverte a lógica dos modelos anteriores, já que coloca o aluno acima do professor. A ideia é que os alunos possam ter visão integral do que é apresentado e dos demais colegas, além de se sentirem integrantes de um todo. Em outras palavras, a mensagem que está subjacente é a de que a opinião deles será considerada. Não é à toa que este é o principal modelo adotado nas especializações em administração das maiores universidades do mundo – afinal, problemas são resolvidos, na maioria dos casos, com trabalhos em grupo.

> **O anfiteatro é um modelo muito utilizado nas universidades norte-americanas porque estimula a resolução de problemas e a participação dos alunos.**

Você sabia?

Os anfiteatros surgiram na Roma Antiga e eram, basicamente, teatros nos quais o público ficava em degraus a céu aberto, assistindo às apresentações. As apresentações mais comuns eram de guerreiros combatendo animais selvagens. O anfiteatro mais conhecido é o Coliseu.

E, por falar em trabalhos em grupo, há um modelo de sala de aula que é muito conhecido dos professores da Educação Infantil: o modelo de trabalhos em grupo. Nesta organização, a sala de aula é separada em pequenos grupos que terão tarefas a cumprir.

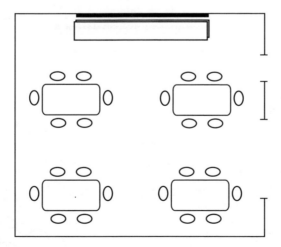

Apesar de ser o modelo que prevalece na Educação Infantil, o trabalho em grupo é muito utilizado na educação corporativa e nas universidades, exatamente por permitir uma integração maior entre os participantes do grupo.

Algumas questões que devem ser consideradas para a sala de aula e que não dizem respeito à forma como ela é organizada são:

- **Localização:** a sala fica em um local bem iluminado e silencioso? Ela tem fácil acesso para os alunos, considerando a idade e as condições específicas (alunos com necessidades especiais, por exemplo)?
- **Organização:** o ambiente é organizado para permitir que os alunos se concentrem nas tarefas propostas pelo professor? Ambientes muito desorganizados fazem com que as pessoas tenham sua atenção voltada para outras questões que não são essenciais.

Contudo, como vimos no começo deste capítulo, o espaço da sala de aula, apesar de ser considerado frequentemente o espaço de aprendizagem por excelência, não é o único no qual as atividades pedagógicas podem acontecer. Há oportunidades para se ensinar e aprender fora da sala de aula e, até mesmo, fora da escola. Vamos conhecer um pouco esses espaços.

> A sala de aula organizada para trabalhos em grupo é muito comum na Educação Infantil, mas também pode ser encontrada, com frequência, na educação corporativa e nas universidades.

Aprendendo fora dos muros da sala de aula

Veremos mais adiante que diversos autores classificam os recursos instrucionais partindo dos que propõem atividades mais concretas para aqueles que apresentam atividades mais abstratas. O que nos interessa aqui é perceber a materialização daquilo que é ensinado.

Vamos imaginar, por exemplo, uma aula de geografia para alunos do Ensino Fundamental, na qual o tema seja a leitura de mapas. Há diversas formas de o professor realizar esta aula. Analisemos duas possibilidades:

- **Aula expositiva:** o professor apresenta o mapa-múndi, seguido do mapa do Brasil, do mapa do estado no qual mora e, por fim, do mapa da cidade. Nesses mapas, ele esclarece os pontos cardeais e fala sobre a importância de saber localizar o norte. Usa como exemplo os navios quando estão em alto-mar ou aviões que fazem viagens muito longas.
- **Aula prática:** para introduzir o assunto, o professor apresenta um mapa da escola ou do bairro. Nesse mapa, ele marca onde os alunos estão e aonde devem chegar (sem nome de ruas ou pontos de referência). Em seguida, o professor utiliza o mesmo mapa, mas não marca o ponto de chegada. Apenas dá as instruções utilizando os pontos cardeais (por exemplo: dois passos a norte, entra na primeira rua a noroeste etc.).

O segundo exemplo apresentado parte de uma experimentação direta para levar as crianças a compreenderem o uso de mapas na prática. Um trabalho como este não pode ser feito dentro da sala de aula, já que exige um espaço maior para que aconteça. Este é um exemplo de situação na qual sair do espaço da sala de aula é um bom recurso educacional.

Ao levar os alunos para a situação prática, o professor mostra que o conteúdo aprendido não é uma mera teorização do mundo, mas uma ferramenta para se apropriar da realidade. O exemplo que foi apresentado trata do Ensino Fundamental. Neste nível de ensino, praticamente todos os conteúdos que são trabalhados têm um caráter fortemente instrumental (língua portuguesa, matemática, ciências, estudos sociais e educação física). Supõe-se, com isso, que seja adequado relacionar este conteúdo à realidade dos alunos.

> **É possível levar os alunos para fora da sala de aula para que eles aprendam através da experiência direta, do contato com o mundo. Esse contato, no entanto, deve ser orientado!**

A situação apresentada até então não é o único exemplo de casos nos quais um aluno ou grupos de alunos é levado para fora da sala com a intenção de se atingir objetivos pedagógicos. Outras situações são:

- **Viagens pedagógicas:** quando a escola organiza viagens para levar os alunos a vivenciarem situações específicas. Na Educação Infantil e no Ensino Fundamental é comum que se levem as crianças para fazendas e outros locais abertos. As viagens também são muito utilizadas em cursos superiores, principalmente em áreas como biologia, geociências, entre outras.
- **Passeios culturais:** museus, espaços históricos da cidade, cinemas, teatros etc. A visita a instituições culturais é algo muito comum, principalmente quando se trabalha com crianças menores.
- **Passeios em grupo:** normalmente organizados para turmas inteiras, eles têm diversos objetivos, principalmente no que diz respeito à aprendizagem afetiva. Neste caso, os alunos são postos em situações nas quais devem negociar, interagir e construir em conjunto.

Você sabia?

A aprendizagem é frequentemente classificada em três grandes grupos: cognitiva, afetiva e psicomotora.

Aprendizagem cognitiva – trata da construção de conhecimentos abstratos. É o entendimento de teorias, formulação de hipóteses, entre outros.

Aprendizagem afetiva – trata da relação das pessoas entre si e destas com o mundo.

Aprendizagem psicomotora – trata da capacidade de se movimentar de forma adequada. Aprender a escrever, por exemplo, tem alto peso psicomotor.

Até aqui, falamos dos ambientes físicos de aprendizagem, ou seja, daqueles espaços onde podemos efetivamente estar. Entretanto, nos últimos anos e, mais especificamente na última década, com o avanço das tecnologias de informação e comunicação (TICs), novos ambientes passaram a se integrar às possibilidades educacionais. São os ambientes virtuais de aprendizagem. Você sabe do que se trata?

> O ciberespaço é um espaço virtual no qual as pessoas interagem e se relacionam, possibilitando o processo de aprendizagem.

Ambientes virtuais de aprendizagem

Durante muito tempo, falar de ambientes de aprendizagem significava falar de um espaço físico no qual o processo de aprendizagem se dava. A rápida evolução das TICs fez com que o suporte midiático se tornasse realidade. Inicialmente, estes suportes eram vistos como ferramentas de ensino ou recursos instrucionais. Os anos e a experiência em seu manuseio, no entanto, mostraram que eles têm uma linguagem específica e criam espaços únicos, com os quais os alunos são obrigados a lidar.

Você sabia?

É comum ver o termo "ambiente virtual de aprendizagem" ser utilizado para definir um *software* que gerencia cursos ministrados pela *web*. Isso acontece, talvez, pela confusão que há entre o recurso (*software*) e o processo (aprendizagem).

Esses espaços virtuais começaram a ser tratados, principalmente após as pesquisas realizadas por Pierre Lèvy, como *ciberespaços*. Apesar de eles não existirem no plano físico, estes ambientes permitem e, muitas vezes, estimulam a interação entre as pessoas. São espaços virtuais de comunicação que levam as pessoas a criarem, construírem e modificarem o conhecimento.

Você sabia?

Ciberespaço é o nome dado a um espaço que não existe no plano físico, mas que congrega pessoas em grupos que têm afinidades. Lèvy define ciberespaço como espaço de comunicação aberto pela interconexão mundial dos computadores e das memórias desses computadores.

Atualmente, não é mais possível falar de ambientes de aprendizagem sem se discutir esse espaço no mundo virtual. Veremos, no próximo capítulo, como a entrada das TICs influenciou a educação, mas não se poderia falar de ambientes de aprendizagem sem tratar desse tópico.

Nas palavras da Professora Edméa Santos (2003, p. 2),

> *"(...) podemos afirmar que um ambiente virtual é um espaço fecundo de significação onde seres humanos e objetos técnicos interagem, potencializando, assim, a construção de conhecimentos, logo a aprendizagem. Então todo ambiente virtual é um ambiente de aprendizagem? Se entendermos aprendizagem como um processo sociotécnico em que os sujeitos interagem na e pela cultura, sendo esta um campo de luta, poder, diferença e significação, espaço para construção de saberes e conhecimento, então podemos afirmar que sim."*

Frequentemente, profissionais envolvidos com a educação associam os ambientes virtuais de aprendizagem aos cursos ministrados *on-line*. Uma análise restrita do conceito de ambiente e, por que não?, da própria aprendizagem é, provavelmente, o que leva a esta confusão. Ao se partir da ideia de que o ambiente está para além dos muros de uma sala de aula e de que a aprendizagem é um processo muito mais dinâmico do que a escola ou a aprendizagem formal, fica mais simples perceber que os ambientes virtuais de aprendizagem não são necessariamente compostos pelos cursos formais.

Vale saber

Educação a distância (EaD) é aquela na qual aluno e professor encontram-se em tempos e/ou espaços diferentes. A EaD utiliza recursos tecnológicos para mediar esta relação, desde trabalhos escritos até programas computacionais bastante avançados.

Cursos on-line são uma modalidade da EaD. São cursos realizados pela internet ou intranet nos quais o aluno aprende com autonomia. Eles podem acontecer com tutoria (um professor ou orientador que atua a distância) ou sem tutoria.

Estima-se, atualmente, que 40 % da população brasileira possui computador no domicílio com acesso à internet (e esse número cresce diariamente). Esse número faz supor a quantidade de pessoas que têm acesso diário a informações e que trocam conhecimento em rede. Elas criam verdadeiras comunidades virtuais, muitas vezes não estruturadas, mas que geram e disseminam conhecimento.

É comum que se confundam ambientes virtuais de aprendizagem com cursos *on-line*. Esses cursos são um instrumento, um recurso presente no ambiente virtual.

Você sabia?

Comunidades virtuais são formadas por grupos de pessoas com interesses em comum. Nelas, acontece a troca de experiência e de conteúdo. Diversas instituições públicas e privadas têm se dedicado a fomentar a criação dessas comunidades como forma de disseminar conhecimentos.

Com o objetivo de estruturar o ambiente virtual direcionado à aprendizagem, educadores e organizações em geral utilizaram os conhecimentos da tecnologia da informação (TI) para organizar cursos ministrados a distância com suporte computacional. Para isso, foram desenvolvidos sistemas capazes de gerenciar este modelo de aprendizagem. Estes sistemas são chamados de "sistemas de gerenciamento de aprendizagem", conhecidos pela sigla LMS, do inglês "*Learning Management System*".

Os LMSs possuem várias características, quais sejam:

- **Proteção do acesso:** o sistema garante que só as pessoas autorizadas poderão ter acesso ao conteúdo disponibilizado.
- **Gestão de perfis:** nos LMSs, é possível definir perfis. Perfil é um conjunto de características que alguns usuários receberão para navegar no sistema.
- **Controle de acesso:** é possível saber quem acessou qual conteúdo e quantas vezes esse acesso foi realizado. Existe a possibilidade de saber exatamente o dia e a hora que o aluno acessou o ambiente.
- **Comunicação:** *chats*, fóruns, bibliotecas etc. Os LMSs disponibilizam diversos recursos para que a comunicação aconteça.

Vale saber

Chat – recurso do LMS que permite que duas ou mais pessoas conversem em tempo real.
Fórum – espaço destinado à construção coletiva do conhecimento. Um mediador ou um participante inclui um assunto e os demais dão sua opinião ou suas considerações.
Biblioteca virtual – local destinado ao armazenamento de arquivos como apostilas, livros em meio digital, apresentações etc.

- **Controle das atividades:** é possível saber exatamente o que cada aluno fez nestes ambientes. Exercícios, tempo de navegação, entre outras informações, estão disponíveis na maior parte dos LMSs.

Você sabia?

Existem diversos LMSs disponíveis no mercado. Várias empresas criaram estes sistemas. O mais conhecido é o Moodle, um LMS gratuito e aberto, disponível na internet.

O avanço das TICs fez com que os ambientes virtuais passassem a incorporar o conjunto de ambientes de aprendizagem. Mas será que este é o único ou mais atual ambiente para o processo educacional?

Novos ambientes de aprendizagem

É muito comum que artigos e livros tratem o ambiente virtual de aprendizagem como um novo ambiente de aprendizagem. Ele realmente o é. Entretanto, paulatinamente, esse ambiente virtual está se tornando parte da realidade escolar e, portanto, deixando de ser novo.

A evolução das tecnologias está trazendo outras novidades quanto aos ambientes de aprendizagem. A estas novidades, trataremos aqui de novos ambientes. *Second Life*, conteúdos para telefonia móvel e *tablets* e TV interativa. Que ambientes são estes?

O *second life* surgiu como um jogo, com objetivo de entreter. Nele, um mundo virtual é construído, e cada pessoa passa a "incorporar" um personagem. Esse personagem interage com os demais, permitindo que se criem relacionamentos, comprem-se produtos, realizem-se propagandas, entre diversas outras possibilidades.

> *Second life*, conteúdos para telefonia móvel e *tablets* e TV interativa são algumas das novidades relacionadas a novos ambientes de aprendizagem que estão surgindo.

Rapidamente o *second life* foi bem-aceito pelos jovens. Sua rápida aceitação levou diversas organizações a analisarem a possibilidade de utilizar esta tecnologia como meio ou ambiente de aprendizagem. Algumas empresas da área de tecnologia, percebendo essa demanda, começaram a estruturar, neste modelo, ambientes específicos para o estudo.

O avanço das tecnologias também fez com que crescesse enormemente a demanda por conteúdos para telefones móveis. Isto decorreu, provavelmente, do rápido aumento do número de telefones no país. Em 2011, tínhamos 230 milhões de telefones móveis para menos de 200 milhões de habitantes. Ou seja, já há mais linhas ativadas do que pessoas.

Entre as diversas possibilidades que essa telefonia permite, já há quem considere a possibilidade de se trabalhar conteúdos educacionais. Algumas universidades e alguns centros de pesquisa, de forma pioneira, vêm estudando como fazer. O que se pode dizer hoje é que se trata de uma possibilidade real e de uma realidade bem próxima.

Os *tablets* surgiram no final da década de 2000. São computadores portáteis que permitem acesso às mais diversas informações de qualquer lugar. Diversas universidades já utilizam os *tablets* como suporte para seus materiais didáticos tradicionais. Ou seja, essas universidades digitalizam livros ou apostilas e os enviam para os aparelhos de seus alunos.

Embora não se tenha nada de concreto quanto ao uso dos *tablets* na educação do futuro, é difícil não imaginar que uma nova revolução quanto a ambientes e recursos de aprendizagem esteja por surgir.

Também no final da década de 2000 começaram a despontar no mundo os televisores interativos. Se, no passado, a televisão trazia um conteúdo em sentido único (da emissora para o telespectador), as novas tecnologias parecem querer subverter essa ordem. Ou seja, espera-se que, no futuro, o telespectador seja capaz de influenciar no tipo de programa a que ele assiste. Mais uma vez, é difícil pensar que esta tecnologia não vá, de alguma forma, influenciar no modo como as pessoas aprendem.

> **Você sabia?**
>
> As novas tecnologias e os ambientes de aprendizagem trabalham com o conceito de hipertexto. Um hipertexto é um texto que não tem uma sequência linear obrigatória. Em outras palavras, ele pode ser lido por diversos caminhos, dependendo da intenção de quem o escreve e das necessidades de quem o lê.

A importância dos recursos instrucionais

Recursos instrucionais são todos os recursos utilizados para facilitar ou estimular a aprendizagem de alguém. Partindo desta definição genérica, poderíamos considerar que todas as pessoas que compõem o quadro de uma instituição educacional são recursos (humanos, neste caso). Da mesma forma, seria possível considerar que todos os espaços físicos são recursos de ensino (ambientais).

O uso de recursos instrucionais traz diversos benefícios. Destacam-se:

- Estímulo à participação do aluno.
- Facilidade no relacionamento entre a realidade do aluno e o conteúdo.
- Possibilidade de tornar os conteúdos mais concretos.
- Simplicidade na apresentação de dados.
- Facilidade para fixar a aprendizagem.

A partir de agora, falaremos especificamente dos recursos audiovisuais.

> **Você sabia?**
>
> Alguns autores consideram que os recursos instrucionais são divididos em recursos humanos (professores, profissionais da instituição escolar etc.) e materiais (ligados ao ambiente e à comunidade).

Recursos audiovisuais

Como o próprio nome diz, recursos audiovisuais são aqueles que, de alguma forma, estimulam os sentidos auditivo e visual. A partir daí, é possível supor que há recursos exclusivamente auditivos, assim como os exclusivamente visuais. Além, claro, dos que trabalham esses dois sentidos juntos. Veja alguns exemplos:

- **Recursos auditivos:** rádio, discos compactos etc.
- **Recursos visuais:** mapas, gravuras etc.
- **Recursos audiovisuais:** televisão, internet etc.

Não existe uma classificação universal dos recursos instrucionais. A maioria dos autores que tratam do assunto costuma utilizar duas classificações: a de Edgar Dale e a classificação brasileira de recursos audiovisuais.

A classificação de Edgar Dale, desenvolvida em 1946, é chamada de "Cone de Experiências". Trata-se de uma classificação que não se limita simplesmente a listar os recursos, mas trabalha com a relação entre a abstração e a concretização, bem como com o nível de desenvolvimento sociocognitivo do aluno.

No topo da pirâmide, Dale inclui os símbolos verbais, representando o máximo de abstração. Estes símbolos poderiam ser utilizados junto a aprendizes com alta capacidade de abstração de conceitos. Na base da pirâmide, Dale colocou a experiência direta, ou seja, a vivência prática de uma atividade. Esta atividade na base representaria o mínimo de abstração e o máximo de necessidade de concretização para a aprendizagem.

A pirâmide de Dale pode ser vista na figura a seguir:

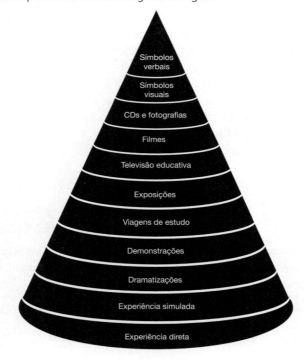

Se o tipo de relação que o aluno estabelece com o conhecimento impactar na sua efetiva aprendizagem, é natural que professores se interessem em saber quais os estímulos adequados para a apresentação de um novo conteúdo. Bassok *et al*. (1989) realizaram uma pesquisa para saber como os estudantes, de forma geral, estudavam para resolver os problemas mais complicados. Ao associar os estímulos que esses estudantes buscavam ao sentido utilizado, chegaram à seguinte conclusão: os alunos aprendem

- 10 % do que leem.
- 20 % do que veem.
- 30 % do que ouvem.
- 50 % do que veem e ouvem.
- 70 % das atividades nas quais colaboram.
- 90 % do que efetivamente fazem.

Este estudo de Bassok *et al.*, apesar de ser muito questionado quanto ao método, ainda é um dos mais utilizados para justificar a escolha do procedimento de ensino. O que é possível perceber no resultado dessa pesquisa é que a aprendizagem será mais efetiva quanto mais concreto for o método empregado. Ou seja, quanto mais o aluno tiver que realizar tarefas (fazer, por exemplo), maior será a possibilidade de que o novo conteúdo seja retido.

Dale não fez uma relação do resultado de sua pesquisa com a pesquisa de Bassok *et al.*, mas outros autores que o sucederam apresentaram a seguinte estrutura:

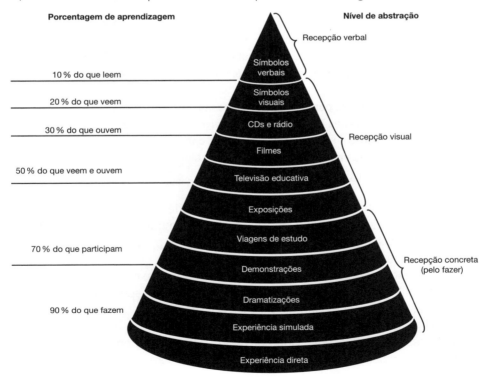

Muitos educadores utilizam esta relação entre as duas pesquisas para justificar a escolha dos recursos a serem utilizados no processo de ensino. Desta forma, métodos que privilegiem a experiência direta seriam mais adequados não só para alunos que ainda não possuem a capacidade de abstração totalmente desenvolvida, mas para todos, já que a chance de efetivamente aprender o conteúdo seria bem maior.

Vale saber

Dale detalha cada um dos níveis que apresenta em sua pesquisa. De forma reduzida, temos:

Experiência direta – realização de uma atividade prática. Por exemplo, ir a uma floresta classificar plantas em uma aula de biologia.
Experiência simulada – realização simulada de uma atividade. Por exemplo, montar uma avenida no pátio da escola para aprender os sinais de trânsito.
Dramatização – realização de uma atividade utilizando recursos cênicos. Interpretação da chegada de Pedro Álvares Cabral ao Brasil para o ensino da história.
Demonstração – apresentação de um conceito. O professor pode, por exemplo, mostrar como objetos preenchidos por ar flutuam na água, no ensino de física.
Viagens de estudo – conhecidas nas escolas como excursões, são viagens para aprender algo específico – biologia, história etc.
Exposições – organização feita para expor trabalhos, como as exposições de arte.
Televisão educativa – programas televisivos com foco no ensino de um determinado conteúdo.
Filmes – utilização de filmes para posterior discussão.
CDs e rádios – sons gravados ou transmitidos ao vivo, de caráter educativo.
Símbolos visuais – ícones, imagens, gravuras, fotos, cartazes etc.
Símbolos verbais – basicamente, texto falado, principalmente pelo professor.

Conhecendo a pirâmide de Dale e a relação que é feita entre a construção do conhecimento e o sentido estimulado, nota-se a elevada importância quanto ao uso dos recursos audiovisuais. Esses recursos dedicam-se a levar ao aluno, por meio de sons e imagens, conteúdos que ele precisa aprender.

Vimos que, excluindo a participação direta do aluno, ver e ouvir simultaneamente é o método mais eficaz para garantir que a pessoa efetivamente aprenda. Daí, a importância de se utilizar recursos que estimulem esses dois sentidos.

No Brasil, esses recursos seguem a Classificação Brasileira de Recursos Audiovisuais. Esta classificação, desenvolvida por Nélio Parra, separa em visuais, auditivos e audiovisuais os principais recursos e é apresentada na figura a seguir:

Classificação brasileira de recursos audiovisuais

Visuais	Auditivos	Audiovisuais
Álbum seriado	Aparelho de som	Filmes
Cartazes	Discos	Televisão
Exposição	Fitas cassete	Videocassete
Fotografias	CDs	Aparelho de DVD
Flanelógrafo	Rádio	Computador
Gráficos	CD-ROM	
Gravuras		
Mapas		
Modelos		
Mural		
Museus		
Objetos		
Lousa		
Quadros		
Transparências e apresentações		

A escolha do recurso a ser utilizado em sala de aula não é uma decisão aleatória. Ela deve considerar algumas questões, como:

1. O objetivo da aula.
2. O conhecimento que o professor tem do manuseio.
3. O grau de desenvolvimento e o interesse dos alunos.
4. A simplicidade na utilização dos recursos.
5. A natureza da disciplina que será trabalhada.
6. O custo.
7. A qualidade do recurso.
8. O tempo disponível em aula.
9. As condições do ambiente.

Vamos conhecer os principais recursos audiovisuais. Para cada um dos recursos, você saberá o que é e quais são suas principais características. Além disso, serão apresentadas dicas sobre como utilizar o recurso.

Principais recursos audiovisuais

Álbum seriado

O que é?
É um recurso visual que apresenta diversas imagens em uma sequência lógica e progressiva. Cada ideia principal é apresentada em uma página, que mantém alguma relação com a página anterior e a posterior. Nas escolas, o álbum costuma ser fixado em um mural de cortiça ou outro material similar.

Quais as principais vantagens?

- Exposição visual das ideias centrais de um conteúdo.
- Organização lógica e sequencial da apresentação.
- Apoio ao professor para lembrar todos os pontos a serem tratados.
- Possibilidade de sintetização e esquematização de ideias.

Dicas para utilização

- O álbum deve estar em lugar visível.
- O professor deve explicar cada uma das páginas.
- A explicação não precisa se ater à imagem que aparece em uma página. O professor pode explorar cada uma ao máximo.
- É interessante estimular a participação dos alunos na confecção do álbum.
- O álbum pode ser fixado em um tripé para que seja apresentada somente a página que o professor está explicando.

Cartazes, fotografias, mapas e quadros

O que são?
Recursos visuais que levam o aluno a "enxergar" um conteúdo. Os cartazes podem ser montados pelo próprio aluno e não apresentam uma regra fixa. As fotografias são imagens captadas do mundo real e apresentadas junto às explicações. Mapas são organizações esquematizadas da realidade, respeitando uma escala, e quadros são figuras fixas, pintadas ou organizadas.

Quais as principais vantagens?

- Possibilidade de concretização das ideias mais abstratas.
- Apresentação esquematizada dos conteúdos.
- Estímulo visual focado em um determinado assunto.

Dicas para utilização

- Fixar em local visível para todos.
- Garantir a qualidade da imagem.
- Relacionar as imagens expostas com os conteúdos de ensino.
- Estimular os próprios alunos a construírem os materiais.
- Quando trabalhar com alunos muito pequenos, usar cores fortes para marcar os pontos principais das imagens.

Exposição, mural e museus

O que são?
São locais dedicados à exposição de trabalhos dos próprios alunos ou apresentação de trabalhos de terceiros. As exposições podem ser realizadas na própria escola ou é possível organizar um passeio a exposições externas. Os murais são recursos muito comuns em todos os níveis de ensino, principalmente para manter a turma informada. Os museus são espaços públicos dedicados à exposição de peças e obras antigas.

Quais as principais vantagens?

- Exposição de trabalhos dos próprios alunos.
- Possibilidade de tratamento de várias questões similares simultaneamente.
- Facilidade na visualização dos conteúdos.
- Simplicidade para trabalhar temas como arte.

Dicas para utilização

- Manter o mural e as exposições sempre atualizadas.
- Pedir que os alunos auxiliem na elaboração e na atualização.
- Dar um título para cada mural, de forma que os conteúdos estejam subordinados a esse título.
- Trabalhar o conteúdo do que será visto no museu antes e depois da visita.

Flanelógrafo

O que é?
É uma prancha reta com um lado revestido em flanela para que se coloquem pedaços de papel de maior gramatura. O flanelógrafo ilustra textos e conceitos em geral, além de apresentar figuras relacionadas ao tema da aula.

Quais as principais vantagens?

- Facilita a troca de imagens, inclusive durante a aula.
- Possibilita o uso de elementos visuais.

- Relaciona a fala do professor às ilustrações apresentadas.
- Integra a turma para a discussão de um determinado assunto.

Dicas para utilização

- Preparar, com antecedência, as figuras que serão utilizadas.
- Explorar cada figura com profundidade antes de passar para a seguinte.
- Se houver textos, cuidar do tamanho das letras, para que todos enxerguem.
- Promover a participação dos alunos na construção das imagens.

Gráficos e gravuras

O que são?
São informações visuais construídas pelo professor, pelo aluno ou, ainda, retiradas de outros locais, como jornais, revistas ou internet.

Quais as principais vantagens?

- Estimulam a capacidade de observação do aluno.
- Incentivam a construção de relações entre dados numéricos e suas explicações.
- Relacionam as imagens aos conteúdos.

Dicas para utilização

- Cuidar da resolução das imagens.
- Fazer a ligação entre gráficos, gravuras e os conteúdos trabalhados na aula.
- Usar imagens simples, de fácil entendimento.
- Evitar muitos textos. Utilizar, no máximo, uma frase explicativa acima (título).

Lousa

O que é?
É um grande quadro no qual o professor escreve os principais tópicos ou faz desenhos, esquemas, modelos etc. As principais lousas são o quadro-negro, que é um quadro verde ou negro que permite que se escreva com giz, ou um quadro branco no qual se escreve com uma caneta específica.

Quais as principais vantagens?

- Permite que se apresentem e resolvam exercícios junto com os alunos.
- Apresenta esquemas da aula.
- Simplifica a correção de trabalhos, registrando pontos essenciais.
- Possui custo muito baixo.

Dicas para utilização

- Escrever sempre de cima para baixo, da esquerda para a direita.

- Usar giz ou caneta colorida somente para dar ênfase a um determinado assunto. Na escrita normal, usar sempre giz branco ou caneta preta.
- Cuidar do tamanho da letra para que todos em sala consigam ler o que é escrito.

Transparências e apresentações

O que são?
Transparências são folhas transparentes utilizadas no retroprojetor para apresentar um determinado conteúdo. As apresentações podem ser feitas em papel ou em aplicativos de computador, com o mesmo objetivo das transparências.

Quais as principais vantagens?

- Informação visual de apoio às explicações do professor.
- Possibilidade de uso de textos (em tópicos) ou de imagens.

Dicas para utilização

- Cuidar do tamanho das letras. Usar, no mínimo, fonte 18 (no computador).
- Usar fontes com poucos desenhos.
- Ter atenção ao foco da imagem no momento da projeção.
- Não se prender à leitura da apresentação ou da transparência. Elas devem ser apenas guias.
- Usar uma tela ou parede branca para projetar a imagem.

Aparelho de som

O que é?
Equipamento eletrônico que reproduz som de CDs, discos e fitas cassete.

Quais as principais vantagens?

- Possibilita gravar aulas ou encenações dos alunos.
- Reproduz programas didáticos.

Dicas para utilização

- Relacionar o conteúdo que é ouvido ao objetivo da aula.
- Não usar exclusivamente este recurso. Apenas como suporte.

Discos, fitas cassete, CD e CD-ROMs

O que são?
São os meios nos quais as gravações citadas no item anterior ficam armazenadas. Atualmente, encontram-se poucos discos e fitas cassete e, em maior número, utilizam-se CDs e CD-ROMs.

Quais as principais vantagens?

- Gravar ou reproduzir aulas e encenações dos alunos.
- Trabalhar conteúdos ligados à arte (músicas, por exemplo).

Dicas para utilização

- Cuidar da qualidade do som.
- Relacionar o que é escutado ao conteúdo da aula.
- Tratar esses recursos como complemento, não como parte principal da aula.

Rádio

O que é?
Aparelho eletrônico que possibilita escutar notícias, documentários, músicas, entre outros. Não é um equipamento exclusivamente educacional, portanto, seu uso em sala de aula deve ser adaptado às necessidades da aula.

Quais as principais vantagens?

- Trabalhar conteúdos educacionais em sala de aula.
- Relacionar atualidades aos objetivos da aula.
- Motivar os alunos.
- Estimular a atenção.

Dicas para utilização

- Discutir, com antecedência, o conteúdo que vai ser trabalhado.
- Oferecer questões que devem ser trabalhadas e respondidas.
- Fechar a discussão, sintetizando o resultado da atividade.

Televisão

O que é?
Equipamento eletrônico que transmite programas. Também não é um recurso exclusivamente educacional, mas há diversos canais que são dedicados a temas educativos, além de documentários que podem ser usados com proveito em sala de aula.

Quais as principais vantagens?

- Estimula a atenção dos alunos.
- Garante a participação de todos.
- Desenvolve o lado lúdico em sala.
- Dá dinamicidade à aula.
- Dá movimento aos conteúdos estáticos trabalhados em sala.

Dicas para utilização

- Discutir com a turma, com antecedência, o programa que será assistido.
- Solicitar que a turma faça anotações dos principais tópicos do filme ou do programa.

- Oferecer, com antecedência, perguntas ou questões para serem respondidas.
- Consolidar o trabalho ao final, relacionando o que foi visto aos objetivos de ensino.

Computador

O que é?
É uma máquina capaz de armazenar e tratar dados. Em educação, o computador é utilizado de várias formas, desde para simplesmente redigir trabalhos acadêmicos até para a realização de pesquisas sofisticadas.

Quais as principais vantagens?

- Aumenta o interesse dos alunos.
- Estimula a participação na sala de aula.
- Tangibiliza conteúdos mais abstratos.
- Favorece a integração com pessoas distantes fisicamente.
- Oferece informações atualizadas sobre diversos assuntos.
- Permite consultas em tempo real.

Dicas para utilização

- Orientar os alunos quanto ao objetivo da aula.
- Oferecer questões claras a serem pesquisadas.
- Tratar da questão da origem das informações e da confiança que se pode ter nelas.
- Com crianças pequenas, acompanhar integralmente as atividades.
- Preparar as máquinas com antecedência, instalando programas que sejam porventura necessários.

Critérios para seleção de recursos audiovisuais em sala de aula

De forma geral, cinco critérios podem ser considerados na escolha do recurso em sala de aula:

- **Adequação ao objetivo:** é comum adotar um determinado recurso por ele ser mais estimulante para a turma ou, simplesmente, por estar "na moda". Contudo, a escolha de um recurso ou mesmo de um material didático deve ser feita com base no objetivo de ensino que foi estabelecido.
- **Funcionalidade:** o material escolhido deve ser facilmente utilizado em sala de aula. É aconselhável que se evitem recursos cuja utilização é muito complexa, ou mesmo que exija alto grau de domínio.
- **Simplicidade:** complementando o que foi apresentado no item anterior, quanto mais simples um recurso for, mais fluida será a aula. Os recursos escolhidos devem

ser fáceis de serem manuseados para que a atenção do aluno esteja voltada para o conteúdo, não para o recurso.
- **Qualidade do recurso:** o recurso escolhido precisa transmitir de forma clara a ideia. Imagine um professor de Geografia que apresenta um mapa "achatado" ou fora de escala. Nesses casos, o recurso estaria sendo prejudicial à aprendizagem, quando seu objetivo seria o de facilitar esta mesma aprendizagem.

Como vimos até aqui, a definição do ambiente de aprendizagem e a escolha dos recursos instrucionais são duas decisões que nem sempre recebem a devida atenção por parte de educadores. No entanto, são questões fundamentais no sentido de buscar uma aprendizagem significativa e perene. É necessário, por isso, que professores compreendam e reflitam sobre essas questões.

Exercício de aplicação

Identifique um conteúdo da área educacional. Em seguida, defina os objetivos e o público. Com isto pronto, tente definir qual o ambiente ideal de aprendizagem para se ensinar esse conteúdo e que recursos instrucionais você utilizaria. Para facilitar, acompanhe o roteiro a seguir:

- Conteúdo a ser ensinado.
- Objetivo de aprendizagem.
- Ambiente recomendado.
- Recursos a serem utilizados.

Para debater

Não é difícil encontrar professores que ignoram os recursos audiovisuais, mantendo uma aula quase que integralmente calcada na exposição oral. Discuta com seus colegas e professores quais as vantagens de incorporar recursos instrucionais mais modernos à prática pedagógica.

Ambientes de Aprendizagem e Recursos Instrucionais **201**

Resumo executivo

- Ambientes de aprendizagem são espaços físicos, comunidades e processos direcionados ao ensino intencional.
- A sala de aula é o ambiente de aprendizagem por excelência.
- Uma sala de aula tradicional possui as seguintes características: espaço físico limitado, mobiliário específico (cadeiras, mesas etc.), presença de recursos instrucionais, organização preestabelecida.
- As principais organizações da sala de aula são: italiana, meia-lua, anfiteatro e grupos de trabalho.
- É possível aprender fora da sala de aula, principalmente em se tratando de temas mais práticos.
- As escolas, fora da sala de aula, costumam estruturar viagens pedagógicas, visitas a instituições culturais e passeios em grupo.
- Ambientes virtuais de aprendizagem são espaços que só existem no mundo virtual e que congregam grupos de pessoas que aprendem coletivamente.
- Educação a distância é uma modalidade educacional que pode ou não acontecer no ambiente virtual.
- *Learning Management Systems* (LMSs) são sistemas dedicados a gerenciar a aprendizagem no ambiente virtual.
- Novos ambientes de aprendizagem parecem estar surgindo. Entre eles, destacam-se *second life*, conteúdos para telefonia móvel e *tablets* e TV interativa.
- Recursos instrucionais são equipamentos ou processos que auxiliam no processo de ensino.
- Recursos audiovisuais são instrumentos que estimulam os sentidos auditivo e visual simultaneamente.
- Os principais benefícios do uso de recursos instrucionais em sala de aula são: estímulo à participação do aluno, facilidade no relacionamento entre a realidade do aluno e o conteúdo, possibilidade de tornar os conteúdos mais concretos, simplicidade na apresentação de dados e facilidade para fixar a aprendizagem.
- A principal classificação dos recursos instrucionais é a proposta por Edgar Dale, chamada de "Cone das Experiências".
- Pesquisas comprovam que a retenção do conhecimento é maior e mais eficaz quando estímulos auditivos e visuais são oferecidos simultaneamente.
- No Brasil, é utilizada a Classificação Brasileira de Recursos Audiovisuais como forma de organização dos recursos disponíveis.
- A escolha de um recurso audiovisual em sala de aula deve considerar pelo menos quatro aspectos: adequação ao objetivo, funcionalidade, simplicidade e qualidade do recurso.

Teste seu conhecimento

- Defina com suas palavras o termo "ambientes de aprendizagem".
- Cite algumas características dos ambientes virtuais de aprendizagem.
- Diferencie ambiente virtual de aprendizagem dos novos ambientes de aprendizagem.
- Defina recursos instrucionais e recursos audiovisuais.
- Cite três benefícios do uso de recursos instrucionais em sala de aula.
- Explique a lógica do Cone das Experiências.
- Escolha dois recursos audiovisuais e esclareça o uso que eles podem ter em sala de aula, facilitando o processo de ensino.
- Cite três características que devem ser consideradas para a escolha de um recurso audiovisual para uma aula.

Exercícios propostos

1. Defina, com suas palavras, o que são ambientes de aprendizagem e recursos instrucionais.

2. Considere as afirmativas abaixo:
   I. Sala de aula no modelo italiano é a sala de aula organizada de forma tradicional, com cadeiras enfileiradas, viradas para o professor.
   II. Sala de aula em meia-lua é a sala de aula organizada em meio círculo, no qual todos os participantes podem se ver.
   III. Sala de aula em grupos de trabalho é a sala de aula organizada para pequenos grupos, com mesas e cadeiras dispostas para grupos pequenos sentarem juntos.

   Consideramos que estão corretas as seguintes opções:
   a. I e II.
   b. II e III.
   c. I e III.
   d. Todas as alternativas.

3. Recursos instrucionais são:
   a. Métodos de ensino selecionados pelo docente.
   b. Equipamentos e recursos que suportam os métodos de ensino.
   c. Jogos.
   d. Passeios em grupo.

4. Sobre os *Learning Management Systems* (sistemas de gerenciamento de aprendizagem), podemos afirmar que é possível:
   a. Superar as longas aulas expositivas.
   b. Testar o conhecimento dos alunos.
   c. Simplificar a atuação do professor.
   d. Reduzir o custo com o ensino.

5. São benefícios do uso de recursos instrucionais todos os listados abaixo, EXCETO:
   a. Define o método de ensino a ser usado pelo docente.
   b. Estímulo à participação do aluno.
   c. Torna conteúdos abstratos mais concretos.
   d. Facilita a construção da aprendizagem pelo estímulo dos sentidos.

6. Considere as afirmações abaixo:
   I. Estímulos visuais são os que mais garantem possibilidade de absorção do conhecimento.
   II. Estímulos auditivos são os que mais garantem possibilidade de absorção do conhecimento.
   III. Estímulos audiovisuais são os que mais garantem possibilidade de absorção do conhecimento.
   Está correta a alternativa:
   a. I.
   b. II.
   c. III.
   d. Todas as alternativas.

9
Tecnologia na Educação: Novos Desafios para a Didática

Videoaula
Capítulo 9

Contextualizando

A Viúva Simões (excerto, de Júlia Lopes de Almeida)

A rua tinha trechos menos tumultuosos de feição aristocrática, onde as casas não se abriam tão burguesmente à poeira e à curiosidade de fora; mas logo em outro quarteirão, tudo mudava, aspecto de pessoas e de coisas, como se se tivesse dado um salto para outro bairro. Então, em vez de prédios grandes, de cortinas cerradas e plantas ornamentais nas entradas, eram as casas apertadas, desiguais; e, de vez em quando, ou um frege tresandando a azeite e sardinhas, ou uma quitanda apertada, cheirando a fruta apodrecida e a hortaliça murcha. Nesse ponto andavam crianças aos magotes pela calçada, de mãos dadas, embaraçando os transeuntes. À porta de um barbeiro ou de outra qualquer casa de negócio, sufocada por prédios maiores, conversavam algumas pessoas com muitos gestos e poucas risadas.

No trecho extraído do livro de Almeida, é possível perceber que ela faz uma leve, mas objetiva, crítica às mudanças, principalmente pelo fato de estas acontecerem tão próximas ao diferente.

Utilizando como base o conceito apresentado no texto, transpondo esta questão para a educação, reflita:

- A forma como se ensina hoje é diferente da forma como se ensinava no passado?
- O que mudou nas relações de ensino e aprendizagem nas últimas décadas?
- O avanço das tecnologias de informação e comunicação (TICs) impactou nos modelos de aprendizagem?
- Como professores e alunos, inseridos no contexto de um mundo tecnológico, se relacionam com o conhecimento?

Estudo de caso

Secretaria de Educação a Distância – pensando o ensino mediado pelas tecnologias

Em 1996, foi constituída a SEED – Secretaria de Educação a Distância, ligada ao Ministério da Educação (MEC). Instituída pelo Decreto nº 1.917, de 27 de maio daquele ano, tinha como proposta desenvolver políticas que norteassem e estimulassem a incorporação das tecnologias de informação e comunicação aos processos educacionais. Nesse mesmo ano, a SEED lançou o canal TV Escola e produziu um documentário chamado de "Programa Informática na Educação". Um ano depois, a SEED lançou o Proinfo – Programa Nacional da Informática na Educação – que tinha por principal meta instalar computadores nas escolas públicas de todo o país.

Atualmente, o Proinfo já se consolidou como o principal programa brasileiro para trabalhar a questão da tecnologia na educação. Da mesma forma, a SEED já é vista como um órgão fundamental para as políticas educacionais brasileiras.

A partir do caso aqui exposto, reflita:

- Tantos anos depois da criação do Proinfo, já é possível afirmar que todas as escolas públicas brasileiras foram incluídas no mundo digital?
- Entregar computador para as escolas é suficiente para a criação de uma cultura da inclusão das tecnologias na educação?
- Que aspectos devem ser considerados para a inclusão tecnológica das escolas brasileiras?

Conceitos para entender a prática

As três últimas décadas representaram mudanças radicais nas relações econômicas e sociais no mundo por diversos motivos. Entre esses motivos, a evolução das TICs se destaca. O mundo mudou e a escola precisou acompanhar essa mudança; afinal, como defendia Anísio Teixeira (1900-1971), a escola não é uma imitação da vida, ela é a própria vida.

Os avanços das TICs transformaram as relações estabelecidas pelas pessoas. No âmbito das organizações escolares, não representaram simplesmente um avanço no que diz respeito aos recursos instrucionais. Em verdade, essas tecnologias mudaram completamente a relação que as pessoas estabelecem com o objeto do conhecimento e formas de ensinar e de aprender.

Por tudo isso, discutir a questão da entrada das TICs é fundamental para a didática, já que gera um impacto considerável nos métodos e nas técnicas de ensino selecionados para um aluno imerso neste novo mundo.

Os objetivos deste capítulo são:

- Conhecer o processo de surgimento dos computadores e a evolução da informática.
- Analisar o cenário no qual a informática adentra os muros da escola.
- Discutir os impactos da tecnologia educacional para a didática.
- Compreender como as tecnologias podem ser utilizadas como recursos instrucionais.

O surgimento do computador e o desenvolvimento da ciência da informática

Quando se fala no computador e na informática, é comum que se tenha a sensação de tratar-se de um assunto extremamente novo. Mas não é bem assim. O primeiro computador foi construído, em 1936, por Konrad Zuse (1910-1995), um inventor alemão. Este equipamento antigo era capaz de executar cálculos simples, registrando-os em fitas por meio de pequenos furos. Zuse tentou vender seu projeto ao governo, que não se interessou por não perceber como tal instrumento poderia auxiliar na guerra – lembre-se de que falamos na Alemanha da década de 1940.

Foi na Segunda Guerra Mundial (1939-1945) que os norte-americanos resolveram investir em recursos capazes de executar cálculos com maior velocidade, além de transmitir informações a longas distâncias em curtos períodos de tempo. Nessa época, a Universidade de Harvard, financiada pela Marinha norte-americana, construiu o Mark I, em 1944. Trata-se de um computador "primitivo" desenvolvido por Howard Aiken (1900-1973) que, mais uma vez, tinha suas funções limitadas à realização das operações matemáticas básicas. O Mark 1 media 17 metros de comprimento por 2,5 de altura, pesando 5 toneladas, e era uma inovação porque tinha a capacidade de realizar contas com grandes números.

Ao mesmo tempo em que o Mark 1 era desenvolvido, o Exército norte-americano investia em um projeto para construir um computador ainda mais avançado. Assim, em 1946, surge o ENIAC (*Electronic Numeric Integrator and Calculator*), uma versão similar ao primeiro, porém menor e com maior capacidade de processamento. O ENIAC pesava 32 toneladas, media 30 metros e possuía mais de 17 mil válvulas. Levou mais de três anos para ser construído e representou uma grande revolução: realizava 5 mil somas e 360 multiplicações por segundo! Devido à sua incrível capacidade para a época, o governo só permitiu sua exibição ao mundo após o término da guerra.

Devido ao tempo para a montagem de um computador como o ENIAC ou o Mark 1, além de seu tamanho, eles não estavam disponíveis para comercialização, restringindo-se ao uso dos governos – em especial do governo dos Estados Unidos. Somente em 1951 seria fabricado o primeiro computador que poderia ser comercializado. Era o UNIVAC, fabricado pelos mesmos inventores do ENIAC.

> **Desde a Segunda Guerra Mundial, os computadores ocupam um importante espaço na história da humanidade.**

A década de 1950 ficou conhecida como a década da segunda geração dos computadores. Nessa época, a IBM lançou o IBM 1401, um computador de dimensões mais adequadas para atender as necessidades de grandes empresas. Ele facilitava o trabalho em grandes organizações porque diminuía consideravelmente o tempo gasto para executar cálculos mais complexos, mas ainda não tinha a capacidade de armazenar grandes quantidades de informação.

A terceira geração começa na década de 1960, com computadores capazes de realizar operações matemáticas com números cada vez maiores em menos tempo, armazenando alguns resultados. É nesse momento que surgem as memórias virtuais, começando a se valorizar a capacidade de armazenamento desses equipamentos. Em 1980, surge um minicomputador – um monitor similar a uma televisão de 14 polegadas acompanhado de uma CPU (caixa na qual ficam a memória e os recursos para o processamento de dados) e um teclado. Era uma grande revolução: agora as pessoas poderiam ter computadores em suas próprias casas!

Somente a partir da década de 1950 os computadores puderam ser comercializados em uma escala maior.

Em 1982, surge a quarta geração de computadores, o 286, que foi um sucesso imenso, seguido pelos computadores 386, 486, de 1985 e 1989, respectivamente. A evolução das máquinas mostrou-se um caminho sem volta. Em 1993, surge o Pentium, um computador que, com mínimas dimensões, era capaz de processar inúmeras informações simultaneamente por preços extremamente acessíveis. Foi seguido pelos Pentium 2, 3 e 4, em 1997, 1999 e 2001. Daí para frente, as mudanças passaram a dizer respeito à capacidade de armazenamento de dados e à velocidade do processamento das informações.

Você sabia?

A partir da década de 1990, os computadores passaram a evoluir em velocidade exponencial. As grandes mudanças entre as versões antigas e as que surgiam eram: redução do tamanho do equipamento, aumento da capacidade de processamento e diversificação das mídias.

Em 2010, é apresentado ao mundo o iPad, um computador extremamente pequeno e leve (680 gramas), que pode ser levado para qualquer lugar em pequenas bolsas. Alta velocidade, alta capacidade de armazenamento de dados, realização de múltiplas tarefas simultaneamente etc. O iPad revolucionou o conceito de computadores do mundo.

Falamos até aqui sobre a rápida evolução dos *hardwares*, ou seja, da parte física dos computadores. Mas os *softwares* – os sistemas, aplicativos e programas

– também evoluíram. Hoje em dia os sistemas operacionais são bastante simples de utilizar, mas suas funcionalidades são fruto de uma evolução contínua que levou décadas.

A primeira geração de computadores (décadas de 1940 e 1950) não utilizava sistemas operacionais. Só na segunda geração (final da década de 1950 e início de 1960) surgiu a ideia de desenvolver sistemas que servissem para o funcionamento de computadores em larga escala. No início, cada computador possuía um sistema operacional próprio, o que gerava limitações, já que muitos eram incompatíveis entre si. No início da década de 1970, foi desenvolvido o primeiro sistema que era capaz de funcionar em diversas máquinas: o Unix, da AT&T. Diversos novos conceitos incorporaram o universo da informática, como "multitarefas" e "portabilidade".

> A evolução dos *hardwares* foi fundamental para que novos sistemas e aplicativos fossem desenvolvidos.

Você sabia?

Multitarefas é um conceito da informática que permite que um mesmo equipamento execute diversas tarefas simultaneamente. Portabilidade é o atributo de um equipamento ser tão pequeno que permite ser levado para qualquer lugar com facilidade.

Como o Unix foi distribuído gratuitamente para governos e universidades, sua popularidade foi enorme. Vale lembrar que o sistema era todo desenvolvido em texto, sem os conceitos de interface gráfica, tão comuns àqueles com que estamos habituados atualmente.

Em 1993, foi lançado o Windows NT, primeira versão do famoso Windows, que revolucionou o que se entendia de sistema operacional. A grande inovação estava na possibilidade de navegação intuitiva, ou seja, o usuário não precisaria dominar linguagens de programação para utilizar os recursos computacionais. Diversas outras versões do Windows foram desenvolvidas e deram margem para muitos outros sistemas que utilizavam e utilizam até hoje os mesmos conceitos.

Atualmente, os sistemas operacionais têm se tornado cada vez mais simples de serem utilizados e possuem cada vez mais funcionalidades. Além disso, a redução constante dos custos para aquisição de *hardwares* e *softwares* fez com que o computador se tornasse um produto popular, presente na casa de muitas pessoas. Para se ter uma ideia, 4 bilhões de pessoas acessam a internet todos os dias. Estima-se que 500 mil pessoas entrem na rede a cada dia!

> A evolução dos sistemas e aplicativos fez com que a informática se tornasse acessível a uma grande parcela da população mundial.

No Brasil, segundo pesquisa do Ibope Media, apresentada em julho de 2014, 105 milhões de pessoas com mais de 12 anos de idade acessam a internet – 48 % da população todos os dias! O Brasil é o quarto país do mundo que mais acessa a rede mundial de computadores. Mais de 30 % da população já tem computador em casa.

> **Você sabia?**
>
> Aproximadamente 30 % dos brasileiros não têm acesso à internet, segundo dados da Pesquisa Nacional por Amostra de Domicílios (PNAD 2016) do IBGE. Isto significa que mais de 63 milhões de pessoas com idade superior a 10 anos são consideradas excluídas digitais.

O avanço rápido da informática mudou a vida das pessoas. Criou novas profissões, extinguiu outras. Mudou hábitos de lazer, aumentou a capacidade de produção das organizações e, talvez o mais importante, fez com que a velocidade da informação não tivesse limites. A escola demorou bastante para se adaptar a este novo cenário, mas sua entrada no mundo da informática foi inevitável. Na década de 1980, começaram a surgir cursos de especialização para tratar da informática na educação. A maioria desses cursos orientava-se por capacitar o professor para o uso de aplicativos educacionais. Naquele momento, poucos discutiam os impactos das novas TICs para a forma como as pessoas passavam a aprender.

O passar dos anos fez com que a sociedade se sobrepusesse ao tempo da escola. Os alunos atuais não consultam enciclopédias para suas pesquisas. A busca por informações na internet é mais rápida e fácil. Isso trouxe enormes desafios para o professor, por dois aspectos: é preciso lidar com esta nova realidade, na qual o aluno tem acesso às informações em qualquer lugar a qualquer tempo, e é preciso compreender como esta nova geração de alunos aprende. São impactos muito sérios para a didática.

A escola demorou a adaptar suas práticas ao mundo digital, mas aderir a esta nova realidade foi inevitável.

Professores e alunos têm acesso às mídias, independentemente dos projetos pedagógicos.

O computador chega à escola

Atualmente, professores e alunos têm acesso constante às mais diversas mídias (não trataremos aqui da exclusão digital). Isto faz crer que o acesso às novas tecnologias independe dos projetos executados no espaço pedagógico. Tais tecnologias fazem parte da vida daqueles que estão em sala de aula e, portanto, não têm como serem desconsideradas. Parece simples: as tecnologias que estão presentes na vida das pessoas são levadas para dentro do ambiente escolar. A realidade não é tão simples assim. A entrada dessas tecnologias de informação e comunicação vem mudar o cotidiano escolar, exigindo formação docente e entendimento acerca das novas formas de aprender.

> **Você sabia?**
>
> Exclusão digital é um conceito que permeia as áreas de comunicação, sociologia, educação, entre outras, e diz respeito às camadas sociais que ficaram à margem da expansão das TICs.

A partir da década de 1970 e, de forma mais marcante, da década de 1980, a redução do custo para aquisição de computadores fez com que se tornasse possível pensar a possibilidade de torná-los recursos mais presentes, contribuindo de forma efetiva para a construção do conhecimento no ambiente educacional. Os três níveis de governo criaram projetos que objetivavam levar o computador para as escolas, principalmente a partir de meados da década de 1990. Alguns anos mais tarde, percebeu-se que a simples instrumentalização, com a oferta de mais recursos e recursos mais modernos, não era suficiente: o professor não estava, de forma geral, preparado para lidar com todas as novas possibilidades apresentadas. Era um problema de caráter formativo, não de recursos.

Durante muitos anos os professores, de forma geral, apresentaram duas reações ante a entrada das tecnologias no espaço escolar: espanto ou desconhecimento. O espanto se devia ao receio de o computador substituir a figura do professor, já que ele abria possibilidades muito mais interessantes para o aluno, principalmente do ponto de vista do entretenimento. Era visto, portanto, como uma competição injusta diante das formas tradicionais de ensinar, que foram o modelo no qual os próprios professores foram educados. O desconhecimento devia-se à falta de preparo de diversos profissionais da educação para lidar com o novo recurso, não só no nível pedagógico, mas no próprio manuseio desses equipamentos.

As TICs na sala de aula trazem vantagens consideráveis e dificuldades importantíssimas, já que mudam o cotidiano dos processos de ensino tradicionais. Para que o professor possa aproveitar as vantagens e superar as dificuldades, deve reconhecê-las,

> A chegada do computador nas escolas foi marcada pela distribuição em massa de equipamentos. Contudo, percebeu-se que o professor, de forma geral, não estava preparado pedagogicamente para trabalhar com essas novas tecnologias.

além de ser capaz de construir uma análise minuciosa do ambiente no qual educa a fim de relacionar as potencialidades das tecnologias às realidades dos educandos.

Em primeiro lugar, vamos pensar na relação de alunos e professores com as diversas mídias. Programas de rádio, televisão e atividades realizadas em computadores têm se tornado cada vez mais comuns e ocupado cada vez mais tempo na vida das pessoas. Essas mídias trazem, em uma velocidade muito rápida, uma gama de informações de todos os tipos, desde as mais confiáveis até as mais suspeitas. Se, por um lado, a velocidade na transmissão de informações apresenta benefícios inegáveis à evolução da humanidade, como a facilidade no desenvolvimento de pesquisas científicas, por outro, as ideias equivocadas também ocupam terreno.

Para pensar

Quais as principais vantagens do uso de TICs em sala de aula?

Há alguns anos discutia-se até que ponto as mídias deveriam ser incorporadas ao espaço educacional, tentando criar uma relação de contraponto entre as vantagens e desvantagens do uso das TICs para o ensino. Essa discussão, pelo menos em nível teórico, está superada. Mídias são uma realidade com a qual docentes têm que lidar, restando, portanto, compreender seu impacto no sentido de buscar as melhores alternativas para o desenvolvimento dos diversos projetos educacionais.

A realidade tem mostrado que a presença de equipamentos modernos em sala de aula não é capaz, por si só, de impactar positivamente no resultado das ações educativas. Os primeiros programas governamentais focados na distribuição de instrumentos sofisticados para equipar as salas de aula se mostraram insuficientes perante a inabilidade ou mesmo a incapacidade de educadores utilizarem tais recursos como suporte a um processo pedagógico amplo. Por isso, talvez, os programas de governo que tratam da questão da relação entre a tecnologia e a educação atualmente são muito mais ligados à formação e à educação continuada de professores do que à simples distribuição de novos instrumentos.

O uso de TICs na educação não se assemelha a seu uso comum, cotidiano, no qual apresenta-se como uma mídia ligada à transmissão de informação e entretenimento. Ao incorporar o grupo de recursos instrucionais, essas tecnologias passam a atender fundamentalmente aos objetivos de ensino traçados — falamos sobre os objetivos de ensino no Capítulo 4. Desta forma, a entrada das TICs em sala de aula é vista — ou deveria ser — como mais um recurso que auxiliará o educador no cumprimento dos objetivos de aprendizagem, traçados na etapa do planejamento do ensino. Perceba que esta

A aceitação das mídias em sala de aula, no âmbito teórico, não é mais uma questão a se discutir. Trata-se de uma realidade com a qual os docentes têm que lidar.

lógica não difere das demais. Por exemplo, quando se planeja um passeio a um museu com uma turma, é necessário que, na etapa de planejamento, tenham sido definidos os objetivos de aprendizagem. É uma atividade que difere do simples passeio a um museu, essencialmente porque atende a um planejamento maior do que a simples visita a ser realizada. No caso de recursos instrucionais, o mesmo acontece. Um filme, por mais educativo que seja, não será utilizado em sala de aula se não atender aos objetivos específicos de aprendizagem.

Não basta, entretanto, que o uso das TICs esteja atrelado ao cumprimento dos objetivos de aprendizagem para que seu uso seja adequado. Há outros fatores que devem ser considerados, como:

- Habilidade do professor em utilizar o recurso escolhido.
- Disponibilidade da escola na oferta das TICs.
- Acompanhamento dos alunos nas atividades propostas.
- Avaliação de aprendizagem condizente com a proposta de ensino.

O uso de mídias em sala de aula deve ser orientado pelos objetivos de aprendizagem, traçados na etapa de planejamento do ensino.

Moran (2001) defende alguns pontos que merecem especial atenção no uso de tecnologias na educação. São eles:

- A questão da educação com qualidade.
- As singularidades da construção do conhecimento na sociedade da informação.
- As novas formas de aprender colaborativamente.
- A revisão do papel e das funções do professor.
- O foco no uso de novas tecnologias na aprendizagem, não apenas como suporte informacional.

O computador foi a tecnologia de informação e comunicação que trouxe as maiores mudanças para a sala de aula.

Computador como recurso instrucional

Entre as diversas TICs que adentraram o espaço pedagógico, certamente o computador foi o que trouxe mudanças mais significativas. Não só pela velocidade na transmissão de informações, mas também pela possibilidade de trazer outros espaços para o espaço pedagógico. Por exemplo, se no passado um professor não pudesse fazer visita a um determinado museu, os alunos provavelmente ficariam sem conhecer as obras de arte lá expostas. A entrada do computador, com acesso à internet em alta velocidade, possibilitou que o professor trouxesse esses espaços antes inatingíveis para seus alunos.

As escolas, de forma geral, utilizam o computador sob três vertentes: para aprendizagem da informática, como máquina de ensinar, ou como espaço ou ambiente de aprendizagem.

A primeira vertente – aprender informática – atualmente faz parte do currículo, ainda que não de forma explícita, em quase todas as escolas que possuem estrutura para tal. Isto acontece porque a informática tornou-se, na vida das pessoas, muito mais do que um simples instrumento de acesso à informação. Configurou-se em uma nova linguagem, uma nova forma de se apreender o mundo. A escola, em seu papel de formar o cidadão, teve que assumir para si a atividade de alfabetizar, principalmente as crianças, de forma que pudessem lidar também com essa nova linguagem. Frequentemente, encontram-se escolas que trabalham o ensino da informática de forma conjugada com outras disciplinas. Esta forma de ensinar parte do princípio de que a escola não deve imitar a realidade, já que a escola é a realidade. Por isso, o uso das tecnologias se dá em paralelo ao estudo dos diversos conteúdos. Todavia, ainda há escolas que trabalham o ensino da informática de forma estanque, em disciplinas específicas para esta finalidade.

> **As escolas utilizam o computador por, basicamente, três vertentes: ensino da informática, computador como máquina de ensinar e computador como ferramenta de aprendizagem.**

A segunda vertente – o computador como máquina de ensinar – acredita que ele deve ser visto exclusivamente como um instrumento que auxilia o professor no momento de implementação da metodologia proposta para o ensino de um determinado conteúdo. Neste caso englobam-se os jogos educacionais, os cursos a distância (autoinstrucionais ou não), comunidades de aprendizagem, entre diversos outros. Alguns pesquisadores acreditam que esta seria uma nova concepção dos instrumentos desenvolvidos no passado, como os utilizados por Maria Montessori ou Burrhus Skinner, transpondo os recursos antigos para os novos suportes computacionais.

Para pensar

Você acredita que o computador é simplesmente um instrumento de auxílio ao professor no processo de ensinar?

A última vertente do uso dos computadores em sala de aula os trata como ferramentas de aprendizagem. Neste caso, tais ferramentas serviriam a professores, que o utilizariam como parte de seus métodos de ensino, atendendo a um planejamento prévio e visando a um objetivo de aprendizagem específico. Utilizar os computadores como ferramentas de aprendizagem tem sido o caminho escolhido por pesquisadores da educação, já que parece se mostrar a forma mais efetiva de sua incorporação ao arsenal pedagógico.

Algumas questões que devem ser consideradas quando se opta por utilizar tecnologias em sala de aula são:

- Conhecer a potencialidade dos recursos que serão utilizados.
- Construir um ambiente seguro para o uso desses recursos.
- Cuidar do ambiente físico (iluminação, temperatura etc.).
- Planejar a relação entre conteúdos e currículos.
- Dominar os recursos selecionados.
- Definir regras para o uso dos recursos e trabalhar para preservar essas regras. A supervisão, nesses casos, é fundamental.
- Discutir com os alunos o uso adequado das tecnologias para aprendizagem.
- Criar, sempre que possível, uma rotina para a integração das tecnologias ao processo de ensino.
- Estimular a participação de todos, mesmo daqueles alunos com menor intimidade com recursos computacionais (muito comum na Educação de Jovens e Adultos – EJA).
- Trabalhar as dificuldades dos alunos com as tecnologias em ritmo adequado.
- Apresentar os recursos em ritmo adequado.
- Oferecer opções aos alunos, sempre que for possível.
- Oferecer retorno positivo à turma.

A verdade é que perceber as vantagens do uso das tecnologias em sala de aula dependerá muito da forma como essas tecnologias serão utilizadas. A partir do momento em que se prestam a apresentar problemas, levando estudantes a construírem soluções, serão percebidas como um recurso auxiliar na aprendizagem. Contudo, enquanto se atribuir aos recursos tecnológicos a responsabilidade pelo ensino ou, em última análise, uma competição entre o ensino tradicional e o ensino moderno, as tecnologias farão parte de uma disputa que não tem sentido.

O que queremos dizer é que os recursos tecnológicos, em especial computadores e internet, são meios que levam ao desenvolvimento de novas metodologias de ensino. Por isso, é tão relevante tratar desta questão ao se discutir a didática: os métodos não são os mesmos. Além disso, a orientação para o uso das informações, que são maiores em número e mais complexas, é um dos papéis que a escola teve que assumir para si.

O uso da informática na sala de aula pressupõe novos métodos de ensino.

O uso prático do computador em sala de aula exige que docentes se libertem dos preconceitos existentes. Para isso, é necessária, muitas vezes, a ajuda de especialistas. Some-se a isso a necessidade de se ter clareza de que todo o processo pedagógico é voltado para o educando. Desta forma, as tecnologias que adentram o espaço educacional devem ser trabalhadas para auxiliá-los na superação das necessidades de aprendizagem.

Diversos autores acreditam que a inclusão da internet em sala de aula representa uma revolução no processo ensino-aprendizagem. Com seu uso, os alunos têm acesso às informações disponíveis em larga quantidade, desenvolvem a autonomia na construção de seu conhecimento e podem aprender em ambientes muito mais vastos do que o espaço limitado da sala de aula.

Exercício de aplicação

Selecione um determinado conteúdo que você acredita que seja adequado para uma turma. Pode escolher qualquer conteúdo, desde que tenha relação com a turma selecionada.

Agora, construa o planejamento de uma aula para esse conteúdo incluindo o uso de TICs. Não se esqueça de definir com clareza o objetivo de aprendizagem da aula e como os recursos selecionados atendem aos objetivos propostos.

Para debater

Diversos docentes utilizam computadores em suas aulas pelo simples fato de que esses recursos parecem modernizar o ensino. Muitas vezes, o objetivo de aprendizagem não está claro, mas o uso desses recursos parece se justificar por si só. Nestes casos, frequentemente a aprendizagem do aluno não foi o ponto central na seleção dos métodos de ensino e dos recursos.

Como você e seus colegas avaliam esta situação? Discuta com seu grupo e com seu professor sobre os pontos positivos e negativos desta prática.

Resumo executivo

- O computador e a informática não são novos, mas seu uso na educação é bastante recente e ainda requer mais pesquisas.
- Somente a partir da década de 1990 os computadores surgiram com um tamanho reduzido (portátil) e o acesso à internet passou a ter velocidade que permitia seu uso em sala de aula.
- A escola demorou bastante para incorporar os recursos tecnológicos em sala de aula, o que é uma característica da própria instituição escolar, que demanda tempo para incorporar o novo.
- Atualmente, professores e alunos têm acesso às diversas mídias, independentemente dos projetos pedagógicos definidos na escola. Portanto, é preciso lidar com esta realidade.
- A primeira etapa da chegada do computador à escola é marcada pela distribuição em massa desses aparelhos.
- A segunda etapa da chegada do computador à escola é marcada pela capacitação de docentes para lidar com esta nova realidade.
- O computador foi a tecnologia da informação que mais revolucionou a realidade escolar.
- A informática, utilizada para atender critérios educacionais, implica o uso de novos métodos de ensino.

Teste seu conhecimento

- Por que a escola tem dificuldade em absorver as TICs para o espaço pedagógico?
- Como você analisa a chegada do computador à sala de aula?
- Até que ponto os métodos de ensino tradicionais podem ser mantidos em uma realidade na qual a tecnologia permeia o espaço pedagógico?

Exercícios propostos

1. Para que o uso de tecnologias de informação e comunicação seja efetivo em sala de aula, é preciso considerar todas as questões abaixo, EXCETO:
   a. Maturidade dos alunos.
   b. Habilidade do professor com o recurso.
   c. Acompanhamento dos alunos nas atividades propostas.
   d. Avaliação da aprendizagem, condizente com a proposta de ensino.

2. Considere as afirmativas abaixo:
   I. O uso da tecnologia permite trazer espaços intangíveis para o ambiente de ensino.
   II. O computador foi a tecnologia de informação e comunicação que trouxe maiores mudanças para a sala de aula.
   III. É possível considerar a escola do século XXI sem conexão com a internet.
   Consideramos corretas as alternativas:
   a. I e II.
   b. II e III.
   c. I e III.
   d. Todas as alternativas.

3. As escolas, de forma geral, utilizam a tecnologia sob três vertentes. Tais vertentes estão listadas abaixo, EXCETO:
   a. Aprendizagem da informática.
   b. Máquina de ensinar.
   c. Estímulo à leitura.
   d. Recurso de aprendizagem.

Avaliação da Aprendizagem Escolar

Contextualizando

Dizes-me, de Alberto Caeiro (heterônimo de Fernando Pessoa)

(...)
Sim, escrevo versos, e a pedra não escreve versos.
Sim, faço ideias sobre o mundo, e a planta nenhuma.
Mas é que as pedras não são poetas, são pedras;
E as plantas são plantas só, e não pensadores.
Tanto posso dizer que sou superior a elas por isto,

Como que sou inferior.
Mas não digo isso: digo da pedra, "é uma pedra",
Digo da planta, "é uma planta",
Digo de mim, "sou eu".
E não digo mais nada. Que mais há a dizer?

No trecho de Caeiro, o autor discute a questão da superioridade do ser humano em relação a pedras e plantas. Em sua conclusão, parece ficar claro que não há uma relação hierárquica de importância entre as coisas que existem; há somente o fato de elas existirem. Com base neste texto, reflita:

- As pessoas tendem a avaliar as situações cotidianas com frequência?
- Por que, sempre que se quer avaliar, atribui-se um valor de julgamento?
- Até que ponto é necessário comparar duas situações semelhantes para realizar uma avaliação?
- O que é avaliação escolar e qual a sua importância?

Estudo de caso

Sistema permanente de avaliação da Educação Básica no Ceará

Em 1992, o governo do Ceará criou o SPAECE, com o objetivo de monitorar as políticas educacionais implantadas no município. O sistema avalia os seguintes aspectos: desempenho acadêmico, instituição em geral, estudos e pesquisas na área educacional.

As disciplinas diretamente avaliadas são língua portuguesa e matemática. O instrumento de coleta dos dados é uma prova, desenvolvida por professores da própria rede, que identifica o nível de proficiência nesses assuntos. Para o desenvolvimento das provas, os professores se baseiam nos Parâmetros Curriculares Nacionais – PCNs.

Essa avaliação é realizada em todas as escolas estaduais e municipais do estado do Ceará desde que foi criada. Além do conhecimento das disciplinas, a avaliação também busca compreender dados socioeconômicos dos alunos, somados a seus hábitos de estudo.

A partir do caso exposto, reflita:

- Qual a importância da avaliação para uma estrutura educacional?
- Até que ponto é possível avaliar uma estrutura educacional?
- Qual a diferença entre avaliar uma instituição e um aluno?
- Por que é importante falar de avaliação dentro do assunto "didática"?

Conceitos para entender a prática

"A avaliação é a mediação entre o ensino do professor e as aprendizagens do professor e as aprendizagens do aluno, é o fio da comunicação entre formas de ensinar e formas de aprender. É preciso considerar que os alunos aprendem diferentemente porque têm histórias de vida diferentes, são sujeitos históricos, e isso condiciona sua relação com o mundo e influencia sua forma de aprender. Avaliar, então, é também buscar informações sobre o aluno (sua vida, sua comunidade, sua família, seus sonhos...) é conhecer o sujeito e seu jeito de aprender."

(Paulo Freire)

Diversos autores e professores ainda questionam a importância da avaliação da aprendizagem. Professores que pregam uma educação para o futuro defendem abolir os processos formais de compreensão do nível de construção de conhecimento do aluno. Neste sentido, alguns municípios brasileiros iniciaram, inclusive, um processo no qual não se reprovariam os alunos nos três primeiros anos do Ensino Fundamental.

Você sabia?

As escolas que não reprovam adotam o conceito de ciclos escolares. Os ciclos são períodos maiores do que as séries escolares, que normalmente são anuais. Trata-se de uma tentativa de superar o modelo fragmentado do ensino, principalmente nos primeiros anos do nível fundamental.

Apesar das diversas discussões no plano teórico, as escolas em geral mantêm modelos formais de avaliação. Esta decisão parece refletir uma real necessidade de se analisar sobre o nível de ensino da instituição e o nível de aprendizagem do aluno. Talvez, a grande discussão sobre a avaliação esteja centrada na compreensão de que o ato de avaliar está muito além da aplicação de testes e provas.

Os objetivos deste capítulo são:

- Compreender o conceito de avaliação escolar.
- Diferenciar a avaliação formativa da avaliação somativa.
- Identificar os benefícios e as limitações da avaliação escolar.
- Analisar as principais críticas ao processo de avaliação.
- Conhecer os principais instrumentos de avaliação na escola.
- Discutir o *feedback* da avaliação escolar.

Conceituando a avaliação escolar

O professor Luckesi define avaliação como um julgamento qualitativo sobre o processo de ensino-aprendizagem. Esse julgamento existe para auxiliar o professor na tomada de decisão quanto ao seu trabalho. Com base nestas reflexões, o profissional pode decidir se manterá o mesmo caminho em sala de aula ou se mudará o rumo de seu trabalho.

Talvez definir avaliação escolar seja um assunto complexo. Mas definir o que não é avaliação é bem simples. Avaliar NÃO é:

Apesar de todas as críticas à avaliação formal, este modelo ainda parece ser extremamente necessário para o funcionamento das instituições escolares.

Avaliação, para Luckesi, é um julgamento qualitativo acerca do processo de aprendizagem, realizado pelo professor, com base nos objetivos educacionais estabelecidos *a priori*.

O modelo de avaliação está sempre fortemente ligado ao modelo de educação no qual se acredita.

- Aplicar testes e provas.
- Medir informações que o aluno foi capaz de memorizar.
- Atribuir notas aos alunos.

Note que, entre as definições do que não é uma avaliação de aprendizagem, afirmamos que avaliar não é medir a quantidade de informações que o aluno é capaz de memorizar. Contudo, diversos educadores atuam dessa forma. Por que isso acontece? Lembremos que o modelo de educação tradicional acredita que aprender é ser capaz de repetir, da forma mais fiel, as informações passadas pelo professor. Então, se aprender é repetir o conteúdo transmitido, avaliar é medir o nível de repetição.

É possível, portanto, perceber que o modelo de avaliação adotado pela instituição será refletido na forma como se avalia. A avaliação escolar tende a ser organizada de forma a identificar o conhecimento nos moldes da compreensão de como este conhecimento acontece. Independentemente de como esta avaliação é organizada, ela terá basicamente três etapas, segundo Libâneo (1994): verificação, qualificação e apreciação.

- **Verificação:** etapa na qual os dados são coletados por meio de instrumentos ou processos específicos.
- **Qualificação:** momento no qual se faz a relação entre os dados coletados e os objetivos educacionais.
- **Apreciação:** fase na qual se reflete sobre os resultados.

A Professora Haydt (2004), ao definir avaliação, faz questão de diferenciar três termos: testar, medir e avaliar. Para ilustrar cada um desses termos, ela apresenta a seguinte tabela:

Distinção entre testar, medir e avaliar	
- abrangente	+ abrangente
Testar Verificar um desempenho através de situações previamente organizadas, chamadas de testes.	*Medir* Descrever um fenômeno do ponto de vista quantitativo.	*Avaliar* Interpretar dados quantitativos e qualitativos para obter um parecer ou julgamento de valor, tendo por base padrões ou critérios.

Fonte: Haydt, 2004, p. 291.

A apreciação, no conceito apresentado por Libâneo, equivale à avaliação na definição da Professora Haydt. Aonde se quer chegar com esta comparação? À conclusão de que avaliar não é aplicar uma prova ou atribuir uma nota, mas refletir sobre o avanço real e potencial do aluno.

Avaliar é refletir sobre o avanço real e potencial do aluno no processo de aprendizagem.

Uma avaliação pode ser realizada antes do processo de ensino, durante ou após este mesmo processo. Normalmente, a avaliação recebe um nome específico, dependendo da fase na qual ela acontece.

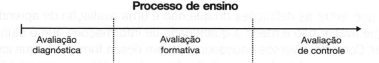

- **Avaliação diagnóstica:** tem o objetivo de analisar o ponto de partida. Ou seja, o que o aluno já conhece ou quais conteúdos ou métodos o professor melhor domina.
- **Avaliação formativa:** acontece durante o processo objetivando corrigir os caminhos tomados, principalmente no que tange ao método de ensino.
- **Avaliação de controle:** analisa o conjunto para saber se o objetivo educacional foi alcançado.

Além desses três tipos de avaliação, algumas pesquisas apresentam um quarto tipo, chamado de avaliação classificatória. Esta avaliação visa criar um *ranking* de aproveitamento, sendo eminentemente comparativa.

Esta separação na linha do tempo tem caráter meramente ilustrativo. Por exemplo, a avaliação diagnóstica pode acontecer no meio do processo de ensino, visando a identificar um determinado aspecto. Da mesma forma, uma avaliação formativa pode ser realizada no final de um período.

Tipos de avaliação escolar: formativa e somativa

"O ato de examinar é classificatório e seletivo. A avaliação, ao contrário, diagnóstica e inclusiva."
Cipriano Luckesi

A maioria dos processos avaliativos, principalmente aqueles que não são formalizados ou institucionalizados, tende a realizar julgamentos sem bases claras.

A avaliação pode ser diagnóstica, formativa, de controle ou de classificação. Apesar de elas se enquadrarem melhor em um determinado momento do processo de ensino, todas podem acontecer a qualquer tempo. A exceção é a classificatória, que acontece sempre no final.

As avaliações que buscam encaixar os alunos no conceito de bom ou ruim tendem a ser excludentes, porque ignoram todos os que não se encaixam nesses extremos.

Com isso, simplesmente separam as situações analisadas em boas ou ruins. Este tipo de avaliação, quando aplicada às escolas, exclui grande parte dos alunos; neste caso, aqueles que não se encaixam em nenhum dos dois extremos.

Além da questão dos alunos que não se encaixam nos extremos, é necessário considerar também o momento no qual essa avaliação é realizada. Em outras palavras, uma pessoa que recebe um conceito "bom" hoje, será "boa" amanhã? Estas questões vêm intrigando pesquisadores da avaliação nos últimos anos. Afinal, a finalidade primeira da avaliação seria atribuir uma nota para encerrar uma etapa educativa no tempo?

Esse modelo de avaliação, com função estritamente classificatória e que se presta, exclusivamente, a enquadrar o aluno em um conceito, é tratado por avaliação somativa. Seu objetivo principal é fazer uma "contagem" da quantidade de conhecimentos que o aluno foi capaz de construir.

Para pensar

Se o objetivo da avaliação somativa é medir a quantidade de conhecimentos que o aluno foi capaz de construir, quais seriam os instrumentos adequados para levantar esses dados?

A atribuição de notas ou conceitos é uma característica marcante das avaliações somativas. Afinal, a ideia de quantificar conhecimentos construídos deve se refletir em um modelo que permita sua contagem.

Conceitos de avaliação

As avaliações somativas tendem a gerar conceitos. Estes conceitos podem ser expressos em notas ou em outros códigos.
    Eis alguns exemplos:
    Conceito em notas: escala de 0 a 10 / escala de 0 a 100 / escala de 5 a 10.
    Conceito em letras: A / B / C / D / E.
    Conceito em expressões: Muito bom / Bom / Regular / Ruim / Muito ruim.
    Normalmente, os conceitos em letras ou expressões possuem equivalência a uma gama de notas. Nesses casos, A ou *Muito bom* equivale, por exemplo, às notas 8,5 a 10.

Como o objetivo das avaliações somativas é quantificar o conhecimento do aluno, os instrumentos utilizados são aqueles que permitem identificar o erro ou o acerto. Por isso, esses instrumentos têm menor preocupação quanto ao modelo de raciocínio estruturado. Provas objetivas de múltipla escolha ou questões de verdadeiro (V) ou falso (F) são exemplos de instrumentos que atendem perfeitamente a esse modelo avaliativo. Veremos mais adiante o detalhamento de cada tipo de questão.

Para pensar

Considerando que a solução de um determinado problema (qualquer problema) é fruto de um raciocínio específico, e que o objetivo de uma avaliação no contexto do ensino é identificar o nível de aprendizagem, seria possível avaliar apenas o resultado final, sem considerar o modelo de raciocínio utilizado?

Uma avaliação formativa é feita observando as seguintes etapas:

1. Definição dos conteúdos que serão testados.
2. Definição do tipo de teste que será utilizado e dos modelos de questão.
3. Construção do instrumento de avaliação.
4. Aplicação do instrumento que será utilizado para coleta de dados.
5. Correção, considerando parâmetros rígidos de certo ou errado.
6. *Classificação dos alunos diante dos parâmetros estabelecidos.*

As principais características da avaliação somativa são:

- Ocorre, principalmente, no final do processo de ensino.
- Tende a considerar apenas os conteúdos principais.
- Objetiva atribuir notas.
- Serve para comparação de resultados (caráter classificatório).

As avaliações somativas são quantificadoras e classificatórias.

A avaliação formativa busca compreender os processos mentais e suas alterações durante a aprendizagem.

A avaliação formativa, ao contrário da somativa, não tem o objetivo final de atribuir notas ou classificar. Esse tipo de avaliação é orientado pela necessidade de compreender os processos mentais utilizados pelos aprendizes para a construção de seu próprio conhecimento. Por essa razão, é um modelo de avaliação que se preocupa muito mais com o raciocínio utilizado do que com o resultado final.

As avaliações formativas não estão preocupadas em classificar os alunos ou em enquadrá-los em faixas determinadas por conceitos preestabelecidos. Por isso, as questões apresentadas para os alunos nesse modelo são do tipo "interpretação de texto", "esquemas", "sínteses", "análises", entre outras.

Além de testes e provas, a avaliação formativa também utiliza outros modelos de levantamento de dados, principalmente a observação. Nestes casos, o professor constrói uma ficha para levantamento das informações e registra suas observações acerca do comportamento apresentado pelo aluno.

Para pensar

Se a avaliação formativa não está preocupada em atribuir uma nota, como é feita a apresentação do resultado desta avaliação?

O termo "formativa" refere-se à preocupação que se tem com a formação daquele que aprende. Esta expressão parece demonstrar que há muito mais preocupação com a forma como o conhecimento está sendo estruturado do que com o resultado final. Afinal, esta concepção de avaliação parte de um entendimento da educação como processo de construção, não como a transferência de um produto pronto.

Os passos para se realizar uma avaliação formativa são:

1. Definir o conteúdo que se quer avaliar.
2. Identificar o melhor método de avaliação.
3. Construir um instrumento que seja capaz de avaliar o processo de aprendizagem, não somente um produto final.
4. Aplicar o instrumento definido ou o processo estruturado.
5. Refletir sobre as considerações apresentadas pelo aluno no instrumento.
6. Fornecer *feedback* ao aluno sobre seu desempenho na avaliação.
7. Planejar as intervenções necessárias diante do que foi analisado.

As principais características da avaliação formativa são:

- Preocupação em analisar os processos mais complexos da aprendizagem.
- Cuidado em fornecer um retorno do resultado da avaliação para o aluno.
- Envolvimento e preocupação do aluno com seu processo de aprendizagem.
- Criação de um clima positivo no ambiente de aprendizagem.

Para pensar

Qual o modelo mais adequado de avaliação: somativa ou formativa?

Principais diferenças das avaliações somativa e formativa

Somativa
- Quantificadora
- Atribui notas
- No final da instrução

Formativa
- Qualificadora
- Não atribui notas
- Em todo o processo de instrução

As avaliações somativa e formativa são complementares, não mutuamente excludentes.

É preciso ter clareza de que os modelos somativo e formativo de avaliação não se sobrepõem um ao outro quanto à importância ou validade. Ambos são extremamente relevantes e, na verdade, se complementam. Enquanto a avaliação somativa atribui uma nota ao desempenho do aluno, quantificando conhecimentos construídos, a formativa qualifica o que foi aprendido.

Principais benefícios do processo de avaliação

Qualquer atividade exercida pelo homem merece ser avaliada. Mas essa avaliação só valerá a pena quando for realizada com a clareza dos benefícios que se procura. Na avaliação escolar, os maiores benefícios são:

- **Identificar a relação entre a meta instrucional e o resultado alcançado:** o processo de avaliação deve ser capaz de demonstrar se a meta instrucional foi atingida. Vale lembrar que a meta instrucional deve ter sido traçada antes do início da instrução em si. Neste caso, a avaliação deve acontecer após, no sentido de validar este processo.

Para pensar

Se a meta instrucional pode ser verificada pelo processo de avaliação, ela deve ser expressa de forma que possa ser medida?

- **Possibilitar a revisão do planejamento de ensino:** ainda é muito comum que se atribua o insucesso na aprendizagem exclusivamente ao aluno. Entretanto, não é raro que a verdadeira causa deste insucesso seja o próprio planejamento de ensino, desde o ambiente no qual ele acontece até o método selecionado para ensinar determinado conteúdo. A avaliação é o momento de analisar a necessidade de revisão no planejamento da ação educacional.

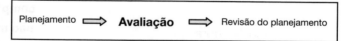

> **Você sabia?**
>
> Planejamento é definido como um processo mental abstrato que antevê e organiza as ações, buscando antecipar os resultados.

- **Identificar as dificuldades de aprendizagem:** existem basicamente três razões para o aluno não aprender um determinado conteúdo:
    - *Distúrbios de aprendizagem* – são problemas fisiológicos, neurológicos ou psicológicos que impedem que o aluno aprenda. Exemplos: dislexia, disgrafia, disfonia, problemas de visão (miopia, hipermetropia etc.), hiperatividade, déficit de atenção etc.
    - *Imaturidade para o conteúdo* – acontece quando o aluno não está preparado para lidar com um determinado conteúdo. Por exemplo, se o aluno não compreende o conceito de divisão (uma das operações básicas da matemática), ele não está preparado para trabalhar com fração. Afinal, a fração é outra organização do processo de divisão.
    - *Inadequação do método de ensino* – determinados conteúdos pedem métodos específicos. Esses métodos também são influenciados pelo ambiente de aprendizagem, pela idade dos alunos e pelo perfil do professor.

O processo avaliativo auxilia o educador no entendimento das causas que fazem com que o aluno tenha dificuldade em aprender um determinado conteúdo. Ao identificar a dificuldade apresentada pelo aluno, o professor pode rever seu planejamento e trabalhar para que o aluno evolua.

> **Para pensar**
>
> Qual a importância de o professor ter clareza do tipo de dificuldade de aprendizagem manifestado por seus alunos?

- **Aprovar os alunos para próximos níveis de aprendizagem:** a maioria das escolas brasileiras trabalha seguindo o modelo de seriação. Neste modelo, cada série tem duração de um ano. A aprovação para a série seguinte é, frequentemente, fruto da avaliação aplicada.

> **Você sabia?**
>
> O sistema oficial de ensino regular no Brasil é dividido em nove séries no nível fundamental e em três séries no nível médio. O Ensino Fundamental é subdividido em duas partes – 1º segmento que vai da 1ª à 5ª série e 2º segmento que vai da 6ª à 9ª série.
>
> Este é o sistema regular de ensino. Há exceções, como a Educação de Jovens e Adultos (EJA), Ensino Médio profissionalizante, a Educação Indígena, entre outros.

Sistema regular de ensino brasileiro

Educação Infantil ⟹	até 6 anos de idade Ex: Creches, jardins, classes de pré-alfabetização	

Ensino Fundamental ⟹	1º segmento 1ª série 2º segmento 6ª série
	                  2ª série 7ª série
	                  3ª série 8ª série
	                  4ª série 9ª série
	                  5ª série	

Ensino Médio ⟹	1º ano 2º ano 3º ano	
Ensino Superior ⟹	Cursos superiores tecnológicos Bacharelados Licenciaturas	

- **Auxiliar o aluno no desenvolvimento cognitivo, afetivo e psicomotor:** todo processo educacional formalizado visa ao desenvolvimento cognitivo (o que a pessoa sabe), afetivo (como a pessoa se relaciona) e psicomotor (como a pessoa se movimenta). A partir do momento em que a avaliação mostra, de forma clara e objetiva, os pontos que necessitam ser aperfeiçoados no desenvolvimento, ela possibilita uma correção de rumos e, portanto, auxilia o aluno.

Você sabia?

As escolas, em geral, tendem a supervalorizar o aspecto cognitivo em detrimento dos aspectos afetivo e psicomotor. O processo educacional, principalmente quando trata de crianças, deve ter os três níveis como focos de atuação, já que eles se complementam.

- **Ser claro quanto aos reais pontos de melhoria:** as avaliações que são feitas de forma desestruturada tendem a atribuir juízos de valor no lugar de conceitos. Nestes casos, o que se tem são considerações como "ele não é um bom aluno"; "aquele aluno tem muita dificuldade em aprender". A verdade é que, com estas afirmações, não é possível identificar o que efetivamente precisa ser corrigido ou melhorado. Uma avaliação séria permite que se tenha clareza quanto aos pontos que demandam melhoria.

Você sabia?

Julgar é diferente de avaliar. Julgamento implica uma consideração objetiva sobre a responsabilidade que alguém possui sobre um determinado evento. Avaliação é o processo de análise, de reflexão sobre a atuação de alguém em uma determinada área. Nas escolas, percebe-se que os professores frequentemente julgam no lugar de avaliar.

- **Ajudar o professor no desenvolvimento de seu trabalho:** é um erro acreditar que somente o aluno é avaliado no ambiente escolar. O trabalho do professor e dos demais profissionais também precisa ser avaliado; afinal, eles também são passíveis de melhoria. Uma boa avaliação é capaz de mostrar para o educador os pontos de seu trabalho que merecem ser revistos.

Críticas à avaliação escolar

A avaliação talvez seja um dos processos escolares mais criticados. Diversas pesquisas buscam analisar como esse processo impacta de forma negativa na construção do conhecimento, principalmente das crianças. Aqui, apresentamos as críticas mais comuns à avaliação educacional.

Principais críticas à avaliação

- Avaliação como finalidade da escola.
- Avaliação como instrumento de controle.
- Conceitos incapazes de retratar a aprendizagem.
- Médias não refletem a aprendizagem final.
- Avaliação como comparação dos alunos.
- Falta de ética na realização das avaliações.

- **Avaliação como finalidade da escola:** diversas pessoas criticam as avaliações escolares porque acreditam que elas acabam se tornando a grande finalidade da escola. Em outras palavras, as escolas estariam muito mais preocupadas com o conceito que os alunos vão obter no final do período letivo ou nos exames extraescolares do que com a aprendizagem em si. Esta visão da escola como preparadora do aprendiz para os exames pelos quais ele terá que passar tende a ser reforçada por políticas públicas que estimulam a competição, como é o caso dos concursos públicos ou, ainda, das avaliações governamentais (SAERJ, ENEM, entre outras).

Para pensar

Com frequência defende-se que a escola precisa preparar o aluno para a vida. E a vida impõe diversos exames avaliativos. Até que ponto a preparação para esses exames deve ser uma preocupação da escola? Como conciliar a preparação dos alunos para esses desafios atrelada a uma aprendizagem efetiva, que auxilie o aluno na solução de questões da vida?

- **Avaliação como instrumento de controle:** "Está muita bagunça nesta sala! Fechem os livros, peguem uma folha em branco e uma caneta! É hora da prova surpresa!" Esse tipo de texto não é estranho à maior parte das pessoas que têm alguns anos de estudo. As provas são utilizadas muitas vezes como instrumento para garantir a organização e a disciplina em sala de aula. Diversas estratégias são utilizadas para isso, como avaliar a "participação" do aluno, oferecer pontos extras para aqueles que realizarem uma determinada atividade ou retirar pontos daqueles que não apresentam o comportamento esperado pelo professor ou pela instituição. A grande questão neste ponto é: se a avaliação é um meio para analisar os pontos de melhoria na aprendizagem do aluno ou mesmo na técnica utilizada pelo professor, seria justo usar este recurso como um recurso de coerção?

Para pensar

Diversos educadores dedicam parte de sua nota para avaliar a participação do aluno. Muitas vezes esta participação é avaliada pelo número de intervenções que cada indivíduo apresenta na aula. Será que os alunos que falam mais na aula são os que melhor aprendem? E os alunos que pouco se manifestam teriam aprendido menos?

Uma forma de minimizar as críticas à questão da avaliação de participação é tornar essa avaliação pouco subjetiva, esclarecendo para os alunos o que efetivamente é avaliado, como: cumprimento da data de entrega dos trabalhos, pontualidade no comparecimento às aulas, baixo número de faltas sem justificativa etc.

Outro ponto importante no que diz respeito à avaliação como instrumento de controle é a preocupação específica com aquilo que o aluno foi capaz de memorizar. Significa supor que a finalidade básica da aprendizagem é fazer com que o aluno seja capaz de reproduzir a fala do professor.

Você sabia?

Toda avaliação precisa ter critérios claros. Quem é avaliado deve compreender exatamente a base que foi tomada, principalmente quando esta avaliação gera um conceito.

Critérios são aspectos definidos como importantes, e que serão utilizados para medir o nível de evolução de uma pessoa. Cada critério precisa ter sua escala de avaliação. Muitas vezes a escala utilizada é a mesma para diversos critérios.

- **Conceitos incapazes de retratar a aprendizagem:** este é mais um ponto que traz muitas divergências entre educadores: seria o conceito atribuído pela escola capaz de retratar o que o aluno efetivamente aprendeu? Esse tipo de crítica parte da ideia de que a aprendizagem é um processo orgânico (que ocorre no organismo) individual. Com isso, os instrumentos de avaliação não seriam capazes de efetivamente medir o que uma pessoa aprendeu, somente pequenas manifestações dessa aprendizagem. Nesta mesma seara, é comum que se questione o momento da avaliação. Isto é, algumas vezes um aluno pode ser mal avaliado porque, por alguma razão, ele não se encontrava bem. Mais uma vez entra em discussão a questão dos exames públicos para seleção – sejam concursos para trabalhar em órgãos governamentais, seja avaliação para entrar em uma universidade.

Para pensar

Se os instrumentos utilizados para verificar a aprendizagem só conseguem medir pequenas manifestações desta aprendizagem, como realmente avaliar um aluno?

- **Médias não refletem a aprendizagem final:** uma escola faz duas avaliações por bimestre. Uma acontece no final do primeiro mês e a outra no final do segundo mês. Ambas recebem notas de 0 a 10. A nota final do aluno é a média aritmética dessas duas avaliações. Imagine um aluno que tirou 4 na primeira avaliação e 8 na segunda – considerando que a nota de corte para aprovação é 7. A nota final desse aluno será 6 ($0,5 \times 4 + 0,5 \times 8 = 6$). Ou seja, esse aluno terá que ir para uma avaliação final ou recuperação, já que não atingiu a nota de corte. A dúvida que fica é: qual a melhor nota para retratar sua verdadeira aprendizagem? A média aritmética que foi realizada ou a nota final? Afinal, para que ele tenha obtido 8 na segunda avaliação, entende-se que ele precisou compreender os conteúdos da primeira.

Você sabia?

Muitas escolas utilizam pesos diferentes na primeira e na segunda avaliação, exatamente com o objetivo de valorizar o conhecimento final do aluno. Nestes casos, é comum se atribuir um peso menor à primeira avaliação.

Atenção: vale lembrar que é impossível realizar média aritmética de conceitos. Não há como somar "muito bom" com "regular" e se chegar a alguma conclusão. Por isso, a média é adotada somente nos casos em que cada avaliação é convertida em uma nota numérica.

É muito comum que a atribuição de notas tenha o objetivo único de classificar os alunos ou de encerrar a burocracia estabelecida pelos órgãos de controle educacional e pelas instituições de ensino. Nestes casos, questiona-se onde se encontra o objetivo educativo do ato de avaliar.

- **Avaliação como comparação dos alunos:** comparar dois alunos pode parecer comum para quem já está acostumado com o modelo adotado pelas escolas. Contudo, há ferrenhos críticos a este tipo de comparação. Como as pessoas têm histórias diferentes, expectativas distintas e processos mentais muito singulares, comparar esses resultados poderia ser injusto.

> **Você sabia?**
>
> Por mais que se defenda que a avaliação escolar não realiza comparações, sempre que se atribui uma nota ou um conceito a algum tipo de trabalho, se realiza uma comparação. Imagine, por exemplo, dois alunos submetidos à mesma prova. O primeiro ficou com nota 9 e o segundo com nota 7. É quase impossível não concluir que o primeiro aluno é "melhor" que o segundo, ainda que, na verdade, ambos sejam considerados "aprovados". Ou seja, ambos os alunos apresentaram um nível de conhecimento que lhes permite seguir com os estudos.

- **Falta de ética na realização das avaliações:** esta crítica é um complemento à crítica da avaliação utilizada como instrumento de controle. Há diversas estratégias utilizadas por educadores que, em última instância, podem ser consideradas exemplos de falta de ética. Entre elas, destacamos:
    - Provas com perguntas confusas.
    - Questões que utilizam dupla negação (por exemplo: marque as respostas que não estiverem incorretas).
    - Questões focadas no detalhe do conteúdo, não na mensagem principal.
    - Peso alto para etapas da avaliação que são subjetivas e dependem do avaliador.
    - Avaliação de conteúdos que, sabidamente, não foram bem trabalhados.
    - Dar ou tirar pontos por comportamento, quando o foco não é o desenvolvimento afetivo, mas cognitivo.

Há diversas outras formas de utilizar a educação de forma pouco ética. Por isso, é importante que cada instituição educacional tenha, em seu projeto pedagógico, de forma clara, o modelo avaliativo utilizado.

> **Para pensar**
>
> Muitas críticas ao processo de avaliação devem-se à alta subjetividade. Ou seja, ao fato de a decisão final ficar muito mais na mão do professor do que no processo de aprendizagem. Há alguma avaliação que não seja subjetiva? Como reduzir o viés subjetivo nas avaliações escolares?

É possível perceber que grande parte das críticas à avaliação deve-se à quantificação do conhecimento do outro. Estas críticas parecem sinalizar que tornar a aprendizagem um número ou um conceito seria ruim, pois a avaliação teria a necessidade de se prender a questões qualitativas. A verdade é que as medidas quantificadoras devem ser complementadas pelas avaliações qualitativas, mas nenhuma das duas deve ser excluída.

Etapas para realização de uma avaliação

Todos os processos de avaliação, em geral, passam por basicamente seis etapas, apresentadas na figura que se segue:

- **O que será avaliado:** nesta etapa acontece a indicação clara do que se deseja avaliar. É possível avaliar a construção de um conhecimento, o desenvolvimento de uma habilidade ou como uma dada atitude se manifesta.
- **Quais os critérios:** definido o que será avaliado, é preciso estabelecer quais os critérios que serão utilizados para a realização dessa avaliação. Os critérios precisam ser objetivos e apresentar escalas de mensuração.
- **Quais as condições:** as condições tratam do momento no qual a avaliação será realizada. Muitos professores partem da ideia de que só se avalia durante a prova, que é uma condição específica. Mas há diversas condições que são passíveis de comportarem o momento da avaliação.
- **Quais os instrumentos:** os instrumentos de avaliação precisam ser condizentes com o que se quer avaliar. Veremos mais adiante que existem diversos instrumentos de avaliação à disposição.
- **Aferição dos resultados:** após a aplicação do instrumento selecionado para coletar os dados que serão avaliados, é preciso aferir os resultados. Ou seja, realizar uma primeira análise do que surgiu dos instrumentos de avaliação.
- *Feedback:* em teoria, toda avaliação deveria gerar um *feedback*, um retorno para aquele que foi avaliado. Conceitualmente, avalia-se para ajudar o outro a melhorar. Se esse outro não sabe exatamente no que pode melhorar, a função avaliadora perde seu sentido.

A identificação do que será avaliado pode parecer, à primeira vista, uma tarefa simples. Não é. Há vários aspectos que podem ser avaliados. Foi visto neste capítulo que a divisão tradicional quanto ao que avaliar considera três aspectos: o cognitivo, o afetivo e o psicomotor. Esta divisão foi proposta, inicialmente, por Benjamin Bloom, em 1950, como parte de um trabalho chamado de "Taxonomia dos Objetivos Educacionais". Ficou conhecida, mais tarde, como "Taxonomia de Bloom".

Nesse trabalho, Bloom faz a seguinte divisão:

- **Domínio cognitivo:** avalia aquilo que o aluno sabe.
- **Domínio afetivo:** avalia aspectos de relações interpessoais.
- **Domínio psicomotor:** avalia habilidades para a execução de tarefas.

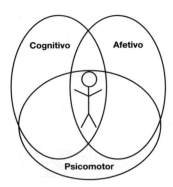

Cada um dos domínios apresentados por Bloom se subdivide em diversos níveis. Por isso, alguns autores tratam esta taxonomia pelo nome de "Hierarquia dos Objetivos Educacionais". No quadro a seguir, são apresentados os níveis.

Cognitivo	Afetivo	Psicomotor
• Conhecimento • Compreensão • Aplicação • Análise • Síntese • Avaliação	• Recepção • Resposta • Valorização • Organização • Internalização de valores	• Manipulação de ferramentas e objetos (não é dividido em níveis)

Tomemos como exemplo o domínio cognitivo. Perceba que ele caminha de um nível mais superficial (o conhecimento), para um nível mais aprofundado (a avaliação). Isto porque conhecer, nesta hierarquia, significa ser capaz de memorizar dados. Já avaliar pressupõe capacidade de julgamento com base em algumas evidências.

Você sabia?

Bloom foi o primeiro a apresentar uma taxonomia para os objetivos educacionais, mas este trabalho já não é o mais aceito nos dias atuais. Isso porque diversos pesquisadores evoluíram sua teoria, chegando a novas concepções sobre a organização dos objetivos de ensino.

O domínio cognitivo é o que mais frequentemente passa por um processo de avaliação nas instituições de ensino. Por isso, é preciso que o professor compreenda exatamente o que ele avalia.

Esta figura mostra a hierarquia do domínio cognitivo na taxonomia de Bloom. Fazendo a relação entre os níveis deste domínio e as etapas para realização de uma avaliação, teríamos:

Hierarquia	Definição	Exemplo
O que será avaliado	Qual o domínio e qual o nível hierárquico.	Avaliar o domínio cognitivo, capacidade de conhecimento.
Quais os critérios	Que indicadores serão utilizados.	Respostas certas ou erradas às proposições.
Quais as condições	Em que momento e ambiente a avaliação será realizada.	Prova de encerramento de um semestre letivo, em sala de aula.
Quais os instrumentos	Prova com questão de certo ou errado (C ou E).	Considerando as proposições apresentadas, diga se elas estão certas (C) ou erradas (E).
Aferição dos resultados	Verificação dos resultados obtidos.	Correção da prova aplicada com base em um gabarito oficial.
Feedback	Retorno ao aluno sobre o resultado obtido por ele na avaliação.	Entrega das provas com comentários ou correção em sala de aula.

As etapas apresentadas aqui não são definitivas. Este processo é dinâmico e pode ser adaptado, dependendo das necessidades da classe com a qual se trabalha, da instituição e do próprio professor. Por exemplo, algumas vezes a avaliação começa com um diagnóstico da turma. Em outras, ela se encerra com uma reunião junto aos pais ou responsáveis. Os passos aqui apresentados são aspectos gerais, mas que podem e devem ser revistos sempre que houver necessidade.

Para pensar

Em que situações, uma avaliação deve começar com um diagnóstico da turma?

Principais instrumentos de avaliação

Como vimos, a avaliação é uma apreciação sobre os dados levantados, que tem o objetivo de julgar até que ponto os objetivos educacionais foram alcançados. Os dados para a realização de uma avaliação escolar podem ser levantados utilizando diversos instrumentos. Aqui, vamos conhecer os principais instrumentos utilizados.

Principais instrumentos de avaliação

Testes e provas

Prova escrita dissertativa
Prova objetiva de múltipla escolha
Questões de respostas V ou F
Questões de completar lacunas
Questões de correspondência
Questões de resposta curta
Interpretação de texto
Questões de ordenação
Questões de identificação
Prova oral

Outros

Observação
Entrevista
Autoavaliação

Prova escrita dissertativa

O que é?
A prova dissertativa é um instrumento no qual o aluno é estimulado a apresentar, por meio de um texto dissertativo, sua posição a respeito de um determinado assunto. Para isso, a questão desenvolvida pelo professor deve esclarecer, na forma como é apresentada, o tipo de resposta esperado.

> **Vale lembrar**
>
> Texto dissertativo é um texto no qual o autor expõe seu posicionamento, sua opinião sobre um determinado assunto, utilizando argumentos para convencer o leitor.

Quando usar?
Esse tipo de instrumento é utilizado quando se deseja avaliar:

- A capacidade de o aluno se expressar.
- As conclusões pessoais do aluno sobre um determinado assunto.
- O nível de capacidade de reflexão que o aluno apresenta.
- A organização de ideias.

Uma limitação importante da prova dissertativa é a necessidade de tempo para que o professor faça a correção, já que ele terá que ler cada uma das respostas com tempo e atenção, visando avaliar o que foi apresentado pelo aluno.

Normalmente, quando se desenvolve uma questão dissertativa, não há uma resposta pronta, mas um padrão de resposta. Por isso, é recomendado, principalmente quando a correção da prova não for realizada pela mesma pessoa que a elaborou, que seja construído um documento explicitando os principais pontos que devem ser abordados na correção. O mais importante nesta situação é garantir que a correção da prova será objetiva ou, pelo menos, o menos subjetiva possível.

É comum que os alunos, ao perceberem que não dominam com clareza a resposta à questão apresentada, divaguem, apresentando assuntos que eles dominam, mas que não respondem exatamente à questão proposta. Por isso, é importante que a questão dissertativa seja direta e clara. Frequentemente, alguns verbos são utilizados para iniciar estas questões. A seguir, um quadro com os principais verbos, proposto por Haydt (2010).

Verbos utilizados para iniciar questões dissertativas

Relacionar	Enumerar	Organizar
Selecionar	Descrever	Analisar
Definir	Exemplificar	Explicar
Comparar	Sintetizar	Esquematizar
Interpretar	Criticar	Opinar

Exemplos

- Descreva os principais tipos de clima encontrados no Brasil.
- Analise a relação entre portugueses e franceses no final do século XIX.
- Explique, com suas palavras, o uso da crase.
- Apresente sua opinião quanto à diferença entre monarquia e república.

Prova objetiva de múltipla escolha

O que é?
As provas objetivas de múltipla escolha apresentam uma questão que deve ser analisada pelo aluno para que ele escolha, entre as opções de respostas apresentadas, aquela que melhor se encaixa.

Quando usar?
Esse tipo de questão é extremamente indicado quando:

- Há uma grande quantidade de conteúdo a ser avaliada.
- Deseja-se avaliar a extensão de domínio que o aluno tem sobre um determinado assunto.
- Não se quer a influência das opiniões pessoais do aluno na resposta.
- Haverá pouco tempo para a correção.

Os alunos normalmente preferem fazer provas objetivas de múltipla escolha no lugar de provas dissertativas, provavelmente porque enxergam nesse modelo de prova a possibilidade de acerto sem o domínio do conteúdo.

Para que uma prova objetiva de múltipla escolha seja elaborada de forma correta, é preciso que algumas questões sejam consideradas:

- Cada questão só deve ter uma resposta certa. A resposta tida como certa tem que excluir todas as demais opções.
- As questões precisam ser elaboradas para avaliar o que o aluno sabe, não o que ele não sabe.
- Não é correto nem justo criar situações que confundam o aluno, como trocar apenas uma letra esperando que ele perceba que este é o erro na opção.
- É extremamente aconselhável que uma prova com questões objetivas siga um padrão. Por exemplo, todas as questões terem o mesmo número de opções.
- Nunca utilizar provas objetivas para avaliar conteúdos subjetivos (como impressão, opinião, percepção etc.).

Exemplos

1. A primeira capital do Brasil foi:
   a) Rio de Janeiro
   b) Brasília
   c) Salvador
   d) Recife
   e) São Paulo

2. Das afirmações abaixo, diga qual(quais) é(são) correta(s):
   I. Mamíferos são animais que se alimentam do leite materno no começo de sua vida.
   II. Fungos são animais unicelulares.
   III. Vírus não são considerados por muitos cientistas como formas de vida.
   a) Somente a I é correta.
   b) Somente a II é correta.
   c) Somente a III é correta.
   d) Somente I e II são corretas.
   e) Somente II e III são corretas.
   f) Todas as afirmativas são corretas.
   g) Todas as afirmativas são incorretas.

Questões de Verdadeiro ou Falso (V ou F) ou Certo ou Errado (C ou E)

O que são?
São questões que apresentam afirmativas. Estas afirmativas devem ser julgadas pelo aluno como certas ou erradas / verdadeiras ou falsas.

Quando usar?
Esse tipo de questão deve ser utilizado quando se deseja avaliar a capacidade de o aluno avaliar uma proposição. Para isso, faz-se necessário tomar alguns cuidados na elaboração dessas questões, como:

- Incluir em cada afirmação uma ideia central. Neste caso, o aluno deve avaliar a ideia, não uma frase solta.
- Evitar textos muito longos, usando inversões ou palavras desconhecidas.
- Evitar frases negativas (não é correto afirmar que...) e jamais usar dupla negação (não podemos afirmar que nunca...).
- Não seguir uma sequência repetida (V, F, V, F, V, F). Dar preferência a sequências sem qualquer lógica (F, V, F, F, F, V).

Exemplos

1. Sobre as afirmações abaixo, marque V (Verdadeiro) ou F (Falso):
   ( ) Nas orações coordenadas, cada oração é independente.
   ( ) Orações coordenadas sindéticas são aquelas que são ligadas por uma conjunção coordenativa.
   ( ) Orações subordinadas não estão necessariamente ligadas umas às outras.
   ( ) Todas as orações podem ser classificadas como coordenadas ou subordinadas.

2. A respeito das afirmativas abaixo, diga se elas estão certas (C) ou erradas (E):
   ( ) Pela nova ortografia oficial, o trema passa a existir em poucas palavras na língua portuguesa.
   ( ) A nova ortografia eliminou o acento diferencial.
   ( ) Incorporamos, com o novo acordo ortográfico, as letras K, Y e W ao alfabeto português.
   ( ) O acento dos ditongos éi e ói, nas palavras paroxítonas, continua existindo.

Questões para completar lacunas

O que são?
As questões de lacuna apresentam para o aluno frases incompletas, com a expectativa de que estes espaços em branco sejam preenchidos. Essas questões podem apresentar um ou mais espaços em branco, que podem aparecer no começo, no meio ou no final da afirmação.

Quando usar?
Essas questões são utilizadas quando há a necessidade de avaliar o domínio de um conteúdo bastante objetivo. Basicamente, essas questões avaliam a capacidade de memorização. Por isso, a construção dessas questões precisa ser feita de forma que não haja dúvida sobre a palavra que completa a frase. Algumas dicas para o desenvolvimento desse tipo de questão são:

- A palavra omitida precisa carregar a ideia central da frase.
- Evitar lacunas no início da frase, pois podem prejudicar a compreensão do todo.
- Não utilizar frases muito longas.
- Utilizar, no máximo, três lacunas por frase.

Exemplos
1. Complete as lacunas abaixo.
   a) Os portugueses chegaram ao Brasil no ano de _____.

b) A primeira cidade na qual os portugueses pisaram no Brasil foi a cidade de _____.

c) Após a colonização, Portugal optou por enviar _____ para realizarem a catequese dos _____.

d) O Brasil foi considerado colônia de Portugal do ano de _____ até o ano de _____.

Questões de correspondência (ligar lacunas)

O que são?
São questões que apresentam duas colunas e demandam do aluno estabelecer uma relação entre ambas fazendo uma correspondência. Cada coluna apresenta uma lista com termos ou frases. Normalmente, a primeira coluna apresenta conceitos e a segunda coluna apresenta definições. Neste caso, o aluno precisa ligar o conceito à sua definição correta.

Quando usar?
Esse tipo de questão é utilizado sempre que se quer avaliar a relação entre duas ideias ou entre dois conceitos. Essas questões precisam considerar alguns pontos para serem bem formuladas, tais como:

- Utilizar o mesmo assunto para todos os itens.
- Detalhar, no enunciado da questão, o tipo de correlação que se espera.
- Usar alguma lógica para apresentar os itens de uma das duas colunas (preferencialmente da primeira).
- Usar, preferencialmente, mais opções em uma coluna do que na outra, para evitar respostas por "eliminação".

Exemplos
A seguir é apresentada uma lista de países ao lado esquerdo. Do lado direito, é apresentada uma lista de cidades. Identifique os países aos quais pertencem as cidades listadas e utilize o número do país para responder a questão. Siga o exemplo do primeiro caso.

1. Argentina 2. Brasil 3. Estados Unidos 4. França 5. Japão	(5) Tóquio ( ) São Luís ( ) Washington ( ) Bariloche ( ) Paris ( ) Buenos Aires ( ) Recife ( ) Nova York ( ) Lion

Questões de resposta curta

O que são?
Tipo de questão no qual o aluno é estimulado a dar uma resposta bem curta a uma pergunta extremamente objetiva. Normalmente, a resposta é uma palavra, um número ou uma pequena frase. Alguns autores consideram que questões de lacuna, nas quais a lacuna aparece no final da frase, são questões de resposta curta.

Quando usar?
Essas questões são utilizadas sempre que se deseja avaliar o domínio de um determinado conteúdo de forma extremamente objetiva e direta. Para que esse tipo de julgamento possa ser feito, é necessário que a questão elaborada seja clara, sucinta e, sempre que possível, curta.

Aconselha-se que essas questões sejam feitas utilizando somente uma pergunta, sendo esta curta e objetiva.

Exemplos
   a) Quais as cinco regiões nas quais o Brasil está dividido? _____.
   b) O estado do Pará fica em qual região? _____.
   c) Que estados compõem a Região Sul? _____.
   d) Rio de Janeiro e São Paulo são estados que pertencem à Região _____.
   e) Mato Grosso e Goiás podem ser abreviados, respectivamente, pelas siglas _____ e _____.

Questões de interpretação de texto

O que são?
Este tipo de questão é utilizado sempre que se deseja avaliar até que ponto o aluno compreende um determinado texto. Para isso, é apresentado um texto completo ou apenas um trecho e, em seguida, são apresentadas questões que remetem ao texto inicial.

Quando usar?
Pela natureza das questões, elas sempre devem ser utilizadas quando a intenção for avaliar o nível de entendimento que o aluno apresenta de um determinado texto. Para o desenvolvimento desse tipo de questão, vale observar:

- Se, para o aluno, a pergunta feita realmente faz sentido em relação ao texto proposto.
- A clareza das questões apresentadas.
- O tempo que o aluno terá para responder às questões.

Exemplos
> Minha terra tem palmeiras,
> Onde canta o sabiá;
> As aves, que aqui gorjeiam,
> Não gorjeiam como lá.
> Nosso céu tem mais estrelas,
> Nossas várzeas têm mais flores,
> Nossos bosques têm mais vida,
> Nossa vida mais amores.

   a) Qual o principal sentimento expresso nos versos deste poema?
   b) Que tipo de comparação o autor estabelece nos versos deste poema?
   c) Qual o principal elemento usado para comparações no texto?
   d) Em sua opinião, por que o autor apresenta essas comparações?

Questões de ordenação

O que são?
Tipo de questão no qual são apresentadas informações fora de ordem, e o aluno é estimulado a apresentar a ordenação correta. Esta ordenação pode seguir vários critérios, como o período de tempo no qual fatos ocorreram, ordem alfabética, numérica ou qualquer outra que faça sentido.

Quando usar?
São utilizadas quando se pretende investigar a capacidade do aluno de trabalhar com ordenamento em um determinado assunto. Algumas orientações para o desenvolvimento desse tipo de questão são:

- Garantir que as informações sejam apresentadas em ordem completamente aleatória.
- Checar se a ordenação é realmente possível.
- Esclarecer, no enunciado, o tipo de ordenação que é esperado.
  Exemplos
- Coloque as palavras abaixo em *ordem alfabética*:

Banco	Cadeira	Situação	Manual
Escada	Sapo	Salvador	Ordem
Escola	Mesa	Rato	Computador
Ditongo	Parede	Galinha	Bolsa
Dado	Faca	Saída	Cachorro
Madeira	Chapéu	Igreja	Repetir

Questões de identificação

O que são?
São questões nas quais é solicitado ao aluno que identifique partes de um todo. É um tipo de questão muito utilizado no Ensino Fundamental I.

Quando usar?
Quando houver a necessidade de avaliar o nível de conhecimento que o aluno tem sobre as partes que compõem um todo. Normalmente, essas questões apresentam um desenho; portanto, é necessário que haja muito cuidado na elaboração dessa imagem para evitar que o aluno faça algum tipo de confusão.

Exemplos
   Na figura a seguir, indique as partes do corpo humano que você consegue identificar, de acordo com as regiões marcadas:

Prova oral

O que é?
É um tipo de avaliação feita de forma oral. Nela, o professor faz questionamentos e o aluno deve responder imediatamente. Atualmente, tem sido pouco utilizada.

Quando usar?
É aconselhada quando se deseja avaliar a capacidade de expressão oral do aluno acerca de um determinado assunto. Nas escolas, atualmente não faz parte dos principais instrumentos ou formas de se avaliar, à exceção do ensino de línguas, quando há efetiva necessidade de conhecer o domínio do aluno na expressão oral de um idioma.
   Provas orais normalmente não permitem que se avalie todo o conteúdo que foi ensinado. Além disso, elas têm a limitação da capacidade de expressão do aluno. Em outras palavras, muitas vezes o aluno domina um conteúdo, mas tem dificuldade de colocá-lo em palavras, principalmente no momento de pressão de uma prova.
   A avaliação feita por provas orais é considerada muito subjetiva. Isto porque o professor tende a fazer um julgamento imediato do que ouviu, sem ter tempo de comparar a resposta dada com outras dos demais alunos e, até mesmo, com o padrão que o professor estabeleceu como correto.

Uma grande limitação do uso de provas orais é a necessidade de a avaliação ser individual, o que toma muito tempo para sua realização.

Para tentar resolver as limitações desse tipo de avaliação, é fortemente recomendado que o professor utilize um roteiro ou uma lista de perguntas. A avaliação continuará sendo subjetiva, mas haverá menor possibilidade de não se abordarem os pontos principais do conteúdo que é analisado.

Outros procedimentos de avaliação

Além dos instrumentos apresentados, há alguns procedimentos que são frequentemente utilizados para realizar avaliações. Os três principais são: observação, entrevista e autoavaliação.

Observação

O que é?
A observação é, talvez, a forma mais antiga de avaliar. Nela, o professor observa atentamente as atitudes dos alunos, buscando concluir se essas atitudes demonstram o atingimento dos objetivos propostos inicialmente. É possível avaliar o aluno por meio da observação em diversas situações, tais como durante a realização de um exercício, a conversa com colegas ou até durante os momentos de lazer (nos intervalos, por exemplo).

Quando usar?
A observação pode ser utilizada em várias situações, pois permite analisar questões que não são passíveis de serem avaliadas por outras técnicas. Alguns exemplos de situações que só podem ser avaliadas pela observação são:

- Domínio de atividades motoras, muito comum na Educação Infantil.
- Conhecimentos na área afetiva.
- Habilidades no convívio com os demais.

A observação pode acontecer de forma casual, quando não é feita de forma sistematizada, ou intencional. Neste último caso, a observação é feita de forma sistematizada, utilizando com frequência instrumentos como fichas de acompanhamento e anotação.

De qualquer forma, independentemente do tipo de observação realizada, é importante que os dados estejam registrados. Esse registro permite que o professor acompanhe a evolução do aluno e, ainda, que leve essas informações à coordenação pedagógica ou aos pais, quando entender que é necessário. Alguns professores fazem o registro da observação em fichas individuais, enquanto outros utilizam um único caderno, separando um conjunto de páginas para cada aluno. Como foi dito, o mais importante é que os registros sejam realizados.

Algumas dicas para a construção de registros de observação são:

- Esclarecer, inicialmente, os pontos que serão observados.
- Decidir a forma como as anotações serão feitas.
- Utilizar linguagem direta e objetiva do que é anotado.
- Não fazer interpretações, apenas descrever o que é observado.

Vale lembrar

É possível buscar formas para evitar a subjetividade no processo avaliativo, mas a observação é um método que passa diretamente pela interpretação do professor. Portanto, é um método que sempre estará impregnado da subjetividade daquele que avalia.

Libâneo (1994) defende que uma observação sempre seja realizada utilizando uma ficha que traga os comportamentos que serão alvo de avaliação. Ele dá o seguinte exemplo de ficha (p. 215):

Desenvolvimento intelectual

- Presta atenção nas aulas e no trabalho independente.
- É persistente na realização das tarefas.
- Tem facilidade de assimilação da matéria.
- Demonstra atitude positiva em relação ao estudo.
- Tem facilidade de expressão verbal.
- Lê e escreve corretamente.

Entrevista

O que é?
A entrevista é utilizada para aprofundar um dado que o professor já possui, mas não há clareza sobre a origem ou as causas desse dado. A realização de uma entrevista requer um bom relacionamento entre professores e alunos; afinal, espera-se que o aluno seja sincero nas respostas que irá trazer.

Quando usar?
A entrevista pode ser utilizada em diversas situações, quando se deseja conhecer com profundidade uma informação que aparece de forma superficial. Algumas situações nas quais as entrevistas são utilizadas:

- Diagnóstico geral da turma.
- Compreensão das deficiências de ambiente de aprendizagem familiar.
- Compreensão das dificuldades para o estudo.
- Entendimento de hábitos cotidianos dos alunos.
- Esclarecimento de dúvidas sobre determinados comportamentos.

A entrevista, assim como a observação, não precisa (e por que não dizer?, não deve!) gerar uma nota. São métodos complementares de avaliação, fundamentalmente formativos. A atribuição de nota tende a descaracterizar a ideia central desses procedimentos.

Para pensar

Se você fosse um aluno e tivesse que responder a uma entrevista valendo nota, você responderia a verdade ou responderia aquilo que sabe que o professor quer ouvir de você?

Autoavaliação

O que é?
Processo pelo qual o próprio aluno avalia sua aprendizagem. Neste caso, é uma manifestação do sujeito cognitivo acerca de sua impressão sobre a própria construção do conhecimento. Trata-se de um processo de avaliação riquíssimo quando bem utilizado.

Quando usar?
A autoavaliação pode ser utilizada sempre que se desejar compreender a percepção do aluno sobre sua própria aprendizagem. Ela permite que o aluno tenha um papel ativo, refletindo uma nova postura sobre o ensino.

Para facilitar o trabalho de autoavaliação dos alunos, principalmente quando esse é realizado com crianças pequenas, é possível montar um pequeno roteiro com perguntas. Tais perguntas podem refletir exatamente o que o professor quer avaliar: conhecimentos, habilidades de relacionamento, atitudes perante os colegas, o método de ensino empregado pelo professor ou o empenho do aluno.

Quem é contra a autoavaliação prega que ela depende fundamentalmente da disposição de o aluno ser franco nas avaliações. Este é um ponto que, sem dúvida, cria certo desconforto para usar esse método. Não é, entretanto, um aspecto que impede de ser realizado.

Feedback da avaliação escolar

Todo processo de avaliação deveria ser concluído com um processo de *feedback*. *Feedback* é o momento no qual a pessoa que foi avaliada conhece detalhadamente o resultado de sua avaliação, podendo compreender os critérios e escalas utilizados e, o mais importante, percebendo onde há oportunidade de melhorar.

Há dois tipos de *feedback* – o aberto e o velado.

- **Aberto:** é direto. O professor fala abertamente sobre o comportamento e os resultados das avaliações do aluno.
- **Velado:** é oferecido de forma indireta. Nestes casos, o professor leva o aluno a perceber o resultado de sua avaliação sem falar diretamente do assunto.

> **Se o objetivo da avaliação é ajudar o outro a melhorar, *feedback* é parte essencial desse processo.**

É muito comum que não haja um momento específico para oferecer o retorno das avaliações para os alunos. Esse retorno costuma se limitar à correção de provas em sala. Quando esse momento acontece, em muitos casos os educadores costumam utilizar esse momento para punir o aluno, para desabafar seus sentimentos ou ainda para mostrar que é mais inteligente. Essas situações não contribuem para o desenvolvimento do outro e, portanto, não podem ser tratadas como *feedback*.

Você sabia?

A tradução literal da palavra *feedback* para a língua portuguesa é "*retroalimentação*". Entretanto, não se costuma utilizar a tradução, já que a palavra original tem sido incorporada ao vocabulário cotidiano.

Oferecer *feedback* aos estudantes com frequência e, principalmente, após um período determinado de instrução traz diversos benefícios. Destacam-se:

- Aproximação entre docente e aluno, gerando cumplicidade.
- Estímulo a uma relação de confiança.
- Clareza quanto aos objetivos educacionais.
- Objetividade na informação dos pontos que precisam ser melhorados.
- Planejamento conjunto de ações para acertar o rumo no ensino.

No ambiente escolar, o *feedback* pode ser de quatro tipos: elogio, reorientação, repreensão ou sanção.

Tipos de *feedback* escolar	
Elogio	Utilizado com o objetivo de reforçar um comportamento. Nesses casos, o professor deseja mostrar ao aluno que o comportamento manifestado condiz com o esperado.
Reorientação	Utilizado para mostrar ao aluno que um determinado comportamento não é o mais adequado e deve ser alterado. A ideia aqui é mostrar onde está o erro e qual seria o comportamento indicado.
Repreensão	É um tipo de *feedback* que se segue ao de reorientação, quando o aprendiz já conhece o comportamento esperado e, ainda assim, não o segue.
Sanção	A sanção é utilizada para mostrar ao aluno que o comportamento que ele manifesta não será tolerado. Há diversos tipos de sanção, que variam da advertência verbal à expulsão da instituição – dependendo do tipo de desvio cometido.

Para oferecer um *feedback* de maneira adequada, algumas considerações precisam ser respeitadas:

- **Tranquilidade:** reservar um momento de tranquilidade para elaborar o *feedback*, já que se trata de algo para ajudar o outro. Situações nas quais o aluno ou o professor estão irritados não são adequadas.
- **Momento adequado:** há momentos nos quais não cabe esse tipo de conversa. Por exemplo, quando a escola passa por mudanças estruturais, quando o aluno está com problemas pessoais ou o professor não tem tempo suficiente para uma conversa mais longa.
- **Foco positivo:** é preciso que quem recebe o *feedback* perceba que estão tentando auxiliá-lo a melhorar em algum ponto específico. A maior parte das pessoas tende a se tornar mais receptiva quando percebe que há uma vontade genuína de ajudá-la.
- **Sinceridade:** é preciso falar a verdade, sem florear demais. Muitas vezes, para dar um retorno negativo a um aluno, o professor dá tantas voltas que não fica clara a percepção dos pontos que precisam ser alterados. É extremamente recomendável que haja sinceridade, clareza e objetividade.
- **Discussão de mudanças:** se o retorno que o aluno teve foi negativo, ou seja, se algum comportamento dele foi criticado, é preciso que mudanças sejam discutidas. Em outras palavras, o professor precisa expressar, em forma de acordo, o comportamento que será alterado.

Uma questão que costuma ser bastante discutida nas escolas é oferecer o retorno individual ou em conjunto. A verdade é que não há uma resposta a esta questão. Entretanto, adota-se como regra oferecer *feedbacks* positivos em grupo e *feedbacks* negativos individualmente. Quando a avaliação gera um conceito ou uma nota, é fortemente recomendável que o professor não divulgue esse resultado para todos, mas somente para o aluno interessado. Afinal, a nota ou o conceito é um aspecto muito individual. A decisão de divulgá-la, ou não, precisa ser do aluno.

A última etapa do *feedback* é o planejamento conjunto de ações futuras. Oferecer um retorno negativo sem discutir os pontos de melhoria seria completa perda de tempo, principalmente quando se trabalha com crianças pequenas. Pode ser que a falta de maturidade faça com que as crianças não percebam exatamente os pontos que precisam melhorar, ou mesmo não compreendam como esta mudança deve ser feita.

Para pensar

Até que ponto vale realizar uma avaliação sem oferecer retorno, à turma, do resultado dessa avaliação por um aspecto qualitativo?

Exercício de aplicação

Busque um instrumento de avaliação qualquer. Pode ser um teste ou uma prova de um irmão, filho, sobrinho ou amigo. Em último caso, pode usar uma avaliação sua mesmo. Agora, tente identificar algumas características dessa avaliação. Considere:

- O objetivo da avaliação.
- O tipo de instrumento utilizado.
- A relação entre o conteúdo e o modelo de avaliação.
- Se é uma avaliação somativa ou formativa.
- Que pontos estão bem estruturados nessa avaliação.
- Que pontos poderiam ser mais bem organizados.
- Quais os maiores objetivos dessa avaliação.

Para debater

O Professor João passou grande parte do semestre letivo solicitando que os alunos se comportassem, que prestassem mais atenção às aulas, que tivessem atitudes mais positivas em sala de aula. Mas a turma realmente era muito bagunceira. Independentemente do comportamento que a turma apresentava, eles conseguiam aprender. Prestavam atenção aos pontos-chave trazidos pelo professor e estudavam bastante nos horários que não estavam na escola. Como João ficou muito chateado com o comportamento da turma durante o semestre, ele resolveu aplicar uma prova bem difícil, com conteúdos muito além daqueles que a turma dominava. Muitos ficaram com nota baixa e, alguns, reprovados. Como você avalia esta situação? O Professor João agiu corretamente? Se você estivesse no lugar dele, o que faria? Discuta essas questões com seus colegas e professores.

Resumo executivo

- Avaliar é refletir qualitativamente sobre o processo de aprendizagem para decidir futuros rumos do ato de ensinar.
- Avaliar não é simplesmente aplicar testes ou atribuir notas. É refletir sobre a aprendizagem.
- A avaliação parte sempre de três níveis: verificação, qualificação e apreciação.
- Testar é verificar um desempenho por meio de testes. Medir é descrever um fenômeno do ponto de vista quantitativo. Avaliar é interpretar dados quantitativos e qualitativos para um julgamento de valor.
- Existem três tipos de avaliação: diagnóstica, formativa e de controle.
- A avaliação diagnóstica serve para conhecer o aluno, o tipo de aprendizagem, o local, entre outros.
- A avaliação formativa é eminentemente qualitativa e visa contribuir para a formação do aluno.
- A avaliação de controle existe para organizar os processos escolares.
- Avaliação somativa é aquela que visa quantificar os conhecimentos dos alunos.
- Os principais benefícios da avaliação de aprendizagem são: identificar a relação entre a meta instrucional e o resultado alcançado, possibilitar a revisão do planejamento de ensino, identificar as dificuldades de aprendizagem, aprovar os alunos para próximos níveis de aprendizagem, auxiliar o aluno no desenvolvimento cognitivo, afetivo e psicomotor.
- As principais críticas à avaliação escolar são: ser vista como finalidade da escola, como controle da turma, não ser capaz de retratar a aprendizagem, não refletir a aprendizagem final e ser utilizada para comparar os alunos.
- As etapas para a realização de uma avaliação, de forma geral, são: definir o que será avaliado, quais serão os critérios e as condições, escolher os instrumentos, aferir os resultados e oferecer *feedback* ao avaliado.
- A taxonomia dos objetivos educacionais, de Bloom, ainda é utilizada para a identificação dos aspectos que serão avaliados.
- Os principais instrumentos de avaliação são testes, provas, entrevistas, observações e autoavaliação.
- *Feedback* é o retorno, ao aluno, do resultado de sua avaliação, preferencialmente acompanhado de um plano para ajuste dos pontos que não foram bem avaliados.

Teste seu conhecimento

- Defina "avaliação" com suas palavras.
- Diferencie testar, medir e avaliar.
- Diferencie avaliação formativa de avaliação somativa.
- Cite cinco benefícios da avaliação no ambiente escolar.
- Cite e comente duas críticas presentes na literatura ao processo de avaliação educacional.
- Cite três exemplos de questões que podem ser utilizadas em testes ou provas, explicando quando utilizá-las. Explique como funciona o uso da observação para avaliação. Justifique a importância do uso da autoavaliação e explique os cuidados que o professor deve ter ao utilizá-la. Diga, com suas palavras, a importância do *feedback* no processo de avaliação.

Exercícios propostos

1. Defina, com suas palavras, o que é avaliação de ensino.

2. As etapas sinalizadas abaixo estão em todos os processos de avaliação, EXCETO:
   a. Verificação.
   b. Qualificação.
   c. Apreciação.
   d. Mensuração.

3. Os principais tipos de avaliação estão listados abaixo. Não é um tipo de avaliação a alternativa:
   a. Punitiva.
   b. Diagnóstica
   c. Formativa.
   d. De controle.

4. Considere as afirmativas abaixo:
   I. O processo de avaliação é um processo de reflexão qualitativa.
   II. A aplicação de provas, por si só, não pode ser vista como um processo de avaliação de ensino.
   III. Testar é verificar o conhecimento por meio da aplicação de testes.

Consideramos que estão corretas as alternativas:
- a. I e II.
- b. II e III.
- c. I e III.
- d. Todas estão corretas.

5. Sobre a avaliação somativa, é correto afirmar que:
   - a. Tem o objetivo de analisar qualitativamente a progressão da aprendizagem do aluno.
   - b. Se presta a ranquear os alunos.
   - c. Deve ser utilizada como instrumento de controle, para garantir a disciplina.
   - d. Não é recomendada, porque cria pressão psicológica no processo de aprendizagem.

6. A respeito das críticas feitas à avaliação escolar, considere as afirmativas abaixo:
   - I. Avaliação é frequentemente vista como finalidade da escola.
   - II. Avaliação sempre retrata bem o processo de aprendizagem.
   - III. Avaliação é utilizada para comparar os alunos.

   Representam críticas corretas ao processo de avaliação de aprendizagem as alternativas:
   - a. I e II.
   - b. II e III.
   - c. I e III.
   - d. Todas as alternativas.

Bibliografia

BASSOK, M. et al. **Self-explanations**: how students study and use examples in learning to solve problems. Cognitive Science, 1989, v. 13, pp. 145-182.

BERGMANN, Jonathan; SAMS, Aaron. **Sala de Aula Invertida**: uma metodologia ativa de aprendizagem. Rio de Janeiro: LTC, 2016.

BLOOM, B. **Taxonomy of educational objectives**: the classification of educational goals. Nova York: McKay, 1956.

BOMFIN, D. **Pedagogia no treinamento**: correntes pedagógicas no ambiente de aprendizagem das organizações. Rio de Janeiro: Qualitymark, 2004.

BRANDÃO, C.R. **O que é educação**. São Paulo: Brasiliense, Coleção Primeiros Passos, 28. 1993.

BRASIL. **Linguagens, códigos e suas tecnologias** / Secretaria de Educação Básica. Ministério da Educação. Brasília, 2006.

BRASIL. **Parâmetros Curriculares Nacionais**. Secretaria de Educação Fundamental. Brasília, 1997.

BUFREM, L. S.; SCHIMDT, M. A.; GARCIA, T. M. B. **Os manuais destinados a professores como fontes para a história das formas de ensinar**. In: Revista HISTEDBR On-line, Campinas, nº 22, p. 120-130, jun. 2006.

DALE, E. **Audio-visual methods in teaching**. New York: Dryden, 1969.

DIESEL, Aline; BALDEZ, Alda Leila Santos; MARTINS, Silvana Neumann. **Os princípios das metodologias ativas de ensino**: uma abordagem teórica. In: Revista Thema, Volume 14, nº 1, págs. 268-288.

FREIRE, P. **Pedagogia do oprimido**. 17. ed. Rio de Janeiro: Paz e Terra, 1987.

FREITAS, O. **Equipamentos e materiais didáticos**. Brasília: Ed. UNB, 2007.

HAYDT, R. C. C. **Curso de didática geral**. 8. ed. São Paulo: Ática, 2006.

HITT, M.; MILLER, C.; COLELLA, A. **Comportamento organizacional**: uma abordagem estratégica. Rio de Janeiro: LTC, 2006.

LIBÂNEO, J. C. **Didática**. São Paulo: Cortez, 1994.

_____. **Fundamentos teóricos e práticos do trabalho docente**. Estudo teórico sobre pedagogia e didática. Tese de Doutorado. São Paulo: PUC, 1990.

_____; SANTOS, A. **Educação na era do conhecimento em rede e transdisciplinaridade**. Campinas: Alínea, 2005.

MAGER, R. **A formulação de objetivos de ensino**. Porto Alegre: Globo, 1980.

MORIN, E. **Os sete saberes necessários à educação do futuro**. São Paulo: Cortez, 2001.

PAIVA, Marlla Rúbya Ferreira; PARENTE, José Reginaldo Feijão; BRANDÃO, Israel Rocha; QUEIROZ, Ana Helena Bomfim. **Metodologias Ativas de Ensino-Aprendizagem**: revisão integrativa. In: SANARE, SOBRAL. V. 15, n. 02, p. 145-153. Jun/Dez 2016.

PARRA, N. **Técnicas audiovisuais de educação**. São Paulo: Pioneira, 1985.

PILLETI, C. **Didática geral**. São Paulo: Ática, 2010.

SANTOS. E. O. **Ambientes virtuais de aprendizagem**: por autorias livres, plurais e gratuitas. In: Revista FAEBA, v.12, nº 18. 2003.

SAVIANI, D. **Ensino público e algumas falas sobre universidade**. São Paulo: Cortez, 1986.

TOYOHARA, Doroti Quiomi Kanashiro; SENA, Galeno José de; ARAÚJO, Almério Melquiades de; AKAMATSU, Jânio Itiro. **Aprendizagem Baseada em Projetos** – uma nova estratégia de ensino para o desenvolvimento de projetos. In: PBL 2010, Congresso Internacional. São Paulo, 2010.

TURRA, C. M. et al. **Planejamento de ensino e avaliação**. Porto Alegre: PUC-RS/EMMA, 1975.

Índice

A

Acomodação, 18
Adequação, 103
    ao objetivo, 199
Afiliação, 54
Álbum seriado, 194
Ambiente(s)
    de aprendizagem, 178
    tradicionais de aprendizagem: a sala de aula, 179
    virtuais de aprendizagem, 185
Anfiteatro, 182
Aparelho de som, 197
Apreciação, 221
Aprendizagem
    afetiva, 184
    baseada em projetos, 160
    cognitiva, 184
    cumulativa, 18
    psicomotora, 184
Apresentação, 90
Área
    afetiva, 101
    cognitiva, 101
    psicomotora, 101
Aspecto(s)
    cognoscitivo, 62
    gramaticais, 102
    socioemocional, 62
Assimilação, 18
Associação, 6, 131
Atitude, 100
Atividade sensorial, 24
Aula, 106
    expositiva, 183
    -laboratório, 169
    prática, 183
Autoavaliação, 247
Autonomia, 159

Autoridade, 65
Autoritarismo, 65
Avaliação
    de controle, 222
    diagnóstica, 222
    do plano, 85
    formativa, 222, 224
    somativa, 224

B

Biblioteca virtual, 186
Brainstorm, 143

C

Caixa de Skinner, 16
Cartazes, fotografias, mapas e quadros, 194
Caso
    -análise, 132
    -problema, 132
Chat, 186
Ciberespaço, 185
Círculo de cultura, 165
Clareza, 6
Coerência, 93
    entre conteúdos, 83
Cognitivismo, 17
Comportamentalismo, 12, 15
Comportamento(s)
    operante, 16
    reflexo, 16
    respondente, 16
Compreensão, 24
Computador, 199
    como recurso instrucional, 212
Comunicação, 186
Comunidades virtuais, 186
Conceitos de avaliação, 223
Conhecimento, 100

Construção do plano, 85
Construtivismo, 19, 150
Conteúdos, 86
Continuidade, 93, 106
Controle(s)
    das atividades, 186
    de acesso, 186
Conversa didática, 139
Corrente(s)
    dialéticas, 23
    não críticas, 23
    pedagógicas contemporâneas, 35
Cursos *on-line*, 186

D

Debate(s), 141
    e relatos de experiência, 171
Debatedores, 141
Demonstração, 124
Desenvolvimento, 90
    intelectual, 246
Diagnóstico, 84
Diálogo na relação pedagógica, 62
Didacta Magna, 5
Didática, 47
    na prática docente, 48
Dificuldades para alfabetização de adultos, 113
Direção de classe, 69
Diretrizes curriculares nacionais, 76
Disciplina na sala de aula, 65
Discos, fitas cassete, CD e CD-ROMs, 197
Domínio
    afetivo, 233
    cognitivo, 233
    psicomotor, 233
Dramatizações, 136

E

Educação, 42
    a distância (EaD), 186
    bancária, 31
    formal, 44
    infantil, 102
    informal, 43
Ensino
    Fundamental, 99
    Médio, 99
Entrevista, 246

Equilibração, 18
Estudo
    de caso, 131, 171
        em grupo, 137
    dirigido individual, 127
    in loco, 138
Etapas
    do planejamento de ensino, 84
    para realização de uma avaliação, 233
Execução do plano, 85
Exemplificação, 126
Exposição
    dialogada, 122, 171
    oral, 120
Expressão, 131

F

Feedback, 247
    aberto, 248
    velado, 248
Flanelógrafo, 195
Flexibilidade, 104
Formação
    didática, 48
    prática, 48
    teórico-científica, 48
Fórum, 186
Funcionalidade, 199

G

Gestão de perfis, 186
Gráficos e gravuras, 196
Grupos de interesse, 129

H

Habilidade, 100

I

Incentivo, 64
Individualidade, 147
Inovação, 159
Instrução pelos pares, 163
Integração, 90, 106
Intencionalidade, 43
Interesse
    na escrita, 103
    na leitura, 103

J
Jogos, 133

L
Learning Management System (LMS), 187
Leitura comentada, 171
Liberdade, 146
Localização, 183
Lousa, 196

M
Memorização, 24
Mesas-redondas, 171
Método(s), 6
    ativos, 119
    de ensino, 115
        programado, 119
    de exposição, 120
    de projetos, 148
    de trabalho
        em grupo, 133
        independente, 127
    intuitivos, 119
    Montessori, 146
    tradicionais, 119
Metodologias ativas de aprendizagem, 160
Modelo
    do condicionamento operante, 15
    italiano, 180
    "meia-lua", 180
Moderador, 141
Multitarefas, 208

N
Não diretivismo, 70
Neurofisiologia, 14

O
Objetividade, 93
Objetivos, 85
Observação, 131, 245
Oficina de trabalho, 170
Organização, 43, 183
Organizando conteúdos, 105
Orientações curriculares para o Ensino Médio, 98
Ortografia, 102

P
Passeios
    culturais, 184
    em grupo, 184
Pedagogia, 47
    Ativista-espiritualista, 26
    Crítico-Social de conteúdos, 33
    Libertadora, 30
    Montessoriana, 26
    Não diretiva, 26
    Piagetiana, 26
    Progressivista, 26
    Renovada, 25
    Tecnicista, 27
    Tradicional, 23
Período
    operacional
        concreto, 20
        formal, 20
    pré-operacional, 20
    sensório-motor, 20
Planejamento, 78
    da unidade, 90
    de aula, 91
    de curso, 88
    educacional e plano de ensino, 79
Poder, 54
Pontuação, 102
Possibilidade de elaboração pessoal, 104
Precisão, 93
Procedimentos de ensino, 86
Professor, 159
Programa
    escolar, 103
    pessoal do professor, 103
Projeto político-pedagógico, 100
Proteção do acesso, 186
Prova
    escrita dissertativa, 236
    objetiva de múltipla escolha, 238
    oral, 244
Punição, 15

Q
Qualidade do recurso, 200
Qualificação, 221
Questões
    de correspondência (ligar lacunas), 241
    de identificação, 244

de interpretação de texto, 242
de ordenação, 243
de resposta curta, 242
de verdadeiro ou falso (V ou F) ou certo ou errado (C ou E), 239
para completar lacunas, 240

R

Rádio, 198
Realização, 54
Recurso(s), 87
    audiovisuais, 189, 190
    auditivos, 190
    financeiros, 79
    humanos, 79
    instrucionais, 189
    materiais, 79
    visuais, 190
Reflexão(ões)
    e problematização da realidade, 159
    sobre a língua, 102
Reforço, 15
Relação social, 43
Respeito ao potencial dos alunos, 82
Revisão, 103

S

Sala de aula invertida, 167
Second life, 188
Seminário, 144, 170
Sequência, 106
Significação, 104
Simplicidade, 199
Sistema disciplinar, 82
Sistematização, 6, 43
Socioconstrutivismo, 21
Sociologia crítica do currículo, 35

T

Tábula rasa, 9
Televisão, 198
Teoria(s)
    da ação comunicativa, 35
    da hierarquia das necessidades, 52
    da realização, afiliação e poder, 54
    de Alderfer, 53
    de aprendizagem, 8
    de Herzberg, 54
    de Maslow, 52
    dos dois fatores, 54
    ERG, 53
    histórico-cultural, 35
    sociocognitiva, 35
    sociocultural, 35
Tipos de plano de ensino, 88
Tópico, 106
Trabalho em equipe, 159
Transparências e apresentações, 197

U

Unidade, 106
Uso
    da chantagem afetiva, 66
    da força, 66
    da responsabilidade, 66
Utilidade, 104

V

Validade, 104
Verificação, 221
Viabilidade, 104
Viagens pedagógicas, 184
Vitalidade, 147

Impressão e Acabamento: